출애굽기 적용과 실천

변화를 만드는 성경 2

출애굽기 적용과 실천

초판 1쇄 인쇄 2025년 1월 20일
초판 1쇄 발행 2025년 1월 25일

지 은 이 | 김완섭
펴 낸 이 | 오복희

펴 낸 곳 | 도서출판 개혁과회복
등록번호 | 제2018-000044호
등록일자 | 2018년 4월 12일
주 소 | 서울특별시 송파구 마천로 100 C동 402호(오금동)
편 집 부 | 010-6214-1361
관 리 부 | 010-8339-1192
팩 스 | 02-3402-1112
이 메 일 | newvisionk@hanmail.net

디 자 인 | 참디자인

ISBN 979-11-89787-53-0 (04230)
       979-11-89787-51-6 (세트)

JMDC 경건훈련도서

출애굽기 적용과 실천

김완섭 지음

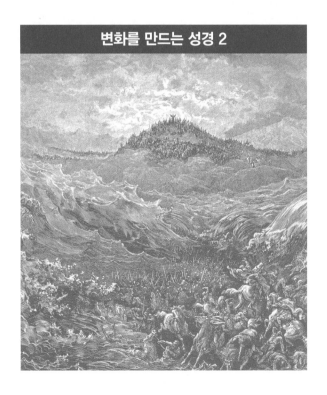

변화를 만드는 성경 2

도서출판
개혁과회복

변화를 만드는 성경

『변화를 만드는 성경』 시리즈는 성경개론, 묵상, 설교자료, 삶에 적용, 실천, 변화까지 만들어주는 경건훈련을 겸한 성경안내서입니다. 어떻게 그것이 가능할까요? 모든 초점을 오로지 변화에만 맞추면 그렇게 될 수 있습니다. 개론적인 부분도 적용과 변화가 가능한 정도까지를 종합하여 제시합니다. 묵상은 좀 더 근본적인 접근방법으로 인하여 하나님 중심적인 시각으로 자신과 세상을 바라볼 수 있게 만들어줍니다. 현실적으로 활용이 가능한 설교의 자료들을 풍부하게 제공합니다. 구약이든 신약이든 제자로서의 삶을 이끌어줄 수 있도록 적용하는 일에 초점을 맞춥니다. 결국 『변화를 만드는 성경』 시리즈를 창세기부터 꾸준하게 읽고 적용하다가 보면 자신도 모르는 사이에 시각이 바뀌고 삶이 서서히 변화되어 그리스도의 제자로서의 영성을 얻게 될 것입니다. 마치 새로운 성경을 보는 것 같은 생각도 들 것입니다.

성경을 대하는 방법은 여러 가지가 있지만 그 모든 것을 종합하면 성경을 읽거나 묵상하거나 공부하는 목적은 적용과 실천이라고 할 수 있습니다. 물론 신학적인 입장에 따라 다양한 해석이 나오는 것은 사실이지만 말씀의 흐름과 목표의 범위를 크게 벗어나서는 안 될 것입니다. 본 시리즈의 목적은 그런 말씀의 원리를 어떻게 실제 삶 속에 적용하고 실천할 것인가에 대한 고민으로부터 출발했습니다. 그런 고민을 안고 기획하고 집필하다가 이런 형태의 안내서가 완성되었던 것입니다.

신앙은 삶과 유리될 수 없습니다. 삶에서 떨어져서 신앙 자체만을 고수하려고 하는 순간 우리는 말씀의 본질을 잃어버리게 될 것입니다. 물론 한시적으로 현실을 벗어나서 영성에 집중할 수는 있겠지만, 기본적으로 삶에 뿌리를 두어야 진정한 영성이 이루어질 수 있습니다. 그런데 많은 경우에 말씀을 삶에 적용하는 데 어려움을 느끼고 있습니다. 그것은 교회 안에서만 머무르려고 하는 시도와 깊이 연결되어 있습니다. 어떻게 참다운 신앙을 세상 속에서 살릴 것인가에 대해서 낯설어하는 것이 오늘날의 현실입니다. 이 책은 그런 면에서 하나의 모델이 될 수 있을 것입니다.

『변화를 만드는 성경』 시리즈는 성경 전체를 총 32권에 나누어서 날마다 한 장씩 성경을 읽고 묵상하고 적용하면서 은혜를 받고 변화될 수 있도록 기획된 특별한 목적의 책들입니다. 현실적인 신앙생활에 적용이 가능하도록 해설한 족집게 식 개론과 다른 시각으로 생각하도록 기획한 묵상과 실천적인 문제제시로 이루어진 이 책을 사용한다면 평이한 성경통독이나 묵상을 대체할 수 있는 뛰어난 안내가 될 수 있고, 하나님의 말씀의 귀한 양식을 취할 뿐만 아니라 소화까지 완벽하게 이루어냄으로써 날마다 하나님을 새롭게 만나게 되며 나날이 신앙이 성장해가는 경험을 할 수 있을 것입니다.

이 책은 교회 안에서 소그룹으로 활동하게 만들어도 교회에 많은 변화가 올 것입니다. 성경묵상이나 공부가 아니라 실천서이기 때문입니다. 매일 성경 한 장 속에 두세 가지 적용과 실천사항이

제공되는데 매일 감당하지 못하면 한 주에 한두 가지만 실천을 시도해도 자연스럽게 큰 변화가 올 것입니다. 다만 소그룹으로 진행할 때에는 반드시 성도들 스스로 해당되는 부분을 미리 온전하게 준비해야만 그 효용성이 나타날 것입니다. 자신이 소화하지 못한 말씀은 아무리 그럴 듯하게 감동적으로 들더라도 거의 자기 것이 되지 못합니다. 신앙지식적인 면에서도 당연하지만 변화라는 측면에서는 오히려 그 변화를 훼방하게 될 뿐입니다. 자신이 소유한 것을 지체들과 나눔으로써 그 말씀이 객관화될 수 있고 온전하게 신앙의식 속으로 녹아들어갈 수 있을 것입니다.

다만 『변화를 만드는 성경』 시리즈는 주석이나 연구서가 아닙니다. 깊이 있는 신학적인 요구사항을 가지고 본다면 만족하기 어려울 것입니다. 적용 대상은 기본적으로 일반 성도들입니다. 그렇다고 목회자나 설교자에게 도움이 되지 않는 것은 아닙니다. 순수하게 신앙이라는 관점에서 작성한 내용들이기 때문입니다. 따라서 목회자라고 할지라도 마음을 열고 이 책을 진지하게 독파해나간다면 주님께서 더욱 기뻐하시는 제자로서의 삶을 살 수 있게 될 것입니다.

『변화를 만드는 성경』을 잘 활용하려면

무슨 교육이나 훈련이든지 간에 활용방식에 따라 엄청난 차이가 나타납니다. 똑같은 훈련이라도 접근방식과 훈련방식에 따라 큰 차이가 있습니다. 전혀 효과적이지 않을 수도 있고 너무나도 크게 변화될 수도 있습니다. 다음과 같은 방식을 그대로 따라간다면 반드시 놀라운 변화를 경험하게 될 것입니다.

1. 이 책을 대하기 전에 반드시 성경의 해당본문을 먼저 정독할 것을 권합니다. 원본인 성경의 내용을 파악하기 위해서입니다.
2. 이 책의 각 단원의 본문 개론, 본문 구성, 본문 적용까지를 읽습니다. 이 책에서 제시하는 구체적인 방향을 알기 위해서입니다.
3. 그 다음에 성경본문을 다시 한 번 정독합니다. 이제 이 책의 방향이 더 뚜렷해지고 묵상과 적용을 위한 준비가 됩니다.
4. 지금부터 이 책의 각 소제목의 내용을 읽고 묵상하고 적용해 나갑니다. 소제목은 2~3가지가 제시되는데 각 소제목들의 해당부분을 충분히 소화합니다.
5. 마지막으로 종합적으로 '하나님의 마음', '오늘 받은 은혜', '실천을 위한 도전'을 진행합니다.
6. '실천을 위한 도전' 부분은 반드시 먼저 성령님께 간구하여 깨닫게 해달라는 기도 후에 깊이 묵상하시기 바랍니다. 질문만으로는 자신의 신앙현실을 깨닫기가 쉽지 않기 때문입니다.

마지막으로 꼭 당부하고 싶은 것은 기존에 가지고 있는 생각을 다 내려놓기를 바랍니다. 비현실적인 내용을 현실적으로 적용하려면 선입견을 버려야 하기 때문입니다. 신앙이 자라지 못하는 이유는 고정관념 때문인 경우가 많습니다. 열린 마음, 긍정적이고 변화를 소망하는 마음으로 이 책을 진행해나감으로써 신앙의식이 변화되어 생각이 바뀌고 언어와 행동과 삶이 변화되는 모든 분들이 되시기를 간절히 바랍니다. 이 책을 사용하는 모든 분들을 축복합니다.

차 례

적용과 실천을 위한
출애굽기

출애굽기 개관

Exodus

개요, 저자, 연대

출애굽기는 이스라엘이 애굽에서 탈출하기 전까지의 기록과 함께 유월절이 시작되는 B.C.1446년 1월 15일부터 홍해를 건너 시내산에 이르게 되는 3월 15일까지의 2달간의 과정을 기술한 전반부(1~18장)와 시내산에서 하나님께서 십계명을 비롯한 율법을 주시고 성막제작을 명하시고 그것을 완성하여 시내산을 떠날 때(이듬해인 B.C.1445년 2월 20일)까지를 기록한 후반부(19~40장)로 구성되어 있는 책입니다.

출애굽은 일찍이 하나님께서 아브라함과 맺은 횃불언약에 근거하는 하나님의 뜻으로서, 하나님의 출애굽 약속이 모세에 대한 부르심과 애굽의 10대 재앙을 통하여 성취되어 마침내 백성들이 애굽의 압제에서 해방되어 하나님의 나라가 세워져가는 초기의 과정을 그리고 있습니다. 그 하나님의 신정국가의 기초가 율법제정과 성막제작인 것입니다. 그러므로 출애굽기는 창세기에 그 근거를 두고 있으며, 이후로 계속하여 더 구체적인 제사제도와 성막제도를 세워나가는 레위기, 38년의 광야에서의 생존기라고 할 수 있는 민수기, 모세의 회고와 함께 다시 한 번 다짐하는 신명기로 연결되면서 모세오경의 중심축의 역할을 감당하고 있습니다.

중요한 것은 출애굽기는 현저하게 구속에 관한 책이라는 사실입니다. 물론 모세오경 전체가 하나님의 구속을 중심으로 흘러가지만 특별히 출애굽기에 나타난 여러 가지 사건들, 곧 유월절 사건, 홍해를 건너는 기사, 만나를 주신 의미, 모세가 반석을 쳐서 물을 낸 일, 제사에 대한 규례 등은 하나님께서 그리스도 안에서 행하신 최고의 구속행위에 자주 적용되는 이야기들입니다. 출애굽기에서 하나님께서 인도하신 모든 일들은 오늘날 그리스도의 구속과 비교되거나 상징적인 역사를 이야기하는 것입니다. 모세는 그런 모든 구속 역사의 주인공으로서 역할을 감당하지만 모든 것이 하나님의 은혜가 아니면 불가능하다는 사실을 생각하면서 오늘날에도 영적인 출애굽을 지향할 수 있어야 할 것입니다.

출애굽기의 제목은 70인역에서 엑소더스(Exodus)라고 명했는데, 이것은 탈출(escape)이라는 뜻을 가지고 있으며, 의역하여 출애굽기(出애굽記)라고 한 것이었습니다. 출애굽기의 저자와 기록연대는 창세기 등 다른 오경들과 동일합니다. 창세기를 비롯하여 모세오경의 저자는 당연히 모세입니다. 몇 군데를 제외하면(출 17:14, 24:14, 신 31:24~26 등) 모세는 줄곧 '나'라는 일인칭대명사가 아니라 '그'라는 삼인칭대명사를 사용합니다. 그러나 이것은 모세가 저자가 아니라는 말이 아니라 이스라엘 민족의 역사를 하나님께서 주관하신다는 관점을 유지하기 위한 것이라는 이야기입니다. 기록 연대는 다른 모세오경과 마찬가지로 출애굽에서부터 모세가 최후를 맞이하는 느보산에 이르기까지의 40년 중의 어느 시점이라고 할 수 있는데 연대로는 B.C.1446년~1406년 사이의 기간 중입니다.

전체 내용

적용과 실천을 위하여

출애굽기의 기록 목적을 정리한다면 하나님의 언약을 성취해 가시는 분은 여호와 하나님이시며, 출애굽(유월절) 사건을 통하여 하나님의 크신 사랑과 전능하신 주권을 믿게 하며, 율법제정과 성막건립을 통하여 하나님의 신정국가를 공식적으로 선포하기 위해 기록하였습니다. 그러므로 우리가 출애굽기를 묵상하고 적용하기 위해서는 기록된 목적 속에 흐르는 하나님의 섭리를 먼저 생각해야 할 것입니다. 출애굽기를 성도의 구원의 여정에 비유하기도 합니다. 애굽의 종으로서의 백성들은 예수님을 믿기 전의 모습이고, 홍해를 건넌 사건은 세례로 보며, 광야의 시간들을 성화의 과정으로 보고, 가나안을 천국으로 생각합니다. 원리적으로는 타당하게 보입니다만, 그것은 단지 우리 자신의 입장에서 그렇다는 것이고, 성도로 하여금 하나님의 시각으로 모든 세상을 분별하여 하나님의 일에 동참하도록 변화시키는 데 오히려 더 큰 목적이 있는 것입니다. 자기중심적인 시각을 깨뜨리기 위해서 광야생활이 필요하다는 말입니다.

안타깝게도 이스라엘 백성들은 끝까지 자기중심성을 벗어나지 못했습니다. 그래서 끊임없이 원망하고 불평하고 반역하고 우상숭배를 저질렀습니다. 따라서 우리는 출애굽기를 읽으면서 백성들의 자기중심적인 모습에서 우리를 발견해야 합니다. 자기를 깨닫지 못하면 하나님 중심적인 신앙을 소유할 수 없기 때문입니다. 그리고 그렇게 깨달은 하나님의 시각으로 우리 자신을 바라보면서 현실 가운데에서 어떻게 고쳐나갈지를 고민해야 합니다. 지극히 사소한 것이라도 고칠 것을 발견한다면 그것은 전적으로 하나님의 은혜이며 우리가 출애굽기를 통하여 얻을 수 있는 큰 유익이 될 것입니다.

한편 출애굽기에 나타난 하나님에 관하여 우리가 깊이 생각하고 묵상한다면 하나님 중심적인 시각을 얻는 데 많은 도움이 될 수 있을 것입니다. 출애굽기에서 하나님은 인간의 역사를 주관하시는 하나님, 스스로 존재하시는 분으로서의 하나님(3:14), 모든 신들과 구별되는 거룩하신 하나님(15:11), 결코 잊지 않고 기억하시는 하나님(2:25), 구원하시는 하나님, 심판하시는 하나님, 노를 돌이킬 수 있으신 하나님, 직접 말씀하시는 하나님, 초월하신 하나님, 그의 백성들 가운데 함께 사시는 하나님 등의 특징을 발견하게 될 것이며 이런 모든 하나님의 특성들이 바로 우리 자신과 직접적으로 연결되어 있다는 사실을 생각해야 할 것입니다(아란 콜, 『틴델 출애굽기 주석』 중에서).

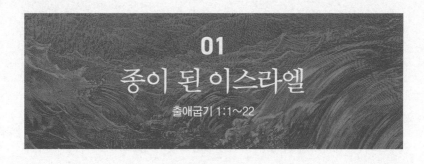

01
종이 된 이스라엘

출애굽기 1:1~22

본문 개론

요셉이 죽은 후로 오랜 세월이 흘러, 70명으로 시작된 이스라엘은 장정만 60만이 될 정도로 번성했습니다. 430년 동안 25년마다 인구가 배가된다면 충분히 가능한 숫자라고 합니다. 요셉을 알지 못하는 새 왕조는 히브리인들을 학대하는 정책으로 나갔습니다. 히브리인들을 내보내는 것이 아니라 그들의 노동력을 착취하는 데에만 관심이 있었기 때문에 그들이 지나치게 번성함으로써 세력화하는 것을 경계했던 것입니다. 그리하여 국고성 건축의 노동력으로 사용하다가 더 번성하자 지나친 노역을 강제했지만 그것도 안되자 산파들에게 남아를 죽이라고 명한 은밀한 정책을 펴다가 나중에는 아예 공개적으로 신생 남아들을 나일강에 던지라고 명했습니다. 이런 박해는 히브리인들을 더욱 고립시켰지만 오히려 일체감은 더 강화되었을 것입니다. 무엇보다도 바로(파라오)의 정책은 하나님의 뜻과는 정반대로서 결국 저들의 장자를 죽이는 지경으로까지 가게 만들었을 뿐입니다. 바로의 명을 거역한 산파들은 오히려 큰 복을 받았습니다.

이스라엘 백성들이 애굽에서 번성하다. (1~7)
더 커지므로 건축과 노동으로 학대하다. (8~14)
남아를 죽이라고 하나 산파들이 거부하다. (15~19)
산파들이 하나님의 은혜로 복을 받다. (20~22)

본문 적용

누구든지 하나님의 섭리, 하나님의 목적을 이해하지 못하면 바로와 똑같은 전철을 밟게 될 것입니다. 물론 바로는 하나님을 직접적으로 대적하는 세력이 되었지만, 바로와 같지는 않을지 몰라도 우리 그리스도인들 중에서도 얼마든지 바로와 같은 성향은 나타날 수 있습니다. 그런데 그런 결과는 하나님의 일을 훼방하는 지경에까지 나아갈 수도 있음을 알아야 할 것입니다. 바로도 이런 결과를 미리 알았더라면 이렇게까지 하지는 않았을 것입니다. 본장을 읽으면서 우리가 마치 영적으로 히브리인과 같은 상황에 놓여있지나 않은지를 생각한다면 우리의 신앙에 많은 도움이 될 것입니다.

❶ 문제 뒤에 숨어있는 복을 보라!

핵심구절 : "자, 우리가 그들에게 대하여 지혜롭게 하자 두렵건대 그들이 더 많게 되면 전쟁이 일어날 때에 우리 대적과 합하여 우리와 싸우고 이 땅에서 나갈까 하노라 하고 감독들을 그들 위에 세우고 그들에게 무거운 짐을 지워 괴롭게 하여 그들에게 바로를 위하여 국고성 비돔과 라암셋을 건축하게 하니라 그

러나 학대를 받을수록 더욱 번성하여 퍼져나가니 애굽 사람이 이스라엘 자손으로 말미암아 근심하여 이스라엘 자손에게 일을 엄하게 시켜 어려운 노동으로 그들의 생활을 괴롭게 하니 곧 흙 이기기와 벽돌 굽기와 농사의 여러 가지 일이라 그 시키는 일이 모두 엄하였더라"(출 1:10~14)

믿음이 좋은 사람들은 어느 곳에서든지 하나님을 발견할 수 있습니다. 평안하고 잘 될 때에 하나님이 함께 하신다고 생각합니까? 그러면 힘들고 어려울 때에는 하나님이 멀리 가셨거나 외면하고 계시는 것일까요? 그렇지 않습니다. 하나님은 언제 어떤 상황에서도 우리와 항상 함께 계십니다. 오늘날 우리의 신앙경험에 비추어보면 오히려 잘되고 번영할 때 하나님을 잃어버리는 경우가 훨씬 더 많습니다. 그러므로 너무 잘되는 것만 원하고 바라보지 말고 배후에 숨어계시는 하나님을 만나도록 해야 할 것입니다.

이스라엘은 강한 보호자였던 바로가 사라지고 요셉을 전혀 모르는 왕이 나타남으로써 고난과 연단이 시작되었습니다. 강제노역과 출산제한으로 말미암아 이스라엘은 많은 고통을 당하고 있습니다. 그러면 하나님을 원망하거나 믿음에서 이탈하는 사람들이 생기겠지만 이스라엘은 그것을 벗어날 수가 없습니다. 그런데 그런 와중에서도 이스라엘은 더욱 번성하고 있고 신앙은 떨어지지 않습니다. 그들은 괴롭겠지만 객관적으로 보면 하나님은 여전히 이스라엘을 사랑하시고 복을 쏟아부어주고 계십니다. 이스라엘을 애굽에 두시는 목적은 그들로 하여금 번성해서 한 민족을 이루게 하시려는 것입니다. 우리도 우리의 문제 뒤에 계시는 하나님의 계획을 이해할 수 있도록 노력해야 합니다. 믿음이 좋다는 것은 하나님의 마음을 이해함으로써 그분의 계획 속에 거할 수 있는 것을 말합니다.

"오히려 너희가 그리스도의 고난에 참여하는 것으로 즐거워하라 이는 그의 영광을 나타내실 때에 너희로 즐거워하고 기뻐하게 하려 함이라"(벧전 4:13)

적용하기 : 많은 그리스도인이 믿음으로 인한 고난을 이겨내기 위해 몸부림치고 있습니다. 당신이 고난을 믿음으로 이겨낸 경험을 이야기하고 하나님께 영광을 돌리십시오.

❷ 권력이 두려운가, 하나님이 두려운가?

핵심구절 : "그러나 산파들이 하나님을 두려워하여 애굽 왕의 명령을 어기고 남자 아기들을 살린지라 애굽 왕이 산파를 불러 그들에게 이르되 너희가 어찌하여 이같이 남자 아기들을 살렸느냐 산파가 바로에게 대답하되 히브리 여인은 애굽 여인과 같지 아니하고 건장하여 산파가 그들에게 이르기 전에 해산하였더이다 하매 하나님이 그 산파들에게 은혜를 베푸시니 그 백성은 번성하고 매우 강해지니라 그 산파들은 하나님을 경외하였으므로 하나님이 그들의 집안을 흥왕하게 하신지라"(출 1:17~21)

히브리인 산파 십브라와 부아는 애굽 왕의 지엄한 명령에도 불구하고 그 명령에 복종하지 않았습니다. 겉으로는 명령을 듣는 것처럼 했지만 거기에 따르지 않았습니다. 그리고 그것을 추궁하면 히브리인들이 더 건강하여 산파로 가면 벌써 낳았다고 둘러댔습니다. 물론 나는 그리 하지 못하겠노라고 거부하거나 피할 수도 있었겠지만 오히려 산파들의 지혜가 히브리 민족의 인구증가에 더 도움이 되었습니다. 더 나아가 그렇게 바로가 아니라 하나님께 순종하는 그들의 가정에 많은 복을 주셨습니다. 그 당시에는 세상적인 복이 하나님의 동행의 증거가 되던 시절이었습니다.

오늘날에는 직접적인 위협이 가해지는 것이 아니라 평화와 쾌락이라는 유혹으로 다가오거나 정의의 이름으로 압력을 가하는 시대입니다. 물론 다 좋은 말이지만 거기에 하나님이 계시지 않는 경우가 훨씬 더 많기 때문에 분별을 잘 해야 합니다. 아무튼 우리는 우선 신앙의 성장을 통하여 잘 구분하는 능력을 길러야 하고 동시에 거기에 대항해서 싸우는 방법을 가르쳐야 합니다. 하나님의 능력이 실제로 우리의 삶을 지배하지 못하면 우리도 모르는 사이에 영적 싸움에 패하고 세상을 더 두려워하는 존재가 되고 말 것입니다.

"이것을 너희에게 이르는 것은 너희로 내 안에서 평안을 누리게 하려 함이라 세상에서는 너희가 환난을 당하나 담대하라 내가 세상을 이기었노라" (요 16:33)

> **적용하기** : 당신은 세상과 더 가깝습니까, 하나님과 더 가깝습니까? 무엇으로 구분할 수 있으며 어떻게 알 수 있습니까? 말씀이 당신에게 결정적인 영향을 끼치고 있습니까?

하나님의 마음

오늘날에도 하나님은 어떤 한 민족을 사용하고 계실까요? 지금은 보이지 않는
하나님의 나라가 전 세계 그리스도인들을 통하여 펼쳐지고 있는데도요?

오늘 받은 은혜

전체적으로 당신이 받은 은혜와 느낌을 기록해보십시오.

실천을 위한 도전 (기도하여 성령님의 인도하심을 받으십시오.)

그리스도인들은 어떤 방식으로 세상에 대항할 수 있을까요? 생각나는 실천사
항이 있으면 한 가지만 시도해 보십시오.

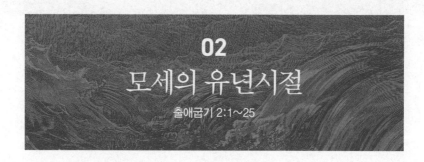

02
모세의 유년시절
출애굽기 2:1~25

본문 개론

히브리 여인 요게벳은 아들을 낳았는데 바로를 두려워하지 않고 석 달 동안 숨겼다가, 더 이상 숨긴다면 아기가 죽을 것을 염려하여 아기를 갈대상자에 담아 강가의 갈대 사이에 놓고 딸에게 형편을 살피게 했습니다. 이것은 분명히 의도적인 행위로서 아기를 유기한 것이 아니라 그 생명을 하나님께 맡기는 믿음의 행동이었습니다. 그렇게 구조된 모세는 애굽 궁궐에서 왕족이 받는 교육을 받으면서 자랐습니다. 하나님은 노예상태인 히브리인이 아니라 특별한 교육을 받은 지도자가 필요했습니다. 게다가 친어머니를 유모로 삼았기에 히브리인의 정체성을 더욱 확고하게 가졌을 것이고, 거기에서 비롯되는 의분으로 동족을 박해하는 애굽인을 죽이게 되었습니다. 그것은 궁궐의 교육만으로 얻을 수 없는 비싼 참훈련이었습니다. 비록 실수로 애굽인을 죽였지만 그 한 가지 행동으로 말미암아 40년 후의 출애굽을 주도할 수 있는 사람으로 변화될 수 있었던 것입니다.

본문 구성

모세가 바로의 공주에게 구출되다.　　　　(1~10)

모세가 애굽 사람을 죽인 것이 발각되다.　　(11~14)

모세가 광야로 쫓겨나 십보라와 결혼하다.　(15~22)

하나님께서 히브리인들을 기억하시다.　　　(23~25)

본문 적용

　하나님은 언제 어디에서나 백성들을 구원하실 수 있습니다. 그러나 구원의 때가 오기 전에는 결코 행하지 않으십니다. 고통이 무르익어 하나님의 능력이 아니면 길이 없음을 느낄 때에 긍휼을 베푸십니다. 일찍 깨달으면 고통도 줄어듭니다. 백성들 전체를 위해서도 그렇지만 그 일에 쓰임 받을 사람을 준비하실 때에도 그렇게 하십니다. 모세는 하나님을 믿기는 했지만 하나님을 신뢰하고 하나님의 능력을 의지하지는 못했습니다. 자기 힘으로 무엇인가를 하려고 할 때 사람은 얼마나 무기력해지나요? 모세가 바로 그랬습니다. 모세는 자신의 완전무능을 고백하고 체득하기까지 40년이 걸렸습니다. 모든 지점이 완전히 일치될 때에 하나님의 구원은 시작됩니다.

❶ 운명 교향곡

핵심구절 : "더 숨길 수 없게 되매 그를 위하여 갈대 상자를 가져다가 역청과 나무 진을 칠하고 아기를 거기 담아 나일 강 가 갈대 사이에 두고 그의 누이가

어떻게 되는지를 알려고 멀리 섰더니 바로의 딸이 목욕하러 나일 강으로 내려오고 시녀들은 나일 강 가를 거닐 때에 그가 갈대 사이의 상자를 보고 시녀를 보내어 가져다가 열고 그 아기를 보니 아기가 우는지라 그가 그를 불쌍히 여겨 이르되 이는 히브리 사람의 아기로다"(출 2:3~6)

모든 남자아기는 전부 나일강에 던져질 운명이었습니다. 바로의 명령이 거두어질 때까지는 언제까지라도 그래야 합니다. 그런데 단 한 사람 아기 모세는 그 운명을 거부했습니다. 그리고 하필 바로의 공주의 눈에 띄어 왕궁에서 애굽의 왕자들처럼 교육을 받고 자랐습니다. 어떻게 이런 일이 일어날 수가 있죠? 물론 의도적인 믿음이라고 생각됩니다만, 그래도 마치 연극이나 영화를 보는 것 같습니다. 수준이 낮은 영화일수록 우연이 자주 나옵니다. 모세가 애굽의 왕자로 자라게 되는 것이 마치 우연으로 보이지 않습니까? 물론 그런 우연의 연속은 때로 기적이라는 이름으로 표현되기도 합니다.

우리는 마치 이런 기적을 우리의 것으로 만들기 위해 열심히 기도하는 사람들 같습니다. 하지만 그 기적은 하나님과 사람의 합작품이라는 사실을 알아야 합니다. 하나님께서 천지를 창조하시거나 그리스도를 이 땅에 보내시는 것과 같은 하나님의 전적인 은혜로 이루어지는 경우를 제외한다면 기적은 전부 사람으로부터 시작되는 것입니다. 본문에서 그 주인공은 모세의 어머니 요게벳이었습니다(출 6:20). 운명의 시작은 요게벳이 남자아기 모세를 석 달 동안 숨겨 두었다가 갈대상자에 담아 강가에 가져다 놓은 것이었습니다. 이 행동이 아니었으면 모세의 기적은 없었을 것입니다. 그 행동 하나가 이스라엘의 가나안 회복을 이끌었던 것입니다.

"믿음으로 모세가 났을 때에 그 부모가 아름다운 아이임을 보고 석 달 동안 숨겨 왕의 명령을 무서워하지 아니하였으며"(히 11:23)

❷ 당신의 힘인가, 하나님의 힘인가?

핵심구절 : "모세가 장성한 후에 한번은 자기 형제들에게 나가서 그들이 고되게 노동하는 것을 보더니 어떤 애굽 사람이 한 히브리 사람 곧 자기 형제를 치는 것을 본지라 좌우를 살펴 사람이 없음을 보고 그 애굽 사람을 쳐 죽여 모래 속에 감추니라 이튿날 다시 나가니 두 히브리 사람이 서로 싸우는지라 그 잘못한 사람에게 이르되 네가 어찌하여 동포를 치느냐 하매 그가 이르되 누가 너를 우리를 다스리는 자와 재판관으로 삼았느냐 네가 애굽 사람을 죽인 것처럼 나도 죽이려느냐 모세가 두려워하여 이르되 일이 탄로되었도다 바로가 이 일을 듣고 모세를 죽이고자 하여 찾는지라"(출 2:11~15上)

요게벳은 모세를 아주 잘 키웠습니다. 바로의 궁에서 자랐음에도 불구하고 모세는 히브리인의 정체성을 가지고 있었습니다. 그런데 그에게는 권력이 있었습니다. 자신으로부터 나온 것은 아니었지만 양어머니인 바로의 공주가 가지고 있는 권력이었습니다. 그것은 정 반대되는 개념이었습니다. 모세는 자라가면서 동족인 히브리인들의 처지가 매우 안타까웠고 무엇이라도 하고 싶었고 자신이 앞장서서 해방시키려는 갈망이 생겼을 것입니다. 그에게는 그럴 만한 수단인 권력이 있는 것 같았습니다. 그 권력은 사실은 완전 허상이었습니다. 바로가 마음대로 빼앗을 수 있는 것이었습니다. 모세의 착각으로 인하여 박해당하는 동족을 구하려고 시도한 것이었습니다.

　모세는 하나님의 기적적인 은혜로 말미암아 죽을 목숨을 살렸고 거기에 더하여 모든 조건이 완벽한 궁에서 살았으며 그만한 지위를 누리고 있었습니다. 이 정도 되면 하나님께서 완전히 자기에게 복을 주시고 자기를 사용하실 것이라는 확신이 생길 만하지 않겠습니까? 그것으로 인하여 용기를 가지고 동족을 치는 애굽인을 죽이게 되었던 것입니다. 그의 어머니 요게벳과 정도의 차이가 있습니다. 요게벳은 자기 힘으로 무엇을 주도적으로 하지 않고 다만 아기를 강가에 가져다 둘 뿐이었습니다. 모세가 물론 앞으로 40년의 연단을 거칠 것이라고는 상상조차도 하지 못했지만, 그것이 바로 하나님의 섭리라는 사실을 깨달아야 하겠습니다.

"하나님의 뜻대로 하는 근심은 후회할 것이 없는 구원에 이르게 하는 회개를 이루는 것이요 세상 근심은 사망을 이루는 것이니라"(고후 7:10)

적용하기 : 당신은 하나님의 일을 하면서 얼마나 하나님의 뜻을 따르고 있습니까? 당신 자신의 의견을 앞세우지는 않습니까?

하나님의 마음

하나님은 믿음의 크기를 보지 않으시고 믿음의 정도를 보십니다. 당신에게는 가장 순수하고 깊은 믿음이 어떨 때 나타납니까? 그런 믿음을 어느 정도나 가지고 있습니까?

오늘 받은 은혜

전체적으로 당신이 받은 은혜와 느낌을 기록해보십시오.

실천을 위한 도전 (기도하여 성령님의 인도하심을 받으십시오.)

예수님께서 제자들에게 믿음이 작은 자들이라고 하신 것은 순전한 믿음이 아니라는 의미였습니다. 하나님께서 당신을 사용하실지도 모르는 작은 일 한 가지를 행해보십시오.

03
부르심을 받은 모세

출애굽기 3:1~22

본문 개론

하나님을 만났을 때 초월적이거나 신비한 모습과 부딪치면 가장 먼저 어떤 생각이 떠오르겠습니까? "내가 누구입니까?"라는 질문일 것입니다. 두 번째가 "하나님은 누구십니까?"라는 질문일 것이고, 세 번째로 "왜 나에게 나타나셨습니까?"라는 질문일 것입니다. 모세는 크지 않은 떨기나무 덤불에 불이 붙었으나 타지 않고 사라지지 않는 기이한 모습을 만났습니다. 좀 더 자세하게 보려고 돌아섰는데 하나님께서 모세를 부르시고 거룩한 땅에서 신을 벗으라고 명하십니다. 신을 벗는다는 것은 경배의 표현입니다. 생전 처음으로 만난 하나님께서 출애굽을 명하셨지만 모세는 믿기가 어려웠습니다. 그런데 하나님은 장래에 이 산에서 섬기게 되는 것이 하나님께서 함께하시는 증거라고 하십니다. 미래에 될 일이 어떻게 증거가 되겠습니까? 아직 구체적인 믿음이 없는 모세로서는 받기가 몹시 어렵습니다. 관계가 형성되지 못한 믿음은 실체 없는 믿음입니다. 이제 하나님과의 관계가 시작되었습니다.

본문 구성

본문 적용

믿음이란 물론 하나님의 일방적인 선물로 주어지는 것입니다. 그러나 그 믿음이 온전해지기 위해서는 하나님과의 관계가 필수적인데 하나님께서 스스로 있는 자라고 하셨지만 도무지 모세에게는 명확한 실체가 느껴지지 않습니다. 그래서 하나님은 아브라함의 하나님, 이삭의 하나님, 야곱의 하나님이라고 말씀하심으로써 경험을 공유할 수 있는 정보를 주심으로써 이스라엘 민족과의 관계를 알려주시는 것입니다. 하나님은 모세와 아무 관계가 없는 분이 아니라 그들의 조상과의 언약을 상기시킴으로서 단지 그 약속대로 행하시는 것임을 깨우쳐주십니다. 그럼에도 불구하고 모세와 하나님의 관계는 다시 설정되어야만 합니다. 모세가 이스라엘을 출애굽시키려면 무엇이 가장 크게 필요하겠습니까? 기적은 하나님께서 일으키십니다. 그렇다면 모세의 믿음이 가장 필요한 것이 아니겠습니까? 사실상 믿음이 출애굽을 완성시키는 것입니다. 믿음의 과정을 유심히 살펴보기 바랍니다.

❶ 먼저 신자가 되라.

핵심구절 : "또 이르시되 나는 네 조상의 하나님이니 아브라함의 하나님, 이삭의 하나님, 야곱의 하나님이니라 모세가 하나님 뵈옵기를 두려워하여 얼굴을 가리매 여호와께서 이르시되 내가 애굽에 있는 내 백성의 고통을 분명히 보고 그들이 그들의 감독자로 말미암아 부르짖음을 듣고 그 근심을 알고 … 너는 가서 이스라엘의 장로들을 모으고 그들에게 이르기를 여호와 너희 조상의 하나님 곧 아브라함과 이삭과 야곱의 하나님이 내게 나타나 이르시되 내가 너희를 돌보아 너희가 애굽에서 당한 일을 확실히 보았노라"(출 3:6~7, 16)

하나님은 야곱이 요셉의 인도를 따라 애굽으로 내려간 후로 400여 년 동안 침묵하고 계셨습니다. 이것은 하나님께서 이미 아브라함에게 말씀하신 그대로입니다(창 15:13). 그리고 마침내 백성들의 고통과 근심과 부르짖음이 가득 채워졌을 때 비로소 개입하기 시작하셨습니다. 하나님의 역사개입은 또한 이방인들의 죄악이 하늘에 닿을 때까지(가득 찰 때까지) 일어나지 않습니다. 그렇게 본다면 출애굽과 가나안 정복은 두 가지 때가 맞아떨어진 때에 시작되는 것입니다. 이방인들의 죄악과 백성들의 고통의 때에 모세를 부르시는 것입니다. 하나님은 400년 동안 나타나지 않으셨지만 계속 당신의 백성들을 주시하고 계셨던 것입니다. 백성들의 신음을 기도와 간구로 들으셨을 것입니다.

그렇다면 하나님은 모든 국가의 역사에 개입하실까요? 성경에 의하면 하나님께서 직접 말씀하시든지 아니면 선지자들을 보내셔서 말씀을 선포하시든지 이스라엘과 관련 있는 나라들에 대해서 개입하십니다. 그렇다면 대한민국의 역사에는 개입하고 계실까요? 물론 얼마든지 개입하실 수 있습니다. 다만 그리스도인들과 관련이 있을 때에만 개입하십니다. 그 말은 그리스도인들이 그리스도인답게 살면서 간구할 때 하나님께서 개입하신다는 말입니다. 하나님의 역사개입 이전에 그리스도인들의 삶이 전제가 됩니다. 교회가 세상과 구별되지 못하고 세상과 똑같아 보이는데 어떻게 하나님께서 개입하시겠습니까? 종말도 좋고 예수님의 재림도 좋습니다만, 우리가 그리스도인다워지는 것이 먼저입니다.

"그런즉 너희는 먼저 그의 나라와 그의 의를 구하라 그리하면 이 모든 것을 너희에게 더하시리라"(마 6:33)

> **적용하기** : 당신은 이 시대의 나라를 위해 기도하고 있습니까? 그러면 당신이 먼저 되어야 할 부분은 무엇이라고 생각합니까?

❷ 하나님은 의식을 일깨우신다.

핵심구절 : "내가 내려가서 그들을 애굽인의 손에서 건져내고 그들을 그 땅에서 인도하여 아름답고 광대한 땅, 젖과 꿀이 흐르는 땅 곧 가나안 족속, 헷 족속, 아모리 족속, 브리스 족속, 히위 족속, 여부스 족속의 지방에 데려가려 하노라 이제 가라 이스라엘 자손의 부르짖음이 내게 달하고 애굽 사람이 그들을 괴롭히는 학대도 내가 보았으니 이제 내가 너를 바로에게 보내어 너에게 내 백성 이스라엘 자손을 애굽에서 인도하여 내게 하리라 … 너는 가서 이스라엘의 장로들을 모으고 그들에게 이르기를 여호와 너희 조상의 하나님 곧 아브라함과 이삭과 야곱의 하나님이 내게 나타나 이르시되 내가 너희를 돌보아 너희가 애

굽에서 당한 일을 확실히 보았노라"(출 3:8~10, 16)

하나님께서 모세와의 대화에서 반복적으로 하시는 말씀이 있습니다. "조상의 하나님, 아브라함의 하나님, 이삭의 하나님, 야곱의 하나님"을 세 번 반복하십니다. 그리고 "가나안 족속, 헷 족속, 아모리 족속, 브리스 족속, 히위 족속, 여부스 족속"을 두 번 반복하십니다. 왜냐하면 히브리인의 정체성이 모세의 의식 속에 깊이 잠들어 있는데 그것을 깨우셔야 하기 때문입니다. 그렇지 않으면 모세를 사용하실 수가 없습니다. 성경에는 그런 경우가 다수 나옵니다. 가나안 정복을 시작하게 하실 때 여호수아에게도 비슷하게 말씀하신 적이 있었는데, 그때는 "강하고 담대하라"는 말씀을 세 번 반복하셨습니다. 특히 여호수아에게는 점점 더 강조하시는데, 처음에는 '강하고 담대하라', 두 번째는 '강하고 극히 담대하라', 세 번째는 '강하고 담대하라 두려워하지 말고 놀라지 말라'고 말씀하셨습니다.

하나님은 인간의 약한 것을 잘 알고 계십니다. 그러나 신앙인의 의식을 일깨워서 하나님의 자녀로서, 예수님의 제자로서의 의식으로 바꾸기만 하면 너무나도 강한 존재가 됩니다. 모세는 지금 가장 약한 상태입니다. 애굽의 왕자로 살다가 40세 때 미디안 광야로 쫓겨나가서 지금 80세 때까지 장인의 양을 치는 단순한 목동의 생활을 하고 있습니다. 히브리인으로서의 정체성도 다 사라지고 애굽의 압제에 고통당하고 있는 히브리 백성들의 신음소리도 더 이상 들리지 않습니다. 이런 상태로는 하나님께서 성령을 물 붓듯이 부어주셔도 사용하실 수가 없습니다. 잠시 일을 하는 것 같아도 자기 정체성을 잃어버렸기 때문에 다시 주저앉아 버릴 것입니다. 그러므로 하나님께서 모세의 정체성을 회복하지 않으시면 출애굽도 불가능합니다. 그래서 자기 뿌리인 조상의 하나님을 강조하고 앞으로 정복할 가나안 땅도 말씀하시는 것입니다. 우리는 그리스도인으로서의 정체성을 빨리 회복해야 합니다.

> "그러나 너희는 택하신 족속이요 왕 같은 제사장들이요 거룩한 나라요 그의 소유가 된 백성이니 이는 너희를 어두운 데서 불러내어 그의 기이한 빛에 들어가게 하신 이의 아름다운 덕을 선포하게 하려 하심이라"(벧전 2:9)

적용하기 : 당신은 그리스도 예수님의 죽으심을 뿌리로 하는 그리스도인의 정체성을 얼마나 알고 있고 얼마나 소유하고 있습니까?

하나님의 마음

하나님의 침묵은 침묵이 아닙니다. 우리 그리스도인들의 심령과 항상 함께 하고 계시기 때문입니다. 다만 당신은 얼마나 하나님의 마음과 맞는 상태라고 생각합니까?

오늘 받은 은혜

전체적으로 당신이 받은 은혜와 느낌을 기록해보십시오.

실천을 위한 도전 (기도하여 성령님의 인도하심을 받으십시오.)

하나님의 부르심에 따라 사명을 감당할 때 하나님은 어떻게 당신을 준비시키셨습니까? 준비되지 못한 부분이 있다면 한 가지만 실행해 보십시오.

애굽으로 돌아온 모세와 아론

출애굽기 4:1~31

본문 개론

본장에서도 중요한 것은 모세의 믿음입니다. 모세가 하나님을 완전히 신뢰하는 관계를 형성하지 못하면 출애굽의 사명을 끝까지 감당할 수 없습니다. 그 온전한 관계를 소유하기까지 모세는 무려 다섯 번이나 하나님의 명을 거부합니다. 그러나 사실은 하나님을 믿지 못하는 것이 아니라 자기 자신의 믿음을 믿지 못하는 것이었습니다. 그래서 모세는 계속 거부했고 하나님은 그 관계를 만들어주시기 위해서 여러 가지 증거로 모세를 설득하고 계시는 것입니다. 지팡이를 뱀으로 만드셨고 손에 나병이 생기게 하시고 강물이 피가 되게 하십니다. 그런데 모세는 세 번 다 하나님의 말씀에 순종합니다. 믿음이 없는 것이 아니라 관계가 없습니다. 그렇게 해서 모세는 마침내 하나님을 전적으로 믿게 되었고 애굽으로 돌아갑니다. 갑자기 모세를 죽이려고 하신 것은 민족에게 명하신 할례를 아들에게 행치 않았기 때문이었습니다. 마침내 백성들에게 가서 말씀을 전하고 증거를 보여주자 백성들도 믿게 되었습니다.

본문 구성

본문 적용

　　오늘날 우리가 하나님의 사명을 감당하기까지 모세가 겪었던 경험에 공감하는 사람들이 많을 것입니다. 우리에게 필요한 것은 물론 여호와 하나님이시지만, 우리가 이미 그리스도의 피로 구원 받은 마당에는 우리에게 필요한 것은 우리의 믿음이고 한걸음 더 나아가 자기 믿음을 믿는 믿음인 것입니다. 자기 실력을 알지 못하고 경기하면 패하듯이 자기 믿음의 수준을 알지 못하면 실수하기가 쉽습니다. 모세는 누구보다도 자기 실력을 알고 있었습니다. 믿음이 없는 것 같지만 명령에 순종하고 과거의 그 믿음을 기억하고 있었습니다. 다만 자기 믿음의 실력이 어느 정도인지 전혀 가늠할 수 없습니다. 그래서 하나님은 모세의 믿음의 수준을 확인할 수 있게 하시고 하나님과의 살아있는 관계를 일으켜주셨던 것입니다. 당신의 믿음은 어느 정도일까요? 자기 믿음을 의심하고 있는 것은 아니겠지요?

❶ 설득하시는 하나님

핵심구절 : "모세가 여호와께 아뢰되 오 주여 나는 본래 말을 잘 하지 못하는 자니이다 주께서 주의 종에게 명령하신 후에도 역시 그러하니 나는 입이 뻣뻣하고 혀가 둔한 자니이다 여호와께서 그에게 이르시되 누가 사람의 입을 지었느냐 누가 말 못 하는 자나 못 듣는 자나 눈 밝은 자나 맹인이 되게 하였느냐 나 여호와가 아니냐 이제 가라 내가 네 입과 함께 있어서 할 말을 가르치리라 모세가 이르되 오 주여 보낼 만한 자를 보내소서 여호와께서 모세를 향하여 노하여 이르시되 레위 사람 네 형 아론이 있지 아니하냐 그가 말 잘 하는 것을 내가 아노리 그기 너를 만나러 나오나니 그가 너를 볼 때에 그의 마음에 기쁨이 있을 것이라"(출 4:10~14)

앞서 아브라함은 하나님께 기도하기를 소돔 성에 의인 10명만 있어도 멸하지 말아달라고 기도했는데 그것은 50명에서 하나하나 줄여서 무려 여섯 번이나 기도제목을 바꾼 끝에 응답받은 것이었습니다. 이번에는 하나님께서 모세를 설득하시는데 여섯 번을 설득하십니다. 지팡이가 뱀으로 변하는 이적, 손을 품에 넣었을 때 나병이 발하는 이적, 그리고 나일강물을 떠서 땅에 부어 피가 되는 이적을 친히 보여주셨습니다. 그런데 모세는 말을 잘 못한다고 거절하고 할 말을 가르치겠다고 하셔도 거절하고 마침내 하나님께서 노를 발하시고 형 아론을 대변인으로 주겠다고까지 하시는 등 여섯 번이나 설득하셨습니다.

하나님은 물론 하나님의 뜻을 사람에게 알려주십니다. 그러나 하나님은 무조건 일방적으로 명령하시는 것이 아니라 그 상황과 신앙의 정도에 따라 다양하게 여러 방식으로 말씀하십니다. 때로는 우리가 준비될 때까지 기다리십니다. 그 기다림의 과정은 우리를 하나님께서 설득하시는 시간이라고 생각하면 될 것입니다. 그런데 우리가 알아야 할 것은 모세는 이미 자기 정체성을 깨닫기 시작했다는 것입니다. 하나님과의 대화는 자기가 백성들을 이끌고 가나안 땅으로 향해야 한다는 것을 전제하고 있기 때문입니다. 그런데 바로 설득의 과정을 통하여 모세는 성화되고 있었다는 것입니다. 그것은 이후로 펼쳐지는 모든 상황에서의 모세의 언행을 보면 알 수 있게 될 것입니다.

"또 무리에게 이르시되 아무든지 나를 따라오려거든 자기를 부인하고 날마다 제 십자가를 지고 나를 따를 것이니라"(눅 9:23)

적용하기 : 혹시 하나님께서 지금 당신을 설득하고 계시는 것이 있을까요? 그것이 무엇입니까?

❷ 하나님은 왜 바로가 거부하게 하실까?

핵심구절 : "여호와께서 모세에게 이르시되 네가 애굽으로 돌아가거든 내가 네 손에 준 이적을 바로 앞에서 다 행하라 그러나 내가 그의 마음을 완악하게 한즉 그가 백성을 보내 주지 아니하리니 너는 바로에게 이르기를 여호와의 말씀에 이스라엘은 내 아들 내 장자라 내가 네게 이르기를 내 아들을 보내 주어 나를 섬기게 하라 하여도 네가 보내 주기를 거절하니 내가 네 아들 네 장자를 죽이리라 하셨다 하라 하시니라"(출 4:21~23)

이 말씀은 이미 3장에서 하나님의 말씀으로 기록되어 있습니다. 나중에 애굽을 나갈 때 애굽 사람들에 의해 은혜를 입고 빈손으로 나가지 않게 하신다는 말씀과 은 패물, 금 패물과 의복을 구하여 꾸미게 하실 것이라는 말씀이었습니다(출 3:19~22). 물론 그것이 주요 목적은 아닙니다. 본문에 보면 하나님의 장자와 바로의 장자 이야기가 나옵니다. 하나님의 장자인 이스라엘을 보내지 않으면 바로의 장자를 죽이리라는 말씀입니다. 그런데 이 바로의 장자를 죽이기 전까지 얼마나 많은 일들이 일어납니까? 아홉 가지 재앙의 사건을 일으키십니다. 그렇게 해서 애굽이 큰 피해를 본 후에야 출애굽이 이루어지리라는 말씀인 것입니다. 열 가지 재앙을 통하여 엄청난 피해를 보고 있고 생존 자체가 위협을 받는 상황에서 그 피해가 지속되는 것을 두려워한 애굽 백성들이 이스라엘이 달라는 것을 다 주고서라도 빨리 내보내고 싶게 만드신다는 것입니다.

하지만 바로가 모세의 말을 안 들으리라고 말씀하신 이유는 따로 있습니다. 하나님은 애굽을 징계하시는 것이 목적이 아닙니다. 물론 얼마든지 징계하실 수 있고 또 후에 열 가지 재앙으로 징계하셨습니다. 그러나 하나님의 목적은 이스라엘 백성들입니다. 초점과 핵심은 항상 백성들입니다. 하나님께서 애굽에게 행하신 모든 일들은 애굽이 목적이 아니고 이스라엘 백성들에게 보여주시려는 것이었습니다. 단지 하나님께서 백성들을 얼마나 사랑하시는가를 보여주시는 것에서 그치는 것도 아닙니다. 사건 하나하나를 통하여 이스라엘이 자라가기를 원하시는 것입니다. 앞으로 광야생활을 하려면 신앙이 깊어지고 마음이 담대해서 하나님께서 반드시 함께 하신다는 믿음을 소유하게 하셔야 하는데 출애굽의 모든 과정은 바로 그것을 위한 발걸음이었던 것입니다. 이스라엘은 그것을 생각하지 못했기 때문에 광야에서 죽어갔습니다.

"오직 우리 주 곧 구주 예수 그리스도의 은혜와 그를 아는 지식에서 자라 가라 영광이 이제와 영원한 날까지 그에게 있을지어다"(벧후 3:18)

적용하기 : 당신은 살아오는 과정에서 하나님과의 동행을 얼마나 체험하면서 살고 있습니까? 그런 체험만큼 자라왔습니까?

하나님의 마음

하나님은 이스라엘 백성들 전체를 위하여 모세를 부르셨습니다. 당신은 당신 자신을 위하여 부르심 받았습니까, 하나님의 자녀들과 이웃을 위해 부르심 받았습니까?

오늘 받은 은혜

전체적으로 당신이 받은 은혜와 느낌을 기록해보십시오.

실천을 위한 도전 (기도하여 성령님의 인도하심을 받으십시오.)

하나님의 부르심에 꼭 맞는 일을 감당하고 있습니까? 그 동안 미처 하지 못했던 한 가지 일을 위해 결단하시기 바랍니다.

05
상황이 악화될 때
출애굽기 5:1~6:1

본문 개론

바로는 오직 노동력을 유지하면서 건설의 일을 계속하는 것이 목적이었기 때문에 히브리 민족 전체가 제사를 지내기 위해 작업장을 떠나는 것은 용납할 수 없는 일이었습니다. 바로는 오히려 짚을 제공하지 않으면서 벽돌생산을 그대로 유지하라고 명령했습니다. 짚을 구하러 다니는 시간까지 추가로 노역을 가중시킨 것이었습니다. 그런데 모세는 사흘 길쯤 광야로 가서 절기를 지키라고 하셨다고 말했습니다. 그렇게 조금 요구함으로써 시험하시는 것이 강퍅한 바로를 취급하시는 방법이었습니다. 어차피 바로는 끝까지 거부할 것을 알고 계신 것입니다. 커다란 난관에 부딪친 백성들은 모세와 아론을 원망했습니다. 모세로서도 하나님의 말씀에 순종했음에도 이런 큰 장벽을 만난 것은 큰 문제였습니다. 그래서 하나님께 간구하기에 이르렀습니다. 하지만 이렇게 되리라는 것을 모세가 몰랐나요? 이미 하나님의 말씀 속에 다 들어있었습니다.

본문 구성

모세의 요청을 바로가 거절하다.　　　　　　　(1~5)

짚을 주지 않고 벽돌생산을 요구하다.　　　　　(6~18)

지도자들이 모세와 아론을 원망하다.　　　　　(19~21)

모세가 하나님께 호소하다.　　　　　　　　　(22~6:1)

본문 적용

　바로는 꿈에도 생각하지 못했겠지만 그는 창조주 하나님을 정면으로 대적하는 사람이 되고 말았습니다. 그러나 모세의 요구에 대한 반응으로 백성들이 겪게 되는 일시적인 고통은 출애굽과 구원이라는 큰 복을 누리게 만들기 위한 준비단계로서 백성들의 신앙을 연단시켜 가나안으로 들어가기까지 이겨내도록 하시려는 의도입니다. 말씀에 순종하여 살고자 할 때 형통한 것이 아니라 오히려 고통과 어려움을 호소할 때가 있지만 그것이 하나님의 계획의 실패를 뜻하는 것은 아닙니다. 그것은 예수 그리스도께서 십자가 고난과 죽으심으로 말미암아 인간구원이라는 위대한 일을 이루시고 그리스도께서는 만물 위에 높임을 받으신 것과 흡사할 것입니다. 성도들이 말씀대로 살려고 하다가 당하는 궁지는 하나님께서 개입하실 기회가 됩니다. 바로의 힘은 엄청나게 강하지만 결국 그 힘은 히브리인들을 내보내는 데 사용될 것입니다. 하나님은 분명하게 약속해주십니다.

❶ 간절함이 비결이다.

핵심구절 : "이제 가서 일하라 짚은 너희에게 주지 않을지라도 벽돌은 너희가 수량대로 바칠지니라 기록하는 일을 맡은 이스라엘 자손들이 너희가 매일 만드는 벽돌을 조금도 감하지 못하리라 함을 듣고 화가 몸에 미친 줄 알고 그들이 바로를 떠나 나올 때에 모세와 아론이 길에 서 있는 것을 보고 그들에게 이르되 너희가 우리를 바로의 눈과 그의 신하의 눈에 미운 것이 되게 하고 그들의 손에 칼을 주어 우리를 죽이게 하는도다 여호와는 너희를 살피시고 판단하시기를 원하노라"(출 5:18~21)

하나님께서 항상 성도들에게 바라시는 것은 성도들이 간절함을 가지고 하나님만을 의지하는 것입니다. 왜냐하면 간절하게 하나님만을 의지하지 않으면 하나님께서 사람들을 위해 일하실 수가 없기 때문입니다. 하나님의 일은 사람을 구원하고 살아있는 복음이 전파되어 하나님께 영광이 돌려지기 위해 행하시는 것입니다. 거기에 제대로 쓰임 받는 사람이 가장 큰 자입니다. 우리가 아무것도 하지 않는다고 해서 하나님의 영광과 능력이 사라지는 것이 결코 아닙니다. 다만 성도들에게 아무런 유익이 되지 않을 뿐만 아니라 오히려 하나님으로부터 점점 더 멀어지게 되기 때문에 하나님은 간절한 마음을 원하시는 것입니다.

말로는 아무리 강조하고 반복해서 들려주어도 이해는 하지만 의식으로 자리 잡지 못합니다. 의식 속에 새겨지지 않으면 지식과 깨달음만으로 삶과 행동을 바꿀 수 없습니다. 이스라엘도 하나님만을 간절하게 의지해야 한다는 것을 모르는 것이 아닙니다. 그러나 생각만으로는 불가능하기 때문에 하나님은 오히려 바로를 통하여 더욱 힘겨운 나날들을 보내도록 허락하시는 것입니다. 그래서 삶의 체험을 통하여 하나님만을 의지하도록 훈련하시는 것입니다. 편안하게 잘 살다가 멸망으로 떨어지는 것보다 힘들어도 끝까지 견뎌서 천국으로 가게 만드는 것이 하나님의 계획입니다. 하나님께서 그것을 좋아하셔서 그렇게 하실까요? 아니지요. 사람이 그렇게 하지 않으면 변하지 않기 때문이지요. 간절함을 버리면 생명을 잃는 것과 같은 것입니다.

"그런즉 내가 너희에게 쓴 것은 그 불의를 행한 자를 위한 것도 아니요 그 불의를 당한 자를 위한 것도 아니요 오직 우리를 위한 너희의 간절함이 하나님 앞에서 너희에게 나타나게 하려 함이로라"(고후 7:12)

적용하기 : 당신은 얼마나 간절한 마음으로 기도합니까? 그것이 당신의 뜻을 이루기 위해서입니까, 아니면 하나님만을 의지하고 모든 것을 하나님의 뜻에 맡기기 위함입니까?

❷ 때가 가까이 왔다.

핵심구절 : "모세가 여호와께 돌아와서 아뢰되 주여 어찌하여 이 백성이 학대를 당하게 하셨나이까 어찌하여 나를 보내셨나이까 내가 바로에게 들어가서 주의 이름으로 말한 후로부터 그가 이 백성을 더 학대하며 주께서도 주의 백성을 구원하지 아니하시나이다 … 여호와께서 모세에게 이르시되 이제 내가 바로에게 하는 일을 네가 보리라 강한 손으로 말미암아 바로가 그들을 보내리라 강한 손으로 말미암아 바로가 그들을 그의 땅에서 쫓아내리라"(출 5:22~6:1)

하나님은 이 세상에 악이 가득 찼을 때 홍수를 내리셨습니다. 음란과 폭력이 난무하는 소돔성이 악으로 넘칠 때에 재앙을 내리십니다. 가나안 땅도 아직 죄가 가득하지 않았기 때문에 하나님께서 400년 동안 기다리셨던 것입니다. 이제 그 때가 되어 하나님께서 모세와 아론을 부르셨습니다. 그런데 이제는 이스라엘 백성들이 아직 준비가 되지 않았습니다. 하나님께서 출애굽을 통하여 가나안 정복까지 이루시려면 백성들이 준비가 되어야 합니다. 이미 모세와 아론은 준비가 되어 있습니다. 하지만 아직 백성들의 마음에 하나님만을 의지하려는 간절한 믿음이 이루어지지 않았기 때문에 바로의 학정을 용인하시는 것처럼 보입니다. 그런 모든 것을 종합하면 이제 때가 가까이 왔다는 증거라고 할 수 있습니다. 그러니까 암담하면 암담할수록 때가 가까이 왔다는 사실을 깨닫고 인내할 수 있어야 하는 것입니다. 오히려 하나님만을 의지하고 잠잠할 수 있어야 할 것입니다. 또 스스로의 힘으로 열심히 노력하고 애쓴다고 해도 아무 소용이 없기도 합니다.

세상이 더욱 악으로 치닫습니까? 하나님의 때가 가까이 왔다는 것을 말해주고 있습니다. 하나님의 사명을 감당하고 있음에도 불구하고 앞이 안 보일 정도로 큰 고난에 처했습니까? 하나님의 때가 가까이 왔습니다. 그 고난이 감당할 수 없을 정도로 겹치고 또 겹쳤습니까? 하나님의 때가 가까이 왔습니다. 교회가 타락하여 단지 종교로서의 기독교만 남아 있는 것처럼 보입니까? 때가 가까이 왔습니다. 물론 우리가 하나님의 뜻 안에 있을 때의 이야기입니다. 때가 왔지만 우리가 준비되어야 합니다. 믿음으로 때를 기다리시기 바랍니다.

"때가 이르리니 사람이 바른 교훈을 받지 아니하며 귀가 가려워서 자기의 사욕을 따를 스승을 많이 두고 또 그 귀를 진리에서 돌이켜 허탄한 이야기를 따르리라"(딤후 4:3~4)

적용하기 : 당신이 기다리는 것은 무엇입니까? 때가 차면 이루어질 것입니다. 다만 그것은 하나님의 계획 안에서만 그렇습니다. 당신의 비전이 하나님의 계획입니까? 어떻게 알 수 있습니까?

하나님의 마음 :

하나님은 모든 백성들이 약속의 땅 가나안으로 들어가기를 원하십니다. 단, 거기에 합당한 믿음을 가져야 합니다. 당신은 얼마나 하나님께서 기다리시는 심령입니까?

오늘 받은 은혜 :

전체적으로 당신이 받은 은혜와 느낌을 기록해보십시오.

실천을 위한 도전 : (기도하여 성령님의 인도하심을 받으십시오.)

당신이 항상 심령의 중심에 가지고 있는 하나님의 말씀은 무엇입니까? 간절히 하나님만을 의지하고 끝까지 때를 기다리는 데 필요한 말씀을 선택하여 의지하십시오.

06
모세와 아론의 자격
출애굽기 6:2~30

본문 개론

　모세가 사명에 대해 회의적이 되자 하나님은 다시 한 번 약속해 주시고 모세에게 자세하게 설명해주십니다. 구원의 내용은 과중한 노역에서의 해방, 백성들을 속량(다른 생명 대신 희생)하심, 그들을 자기 백성으로 삼으시고 그들의 하나님이 되심, 구원으로 말미암아 하나님을 제대로 알게 됨, 가나안 땅을 유업으로 주실 것이라고 설명하십니다. 그리고 갑자기 모세와 아론의 혈통을 기록하게 하시는데, 그것은 모세와 아론에게 갑자기 사명이 주어진 것이 아니라 하나님의 분명한 계획 가운데 있는 것이며, 연약한 보통 사람들이 출애굽하는 것이 아니라 모든 것은 하나님의 주권과 능력에 의한 것임을 밝혀주기 위함이었습니다. 그러니까 자신없어할 이유가 없고 하나님의 주권을 믿고 담대하게 나아가라는 것입니다. 바로가 아무리 강해보여도 하나님 앞에서는 한낱 도구에 불과하다는 말씀인 것입니다.

하나님께서 구원을 약속하시다.   (2~9)
바로에게 갈 것을 다시 명하시다.   (10~13)
족보에서 모세의 자격을 제시하다.   (14~27)
모세가 여섯 번째로 거부하다.   (28~30)

본문 적용

모세는 어떻게 하든지 도저히 자신 없는 이 일을 할 수만 있다면 회피하고 싶은 마음입니다. 그러나 하나님은 위로하시고 확신을 주시며 갖가지 근거를 제시하시고 하나님께 대한 믿음을 가지도록 권면하시는 중입니다. 우리가 하는 일이나 사명에 대해서 단지 부딪치는 현상만을 바라본다면 하나님의 일은 결코 이루어질 수 없습니다. 사람의 일이라도 그렇게 확신 없이 진행한다면 이루어질 수 있는 일이 있겠습니까? 사실 아직 모세에게는 몇 가지 이적을 일으켜 증거로 주신 하나님 외에는 별다른 하나님 체험이 없습니다. 왜냐하면 억지로 용기를 내어 추진했지만 모든 상황의 압박만 강해졌을 뿐이기 때문입니다. 그러나 이제 하나님의 일을 본격적으로 시작하면 하나하나 이루어지면서 하나님과의 인격적인 신뢰관계가 더욱 강화될 것입니다. 우리도 지금 그렇습니다.

❶ 말씀을 확신하지 못하면

핵심구절 : "하나님이 또 모세에게 이르시되 너는 이스라엘 자손에게 이같이

이르기를 너희 조상의 하나님 여호와 곧 아브라함의 하나님, 이삭의 하나님, 야곱의 하나님께서 나를 너희에게 보내셨다 하라 이는 나의 영원한 이름이요 대대로 기억할 나의 칭호니라 … 내가 말하였거니와 내가 너희를 애굽의 고난 중에서 인도하여 내어 젖과 꿀이 흐르는 땅 곧 가나안 족속, 헷 족속, 아모리 족속, 브리스 족속, 히위 족속, 여부스 족속의 땅으로 올라가게 하리라 하셨다 하면 … 너희를 내 백성으로 삼고 나는 너희의 하나님이 되리니 나는 애굽 사람의 무거운 짐 밑에서 너희를 빼낸 너희의 하나님 여호와인 줄 너희가 알지라 내가 아브라함과 이삭과 야곱에게 주기로 맹세한 땅으로 너희를 인도하고 그 땅을 너희에게 주어 기업을 삼게 하리라 나는 여호와라 하셨다 하라"
(출 3:15,17, 6:7~8)

하나님의 약속은 아브라함 때부터 계속해서 반복되고 있습니다. 이미 아브라함에게 나타나실 때부터 네가 큰 민족을 이루고 이름이 창대하게 되고 땅의 모든 족속이 너로 말미암아 복을 얻을 것이라고 약속하셨습니다. 그 이후로 아브라함의 후손들에게 필요하다고 생각하시면 어김없이 나타나셔서 똑같은 약속의 말씀들을 반복하고 계십니다. 물론 당연합니다. 아브라함의 자손들은 직접 들은 적이 없기 때문에 하나님께서 직접 말씀하기 위해 나타나시는 것입니다. 그러니까 성경의 기록들을 살펴보면 같은 말씀을 반복하시는 것처럼 보이는 것입니다. 하지만 각 자손들로서는 처음으로 직접 듣는 말씀들입니다. 비로소 하나님과의 일대일의 관계가 열리는 것입니다. 모세도 떨기나무 앞에서 하나님의 음성을 들으면서 하나님과의 관계가 시작되었던 것입니다.

오늘날 하나님의 말씀은 육성으로는 들리지 않습니다. 하나님께서 모세와 아론에게 어떻게 말씀하시는지 정확하게 알 수는 없지만, 중요한 것은 비로소 그때부터 인격적인 관계가 형성된다는 것입니다. 그런데 문제가 있습니다. 직접 말씀하시는 것은 좋은데 모세가 생각하기에 결코 가능하지 않고 자기가 감당할 수 없는 명령을 내리신다는 것입니다. 모세는 후에 하나님과 친구처럼 대화하는 사람으로 성장해나갑니다. 그것은 모세가 정말로 아브라함과 이삭과 야곱의 하나님께서 가나안 땅을 주신다는 확신을 얻었기에 가능한 것입니다. 물론 백성들은 어려움을 호소하고 육체적으로 감당할 수 없는 고역이 주어져있기 때문에 입에서 불평과 불신의 말이 나올 수밖에 없지만, 하나님은 백성들이 그런 확신을 가지게 되기까지 고통을 허락하시는 것입니다.

"너희는 믿음을 굳건하게 하여 그를 대적하라 이는 세상에 있는 너희 형제 들도 동일한 고난을 당하는 줄을 앎이라"(벧전 5:9)

적용하기 : 믿음에 확신이 없으면 하나님의 일을 온전하게 감당할 수 없습니다. 확신해야 담대하고 끝까지 감당하게 되기 때문입니다. 신앙 생활에서 당신은 얼마나 확신을 가지고 있습니까?

❷ 바로의 갈라치기

핵심구절 : "모세가 이와 같이 이스라엘 자손에게 전하나 그들이 마음의 상함과 가혹한 노역으로 말미암아 모세의 말을 듣지 아니하였더라 여호와께서 모세에게 말씀하여 이르시되 들어가서 애굽 왕 바로에게 말하여 이스라엘 자손을 그 땅에서 내보내게 하라 모세가 여호와 앞에 아뢰어 이르되 이스라엘 자손

도 내 말을 듣지 아니하였거든 바로가 어찌 들으리이까 나는 입이 둔한 자니이다"(출 6:9~12)

바로의 거부는 모든 것을 가로막고 있습니다. 그것으로 인하여 많은 현상들이 발생하게 되는데, 결과적으로 모세와 백성들 사이, 모세와 하나님의 사이, 하나님과 백성들의 사이를 모두 갈라놓는 것입니다. 물론 그런 모든 과정들을 거치면서 모든 관계가 회복될 것입니다. 우리는 우리의 일상의 삶 가운데에서도 이런 일이 얼마든지 반복되고 있다는 것을 알아야 합니다. 이스라엘은 400년 동안이나 하나님과의 직접적인 관계를 알지 못하고 지냈습니다. 물론 그 동안 하나님은 지속적으로 백성들을 돌보고 계셨으며 그래서 하나님과 바로 사이에서 하나님을 더 두려워하는 사람들의 모습을 산파에게서 발견하기도 했습니다. 다만 하나님의 큰 일이 이루어지려면 보다 큰 믿음이 필요했고, 그것을 위해서는 진전된 관계가 이루어져야 하는 것입니다.

우리는 하나님과의 인격적인 관계에 대한 확신이 없으면 끝까지 이겨낼 수 없습니다. 우리가 어떤 사건을 만날 때마다 관계가 흔들려서는 참 믿음이라고 할 수 없습니다. 기독교 신앙은 율법이나 종교의식만을 통해서 이루어지는 것이 아닙니다. 다른 종교에서도 얼마든지 그럴 수 있기 때문입니다. 문제는 계단이어야지 담벼락이 되게 해서는 안 됩니다. 이런 신앙의 원리를 배우고 체험해 나가는 과정이 이스라엘 출애굽의 초기과정입니다. 우리도 문제를 만나면 징검다리 삼아 건너뛰어야지 걸림돌이 되어 멈추어서면 안 됩니다.

"내 형제들아 너희가 여러 가지 시험을 당하거든 온전히 기쁘게 여기라 이는 너희 믿음의 시련이 인내를 만들어 내는 줄 너희가 앎이라"(약 1:2~3)

적용하기 : 당신은 누구의 허물이든지 어떤 문제 때문에 관계가 단절된 경험이 있습니까? 그 때 어떻게 하는 것이 좋았으리라고 생각하시나요?

하나님의 마음

하나님은 항상 우리를 위하여 놀라운 것을 준비하고 계십니다. 그리고 어떻게 하든지 우리가 그것을 온전하게 받아 누리기를 원하십니다. 당신은 하나님을 얼마나 누리고 있습니까?

오늘 받은 은혜

전체적으로 당신이 받은 은혜와 느낌을 기록해보십시오.

실천을 위한 도전 (기도하여 성령님의 인도하심을 받으십시오.)

당신에게 있어서 하나님이 약속하신 가나안 땅은 무엇입니까? 지금 어느 지점을 지나가고 있는지 생각해보고 오늘 할 일 한 가지를 실천해보십시오.

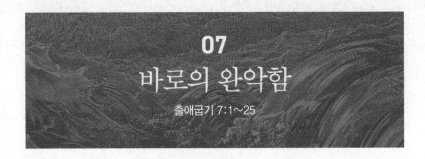

07
바로의 완악함
출애굽기 7:1~25

본문 개론

모세가 또다시 사명을 회피하려고 할 때 하나님은 아론이라는 조력자를 붙여주십니다. 후에는 오히려 사명을 훼방하기도 하지만 처음에는 모세에게 큰 힘이 되었을 것이 분명합니다. 그렇게 하나님께서 모세와 아론을 바로에게 보내시는데 계속해서 하나님께서 바로의 마음을 완악하게 하신다는 말씀이 나옵니다. 심리적으로 바로 자신의 고집을 버릴 수 없어서 계속 거부했다고 하더라도 하나님은 완악한 바로의 마음을 이용하십니다. 왜 계속 거부하게 하셔야 할까요? 그것은 바로의 신으로서의 권위를 깨뜨리시고 오직 하나님만 참된 신이시라는 사실을 만방에 알리고 이스라엘 백성들이 영광을 돌려드리기를 원하시기 때문입니다. 그래서 애굽의 마술사들이 지팡이가 뱀이 되게 한 일과 강물을 핏빛으로 만드는 일을 통해서 하나님의 능력과 확연하게 구별하시는 것입니다. 또한 그런 과정들을 통하여 모세의 믿음과 지도력을 세워주시고 백성들을 이끌도록 하시는 것이었습니다.

본문 구성

아론과 함께 바로에게 가라고 명하시다.　　(1~7)

아론의 지팡이가 뱀으로 변하다.　　(8~13)

지팡이를 내밀어 물을 피가 되게 하다.　　(14~21)

요술사들도 따라함으로 바로가 거부하다.　　(22~25)

본문 적용

　하나님은 반드시 미리 말씀하시고 그대로 성취되도록 하십니다. 그렇지 않으면 우연히 일어난 일이거나 신기한 자연현상이거나 하나님과 무관한 것이라고 생각하게 되기 때문입니다. 그냥 하나님의 능력으로 애굽을 무력하게 하고 개선장군의 군대들처럼 출애굽하게 하시면 안 될까요? 그렇게 하지 않으시는 이유는 당연히 이스라엘의 믿음을 더욱 강하게 만들고 애굽의 우상숭배를 드러나게 하시며 하나님의 나라의 성취를 목도하라는 것입니다. 본장을 읽으면서 놀라운 기적의 역사들이기 때문에 우리와 무관하게 생각될 수도 있을 것입니다. 그러나 하나님은 지금도 기적의 역사를 이루어가고 계십니다. 구약의 눈에 보이는 기적은 신약의 예수님의 죽으심과 부활로 완성되었습니다. 어떤 기적이 더 크겠습니까? 놀라운 기적에도 하나님을 믿지 못하는 수많은 백성들의 모습과 오늘날 성령님의 능력으로 그리스도를 구주로 고백하고 하나님의 백성이 되는 것이요. 지금도 동일하신 하나님이십니다.

❶ 바로는 결코 하나님을 믿지 않는다.

핵심구절 : "내가 내 손을 애굽 위에 펴서 이스라엘 자손을 그 땅에서 인도하여 낼 때에야 애굽 사람이 나를 여호와인 줄 알리라 하시매 … 여호와가 이같이 이르노니 네가 이로 말미암아 나를 여호와인 줄 알리라 볼지어다 내가 내 손의 지팡이로 나일 강을 치면 그것이 피로 변하고 … 그가 이르되 내일이니라 모세가 이르되 왕의 말씀대로 하여 왕에게 우리 하나님 여호와와 같은 이가 없는 줄을 알게 하리니 … 그 날에 나는 내 백성이 거주하는 고센 땅을 구별하여 그곳에는 파리가 없게 하리니 이로 말미암아 이 땅에서 내가 여호와인 줄을 네가 알게 될 것이라"(출 7:5,7, 8:10,22)

하나님께서 열 가지 재앙을 애굽에 일으키시는 것은 바로가 여호와 하나님을 알게 하려는 것이지 믿게 하려는 것은 아니었습니다. 아는 것과 믿는 것은 전혀 다릅니다. 정확하게 알아도 믿지 않을 수 있고 정확하게 알지 못해도 믿을 수 있습니다. 마귀는 예수님에 관하여 너무나도 정확하게 알고 있지만 영원토록 예수님을 믿을 수 없습니다. 현대적인 전도의 개념과 상치되는 부분이 있는 것 같지만 우리가 몰라서 그렇지 절대 믿지 않고 훼방만 할 사람들이 있는 것입니다. 아무튼 하나님께서 바로가 여호와 하나님을 알도록 하시는 목적은 이스라엘의 출애굽입니다. 물론 그런 과정을 통하여 백성들로 하여금 정확하게 하나님을 알고 믿도록 하시는 것이 또 다른 목적입니다.

중요한 것은 그 모든 것을 하나님께서 하신 것이라는 사실을 만방에 선포하는 것입니다. 예를 들어 나눔과 섬김의 삶을 살면서 교회 이름이나 단체 이름이나 또는 개인적으로 행하는 경우에 예수 그리스도의 이름으로 한다는 사실을 밝힐 수 있어야 하는데 왜냐하면 그렇게 하지 않으면 개인이나 단체에게 영광이 돌아가 버리기 때문입니다. 그리스도인의 행동과 삶은 우선은 복음적인 삶을 통하여 예수 그리스도의 복음이 알려지게 하려는 것입니다. 물론 우리는 그것을 영혼구원과 연결하기 위해 애를 쓰지만, 바로의 경우처럼 사람들로 하여금 하나님을 알게 함으로써 하나님께 영광을 돌려드리기 위함이기도 한 것입니다. 우리를 통하여 세상이 하나님을 알도록 해야 합니다.

"너희가 이방인 중에서 행실을 선하게 가져 너희를 악행한다고 비방하는 지들로 하여금 너희 선한 일을 보고 오시는 날에 하나님께 영광을 돌리게 하려 함이라"(벧전 2:12)

적용하기 : 당신을 통하여 이웃들이 예수 그리스도에 대해서 알게 하려면 가장 먼저 무엇을 해야 할지 생각해보십시오.

❷ 요술사들도 따라하다니

핵심구절 : "애굽 요술사들도 자기들의 요술로 그와 같이 행하므로 바로의 마음이 완악하여 그들의 말을 듣지 아니하니 여호와의 말씀과 같더라 바로가 돌이켜 궁으로 들어가고 그 일에 관심을 가지지도 아니하였고 애굽 사람들은 나일 강 물을 마실 수 없으므로 나일 강 가를 두루 파서 마실 물을 구하였더라"(출 7:22~24)

비슷해 보여서는 하나님께 영광을 돌려드릴 수 없습니다. 세상 사람인 바로가 보기에는 하나님의 능력이나 요술사들의 능력이나 비슷해 보일 것입니다. 물론 그래서 하나님은 다른 재앙들을 계속해서 일으키시고 요술사들이 더 이상 따라하지 못하게 하시지만, 이것을 오늘날 우리들의 신앙생활과 대조하여 본다면 많은 깨달음을 얻지 않을까 합니다. 오늘날 교회는 세상과 비슷해졌습니다. 교회조직이 세상 조직과 별로 구별되지 않습니다. 교회만의 고유한 하나님의 방식으로 운영되어야 함에도 오히려 세상의 원리를 따라갑니다. 기독교인의 삶도 세상의 생존경쟁의 방식을 그대로 따라갑니다. 삶의 목적과 목표와 방식이 세상과 별로 다르지 않습니다. 단지 세상의 성공을 위해 하나님을 믿는 것처럼 보입니다. 다른 종교도 그렇습니다. 돈을 벌어야 하지만 그 목적은 하나님의 영광을 드러내는 것이어야 합니다. 먹고 살기 위해서 일을 해야 하지만 단지 거기에서 그친다면 그리스도인이 어떻게 세상과 구별되겠습니까? 우리는 우리의 삶을 통해서 하나님의 영광을 드러내고 하나님의 일을 성취해야 합니다. 거기에서 분명한 차이가 나타나야 합니다.

그리스도인은 분명히 예수 그리스도의 십자가 죽으심으로 말미암아 구원을 받은 사람들입니다. 그렇다면 그리스도 예수님을 닮은 삶을 살아야 합니다. 세상에서의 성공과 번영을 따라간다면 어떻게 우리의 삶을 통해서 그리스도가 드러날 수 있겠습니까? 우리들의 신앙은 예수님으로부터 너무 멀리 와 있습니다. 지나친 율법주의나 엄격한 금욕주의를 말하는 것이 결코 아닙니다. 그것은 다른 종교에서도 얼마든지 찾아볼 수 있습니다. 우리의 삶 자체가 모세에게서 볼 수 있듯이 모든 사람들이 하나님이심을 알게 하는 것이어야 합니다. 그것은 무슨 큰일을 이루는 것을 말하는 것이 아닙니다. 업적을 말하는 것도 아니고 우리의 삶 속에서 그리스도의 삶의 원리를 따라가는 모습이 드러나야 합니다. 큰 성공을 거둔 것이 하나님의 은혜라고만 한다면 세상은 더 큰 일을 이룬 사람으로 넘쳐납니다. 하나님이 하나님이심을 알리려면 하나님의 마음을 품고 세상을 대하는 것으로 드러나야 합니다. 그래서 기독교인들의 삶의 원리가 세상과는 전혀 다르다는 것을 세상이 알도록 해야 합니다. 그것은 일이 아니라 이웃과의 관계에서 오히려 더욱 두드러질 것입니다. 겉으로 드러나는 것으로 구별하려면 세상도 얼마든지 그럴 수 있습니다. 비슷해 보여서는 구별된 하나님의 백성이 아닐 것입니다.

> "거짓 그리스도들과 거짓 선지자들이 일어나서 이적과 기사를 행하여 할 수만 있으면 택하신 자들을 미혹하려 하리라"(막 13:22)

적용하기 : 당신은 세상과 어떤 면에서 구별되어 있다고 생각합니까? 교회에 출석하는 것 말고 세상에서 살아가는 모습 중 무엇이 그렇게 보일 것 같습니까?

하나님의 마음

하나님은 우리의 성장과 사역의 성취와 하나님의 영광을 위하여 복합적으로 우리의 삶을 이끌어 가십니다. 당신의 삶은 하나님의 뜻과 얼마나 부합되고 있습니까?

오늘 받은 은혜

전체적으로 당신이 받은 은혜와 느낌을 기록해보십시오.

실천을 위한 도전 (기도하여 성령님의 인도하심을 받으십시오.)

세상의 완악함을 얼마나 느끼고 있습니까? 그것을 느끼지 못한다면 당신의 신앙은 문제가 있는 것입니다. 세상과 구별된 삶을 살기 위한 실천사항 한 가지만 생각해보십시오.

본문 개론

본장의 세 가지 재앙은 모두 나일강이 피로 변하는 재앙과 연관이 있는데, 개구리는 생산과 풍요의 신이고 이(모기)는 대지의 신과 관련되어 있으며 파리는 하루 일과를 주관하는 신과 관련되어 있습니다. 이(蝨) 재앙은 모기재앙으로도 볼 수 있는 바, 애굽에 흔하여서 그들이 우상으로 섬기던 동물들로 인하여 오히려 큰 손해와 엄청난 위해를 당하게 하시는 재앙들입니다. 이 네 번째 재앙들까지는 모두 물과 땅에서 비롯되는 현상들로서 두 번째 개구리 재앙까지는 요술사들이 흉내를 내었지만 이 재앙부터는 요술사들이 따라하지 못했고 오히려 하나님의 권능이라는 것을 인정했습니다. 그리고 파리 재앙부터는 이스라엘의 거주지인 고센 땅에서는 일어나지 않았고 애굽인들이 사는 땅에서만 창궐하게 하심으로써 모든 것이 하나님의 능력이며 심판이라는 사실을 더욱 분명하게 해 주셨습니다.

본문 구성

본문 적용

본장은 애굽인들이 신으로 섬기면서 의존하던 것들이 하나님 앞에서는 오히려 재앙이 된다는 사실을 생각하게 해 줍니다. 나일 강과 범람 이후의 비옥한 땅은 애굽 사람들의 삶의 질을 결정하는 자랑스러운 자연조건입니다. 강물과 개구리와 이(모기)와 파리는 그 생산성에서 비롯되는 일반적인 현상입니다. 그런데 그들의 삶의 터전이 오히려 재앙의 단초가 되어버린 것입니다. 하나님께서 바로와 애굽인들에게 하나님의 영광을 드러내시고 이스라엘 백성들에게는 믿음의 확신을 주심으로써 출애굽이 하나님의 계획과 능력으로 이루어지고 있다는 사실을 가르쳐주시는 것입니다. 하나님 외에 다른 것을 의지함으로 생기는 성공과 번영은 하나님 앞에 아무런 의미가 없다는 사실을 본장을 통하여 깨닫고 하나님만 의지하시기 바랍니다.

❶ 원래 상태로 돌이키기 위한 간구

핵심구절 : "모세가 바로에게 이르되 내가 왕과 왕의 신하와 왕의 백성을 위하여 이 개구리를 왕과 왕궁에서 끊어 나일 강에만 있도록 언제 간구하는 것이 좋을는지 내게 분부하소서 … 바로가 이르되 내가 너희를 보내리니 너희가 너희의 하나님 여호와께 광야에서 제사를 드릴 것이나 너무 멀리 가지는 말라 그런즉 너희는 나를 위하여 간구하라 … 모세가 바로를 떠나 나와서 여호와께 간구하니(출 8:9, 28, 30)

바로는 이미 개구리 재앙을 당했을 때 개구리를 떠나게 해달라고 여호와께 구하라는 부탁을 모세에게 했습니다(8). 요술사들도 개구리를 땅에 올라오게 했지만 그것을 없앨 수는 없었기 때문입니다. 그래서 사실상 바로는 여호와의 능력과 권능을 이미 받아들인 것이었습니다. 그러나 아마도 심리적인 고집과 신이라 불리는 스스로의 권위를 무너뜨리기 어려웠을 것입니다. 그런데 바로는 파리 재앙을 만났을 때에도 광야에서 제사를 드릴 것을 허락하면서 또다시 여호와께 자신을 위하여 간구할 것을 부탁했습니다. 하지만 두 번 모두 재앙이 사라지자 자기 말을 번복하고 이스라엘 백성들의 광야에서의 제사를 막아버렸습니다. 물론 하나님을 공식적으로 인정한 것은 아닐지라도 하나님의 존재 자체를 부정하지는 않았었는데, 당장 위급한 상황을 면하자 그 하나님을 무시하고 거부했던 것입니다. 아무튼 모세는 바로가 기도를 부탁할 때마다 하나님께 간구하여 애굽에 내리신 재앙을 거두어들이게 합니다.

여기에서 모세가 재앙을 거두게 하시기를 위해 여호와께 간구했다는 사실이 좀 의아할 수도 있습니다. 왜냐하면 모든 재앙은 하나님께서 기획하시고 연출하시고 내리시는 일인데 모든 상황을 너무나도 잘 아시는 하나님께 꼭 간구해야 들어주실까 하는 생각이 들어올 수 있기 때문입니다. 이미 바로의 반응과 바로가 모세에게 여호와께 간구할 것을 부탁하는 것까지 다 아시는데 모세가 손짓만 하면 그대로 들어주시는 것이 아닌가 할 수도 있습니다. 그런데 본문에 보면 모세가 여호와께 간구했더니 여호와께서 모세의 말대로 하셨다고 두 번 다 기록되어 있습니다(13, 31). 이 말은 하나님께서 모세의 간구를 요구하셨다, 필요로 하셨다는 뜻입니다.

왜 이렇게 되기를 원하실까요? 간구한다는 것은 가볍게 생각하거나 형식적이 아니라는 말입니다. 진심으로 힘을 다하여 하나님께 구하는 것입니다. 하나님께서 지금 장난처럼 애굽에 재앙을 내리시는 것이 아니라 최선을 다하여 하나님의 일을 이루어가고 계신다는 말입니다. 모든 하나님의 일이 다 그렇습니다. 따라서 우리는 모든 일에 간구해야 합니다. 진실한 마음을 담아 최우선적으로 기도해야 한다는 말입니다. 모든 기도가 다 그렇습니다. 기도하고 그 기도를 잊어버린다면 그것은 간구가 아닙니다. 오히려 하나님을 모독하는 것일 수 있습니다. 언제나 모든 일에 간구할 수 있기를 바랍니다.

"주의 눈은 의인을 향하시고 그의 귀는 의인의 간구에 기울이시되 주의 얼굴은 악행하는 자들을 대하시느니라 하였느니라"(벧전 3:12)

적용하기 : 당신은 건성으로 일회성 기도를 드리는 일이 없었습니까? 그렇게 가벼운 기도를 간구하는 기도로 바꾸지 않겠습니까?

❷ 거절에 익숙해지는 모세

핵심구절 : "그러나 바로의 마음이 완악하여 그들의 말을 듣지 아니하니 여호와의 말씀과 같더라 … 애굽 요술사들도 자기들의 요술로 그와 같이 행하므로 바로의 마음이 완악하여 그들의 말을 듣지 아니하니 여호와의 말씀과 같더라 … 그러나 바로가 숨을 쉴 수 있게 됨을 보았을 때에 그의 마음을 완강하게 하여 그들의 말을 듣지 아니하였으니 여호와께서 말씀하신 것과 같더라 … 요술사가 바로에게 말하되 이는 하나님의 권능이니이다 하였으나 바로의 마음이 완악하게 되어 그들의 말을 듣지 아니하였으니 여호와의 말씀과 같더라 … 그러나 바로가 이때에도 그의 마음을 완강하게 하여 그 백성을 보내지 아니하였더라"(출 7:13,22, 8:15,19,32)

처음에 모세는 하나님의 지시를 여러 번 거절했습니다. 그러나 하나님의 큰 일을 진행해나가면서 반복적으로 거절을 당하는 사람은 바로 모세였습니다. 모세는 우선 태어날 때 바로에게 거절을 당했습니다. 그리고 젊은 시절에 애굽인을 죽인 사건으로 같은 동족들에게 거절을 당합니다. 그리고 80세가 되어 하나님의 지시를 받고 바로에게 찾아갔다가 더 심한 노역을 시키자 다시 백성들에게 거절을 당합니다. 그리고 바로가 이스라엘의 출애굽을 막으면서 계속해서 거절당하고 있습니다. 그런데 그 거절이 상식적이지 않다는 것입니다. 뱀이 지팡이가 되고 강물이 피가 되고 온 집안이 전부 개구리 투성이가 되고 온 세상 티끌이 이가 되고 파리가 온천지를 뒤덮습니다. 그것이 여호와 하나님께서 내리시는 재앙이라는 사실을 보면서도 그것을 받아들이지 못하고 끝까지 거절합니다. 모세는 거절당하는 끝판왕입니다.

그런데 이런 현상은 단지 모세에게만 국한되는 것은 아닙니다.

오늘날 그리스도인들도 수많은 거절에 직면해야 합니다. 물론 세상을 따라 살면 별로 거절당할 일이 없습니다. 세상의 흐름에 따르는 것이니까요. 그러나 조금이라도 복음적으로 예수님을 닮은 삶을 살려고 하면 상당한 거절에 직면할 수밖에 없습니다. 모세가 하는 일은 스스로의 판단으로 하는 일이 전혀 아닙니다. 100% 하나님의 뜻이기 때문에 순종하는 것입니다. 그러면 좀 순탄하게 해주시면 좋은데 오히려 100% 하나님의 지시라는 이유 때문에 누구도 당하기 어려운 거절을 당하고 있는 것입니다. 우리가 사명을 제대로 감당하려고 하면 할수록 세상은 우리를 거절합니다. 그러나 그렇기 때문에 그것은 하나님의 뜻임이 분명합니다. 하나님은 모세가 거절당할 것을 미리 알려주셨습니다.

"세상이 너희를 미워하면 너희보다 먼저 나를 미워한 줄을 알라"(요 15:18)

적용하기 : 당신은 세상을 살면서 주로 어떤 문제 때문에 거절당합니까? 복음적인 삶 때문입니까, 세상의 목적 때문입니까, 아니면 당신 자신의 문제 때문입니까?

하나님의 마음

우리 삶의 모든 과정은 하나님 앞에서 하는 것입니다. 하나님을 의식하지 않고 가벼운 마음이나 혹은 건성으로 했던 것 중에 생각나는 것이 있습니까? 몇 가지 이야기해보십시오.

오늘 받은 은혜

전체적으로 당신이 받은 은혜와 느낌을 기록해보십시오.

실천을 위한 도전 (기도하여 성령님의 인도하심을 받으십시오.)

하나님의 영광을 위하여 세상으로부터 거절을 당하는 것이 아니라 당신이 먼저 세상에 대해 거절할 것을 한 가지 생각하여 행해보십시오.

09
가축·악성 종기·우박 재앙
출애굽기 9:1~35

본문 개론

　본장에서는 사람과 가축을 직접 해칠 수 있는 재앙으로 넘어갑니다. 가축에 대한 심판은 가축이 애굽의 신이기 때문인데 이스라엘에서는 그냥 가축이므로 재앙을 내리실 필요가 없었습니다. 모든 가축들이 죽었다고 기록했는데 바로는 이스라엘 가축들이 죽지 않은 것을 보고도 여전히 완강했습니다(7). 아직 죽지 않은 가축 때문인데 이 가축들은 다 우박을 맞고 죽었을 것입니다. 또한 바로는 우박이 내려 삼(삼베)과 보리가 다 상했으나 밀과 쌀보리가 아직 남아있기 때문에 마음을 바꾼 것이었습니다(32). 모든 일에는 이유가 있습니다. 처음으로 사람의 생명을 잃을 수도 있는 우박 경고를 내리자 분별력 있고 마음이 덜 완악한 애굽인들이 가축을 집안으로 들였습니다(20). 이들 중에 많은 사람들이 이스라엘 백성들을 따라 광야로 나온 '수많은 잡족들'(12:38) 속에 포함되었을 것으로 보기도 합니다. 이전까지의 재앙의 목적은 사람들이 '내가 여호와인 줄 알게 하시려는 것'이었다면 우박재앙부터는 '온 천하에 나와 같은 자가 없음'을 알게 하시려는 것이었습니다.

본문 구성

본문 적용

　하나님께서 심판을 내리실 때에는 순서가 있습니다. 열 가지 재앙은 바로와 애굽을 심판하시는 일이기 때문에 점진적으로 진행되고 있습니다. 사람의 삶을 훼방하거나 악조건을 만드는 피 재앙, 개구리 재앙, 이 재앙, 파리 재앙에도 바로가 굴복하지 않고 형편이 조금만 좋아지면 곧바로 다시 거절하자 하나님은 사람과 가축에 직접적으로 해를 가할 수 있는 돌림병 재앙과 악성 종기 재앙과 우박 재앙을 내리십니다. 그래도 바로가 거부하면 더 큰 재앙 곧 애굽 전역에 큰 위해를 가할 수 있는 메뚜기 재앙과 흑암 재앙을 내리실 것입니다. 재앙이 거듭될수록 바로의 무능은 더욱 드러날 것이고 하나님의 존재감은 더 커질 것이며 출애굽은 더 가까워질 것입니다. 우리를 하나님께서 심판하시는 것은 아니지만 작은 일에도 하나님을 느낄 수 있어야 하겠습니다.

❶ 무엇으로 구별하시는가?

핵심구절 : "이튿날에 여호와께서 이 일을 행하시니 애굽의 모든 가축은 죽었으나 이스라엘 자손의 가축은 하나도 죽지 아니한지라 바로가 사람을 보내어 본즉 이스라엘의 가축은 하나도 죽지 아니하였더라 그러나 바로의 마음이 완강하여 백성을 보내지 아니하니라 … 우박이 애굽 온 땅에서 사람과 짐승을 막론하고 밭에 있는 모든 것을 쳤으며 우박이 또 밭의 모든 채소를 치고 들의 모든 나무를 꺾었으되 이스라엘 자손들이 있는 그 곳 고센 땅에는 우박이 없었더라"(출 9:6~7, 25~26)

하나님은 성도와 세상을 구별하시기 위해 때로 분명한 증거를 주기도 하십니다. 열 가지 재앙을 일으키시면서 애굽과 고센 땅의 이스라엘 백성들 사이에는 결코 부인할 수 없는 현상들이 일어납니다. 그것으로써 하나님이 천지를 지으신 전능하신 하나님이라는 사실과 이스라엘 백성들의 하나님이시며 바로에게 이스라엘을 떠나보내라는 명령을 내리신 분이라는 사실을 알게 하시려는 것입니다. 물론 이스라엘 역사를 통하여 여호와 하나님께서 수많은 증거들을 주셨지만 세상과 하나님의 백성들을 뚜렷하게 구분하시는 경우를 많이 찾아볼 수는 없을 것이다. 그리고 본문의 내용에서와 같은 구별은 앞으로 종말 때에나 일어날 수 있는 일들입니다. 재앙이나 자연재해는 이스라엘이라고 적게 나타나고 이방이라고 자주 나타나는 것이 아닙니다. 그런 식으로 구별하지는 않으십니다.

그러나 하나님은 오늘도 여전히 우리를 세상과 구별하고 계십니다. 출애굽 때에는 재앙으로 구별하셨지만 오늘날에는 심령으로 구별하시고 순종으로 구별하시고 동행하심으로 보여주십니다. 구약에서는 잘 되고 성공하는 것을 하나님의 동행하심의 증거로 말씀하기도 하셨습니다. 물론 그 내면의 믿음을 전제로 하신 말씀들이었습니다. 오늘날에는 무엇으로 우리를 세상과 구별하시겠습니까? 우리의 행위와 삶의 방식으로 세상과 구별하십니다. 다만 우리의 행위의 결과가 아니라 행위의 의도를 가지고 구별하십니다. 곧 예수님의 마음으로 하나님의 뜻을 따라 세상을 거슬러가면서 예수님의 제자로 사는 모습으로 구별하십니다. 세상과 구별되지 못한다면 아직 신앙이 너무 미숙하거나 그릇된 신앙관의 소유자라고 할 수밖에 없을 것입니다.

"오직 너희를 부르신 거룩한 이처럼 너희도 모든 행실에 거룩한 자가 되라 기록되었으되 내가 거룩하니 너희도 거룩할지어다 하셨느니라"(벧전 1:15~16)

적용하기 : 당신은 하나님을 알지 못하는 이웃 사람들과 어떻게 구별된 삶을 살고 있습니까? 교회에 다니는 것으로 구별되는 것이 아니라 일상의 삶에서 어떻게 구별되고 있습니까?

❷ 절망하라!

핵심구절 : "그 때에 보리는 이삭이 나왔고 삼은 꽃이 피었으므로 삼과 보리가 상하였으나 그러나 밀과 쌀보리는 자라지 아니한 고로 상하지 아니하였더라 모세가 바로를 떠나 성에서 나가 여호와를 향하여 손을 펴매 우렛소리와 우박이 그치고 비가 땅에 내리지 아니하니라 바로가 비와 우박과 우렛소리가 그친

것을 보고 다시 범죄하여 마음을 완악하게 하니 그와 그의 신하가 꼭 같더라"
(출 9:31~34)

사람이란 언제 어떤 경우에도 희망을 가지고 살아가는 존재들입니다. 만약에 희망이 하나도 남아있지 않다면 그는 극단적인 선택을 하거나 사회적으로 죽은 상태가 될 것입니다. 바로가 이스라엘을 보내겠다고 해놓고 자꾸 번복하는 것은 우선은 하나님께서 바로의 마음을 완악하게 하셨기 때문이지만, 외적인 이유는 바로에게 조금의 희망이 남아있기 때문일 것입니다. 개구리가 모두 죽고 악취가 났지만 숨을 쉴 수 있게 되자 모세의 말을 거부했습니다 (8:15). 파리가 하나도 남지 않게 되자 또 거부했습니다(8:31). 가축의 죽음이 멈추자 또 거부했습니다(9:7). 우박이 그쳤고 그래도 아직 밀과 쌀보리는 상하지 않았으므로 또 거부했습니다(9:32). 그리고 맨 나중에 장자가 죽자 비로소 모든 희망을 멈추고 출애굽을 허락했습니다.

이 이야기는 하나님의 지시를 거부한 이방인 바로의 이야기이지만, 사실 예수님을 믿는 그리스도인들에게도 개인적으로 이런 역사는 있었습니다. 무슨 문제이든지 절망했을 때 하나님이 찾아오시고 예수님을 믿을 수 있게 되는 것입니다. 그리고 하나님께서 우리를 통해 일하실 때에도 우리가 절망과 같은 상태가 되어서 오직 하나님만을 의지할 수밖에 없을 때 비로소 성취하시는 것입니다. 우리만 그런 것이 아니라 모세가 가장 확실한 증거가 될 것입니다. 모세는 목동 생활을 40년 동안 하면서 완전한 절망 상태에 있었을 것입니다. 모든 것을 포기하고 진짜 목동이 되었을 때 하나님께서 부르셨던 것입니다. 하나님의 의도는 세상의 재물이나 힘을 의지하지 말고 오직 하나님만을 의지하도록 만드시기 위함이었습니다. 모세는 가장 성공적인 작품입니다.

"우리는 우리 자신이 사형 선고를 받은 줄 알았으니 이는 우리로 자기를
의지하지 말고 오직 죽은 자를 다시 살리시는 하나님만 의지하게 하심이
라"(고후 1:9)

적용하기 : 우리가 항상 절망을 당해야 한다는 것이 아니라 절망해서
모든 것을 포기하고 싶은 심정이 되어 하나님을 따르라는 것입니다. 당
신은 얼마나 전적으로 하나님을 의지합니까?

하나님의 마음

하나님께서 우리에게 문제를 허용하시는 이유는 오직 하나님만을 의지할 줄 알게 하심으로써 세상과 구별되게 살라는 것입니다. 하나님의 이 마음을 얼마나 생각하면서 삽니까?

오늘 받은 은혜

전체적으로 당신이 받은 은혜와 느낌을 기록해보십시오.

실천을 위한 도전 (기도하여 성령님의 인도하심을 받으십시오.)

하나님께서 주시는 도전을 위해 하나님만을 의지하면서 구별된 삶을 살기 위한 방법을 찾아보십시오.

10
메뚜기·흑암 재앙
출애굽기 10:1~29

본문 개론

비로는 개구리 재앙일 때는 '내가 보내리라'(8:8), 파리 재앙일 때에는 '이 땅에서 제사를 드리라'(8:25), '너무 멀리 가지는 말라'(8:28), 우박 재앙일 때는 '모두 나가서 섬기라'(9:28), 메뚜기 재앙일 때는 '장정들만 가서 여호와를 섬기라'(10:11), 흑암 재앙일 때에는 '가축은 놓아두고 사람만 가서 섬기라'(10:24)고 거듭거듭 타협하고 취소하고 거절합니다. 이런 모든 과정은 바로와 신하들에게는 여호와의 표징을 보여주고 이스라엘 백성들에게는 후손들에게 이 사실을 전하게 하시려는 것이었습니다(10:2). 메뚜기 재앙 이후의 현실은 끔찍한 기근이라는 사실을 알기 때문에 신하들이 바로에게 직언할 수 있었습니다. 세 무리의 재앙 중 3, 6, 9번째 재앙은 미리 예고하지 않고 일어난 재앙으로 더욱 무서운 미래에 대한 두려움을 가중시키는 것이었습니다. 마지막 흑암 재앙은 그들이 섬기는 태양신의 무력함과 거짓됨을 밝혀주는 재앙으로, 하나님과 바로의 타협은 최종 결렬되었습니다.

본문 구성

본문 적용

　　물론 바로가 하나님을 믿을 수는 없습니다. 하나님께서 재앙을 내리시는 것도 그것은 목적 중에 들어있는 것이 아니었습니다. 다만 바로가 하나님의 실존, 곧 온 우주와 생명체의 창조주이시며 역사의 주관자이심을 알고 일찍 이스라엘 백성들을 내보낼 수는 있었을 것입니다. 이렇게 끝까지 하나님을 인정하지 못하는 것은 하나님도 이기고(자신의 신적 권위도 유지하고), 세상도 그대로 가지고 있으려고 하기 때문입니다. 바로만 그런 고집을 가지고 있을까요? 우리 믿는 사람들 가운데에도 원리적으로 바로와 똑같은 마음가짐을 가지고 있는 사람들이 아주 많습니다. 세상과 하나님을 동시에 얻을 수는 없습니다. 물론 신실한 그리스도인들에게도 그런 일은 충분히 나타날 수 있습니다만 그들에게 믿음은 하나의 통로로 인식될 뿐입니다. 세상의 성공도 가지고 믿음도 인정받을 수는 없습니다.

❶ 포기하고 싶어요?

핵심구절 : "그렇게 하지 말고 너희 장정만 가서 여호와를 섬기라 이것이 너희가 구하는 바니라 이에 그들이 바로 앞에서 쫓겨나니라 … 바로가 모세를 불러서 이르되 너희는 가서 여호와를 섬기되 너희의 양과 소는 머물러 두고 너희 어린 것들은 너희와 함께 갈지니라 … 바로가 모세에게 이르되 너는 나를 떠나가고 스스로 삼가 다시 내 얼굴을 보지 말라 네가 내 얼굴을 보는 날에는 죽으리라"(출 10:11, 24, 28)

바로의 끈질김은 정말 대단합니다. 물론 하나님께서 보내시는 모세는 더 대단하지만요. 바로는 계속해서 모세를 거절하는데, 그냥 거절하는 것이 아니라 매번마다 놀라운 이적으로 하나님께서 행하시는 일임을 보면서도 끝까지 포기하지 않습니다. 마침내 여덟 번째 메뚜기 재앙을 경고하고 나서 신하들의 호소를 따라 모세와 아론을 불러서도 남자들만 나가라고 하다가 메뚜기 재앙을 만났고, 마지막 흑암이 온 땅에 넘쳤을 때에도 모세를 불러서 짐승은 남겨두고 다녀오라고 합니다. 물론 하나님께서 바로의 마음을 완악하게 하셨습니다. 그럼에도 불구하고 바로의 마음은 절대 자기 나라와 백성들을 포기할 수 없다는 일념으로 버티고 있었습니다. 당시 애굽의 상황은 신하가 말했듯이 나라가 이미 망한 것이나 마찬가지였는데도 바로는 포기할 줄 모릅니다(10:7).

바로의 이런 모습을 보면서 마귀의 정체를 떠올리게 됩니다. 마귀의 여러 가지 특징 중 하나가 포기하지 않는다는 것입니다. 최후에 흑암에 갇혀서 아무 것도 할 수 없게 될 때까지 마귀는 성도를 공격합니다. 마귀는 바로와는 비교도 할 수 없을 만큼 끈질기지만 마귀의 천성이 그렇습니다. 사람들이 예수님을 그리스도로 영접하지 못하도록 끝까지 거짓과 교묘한 술수로 훼방하다가 예수님 믿고 구원받으면 어떻게든지 거기에서 끌어내리려고 모든 환경과 수단을 총동원하고, 신앙이 조금 자라게 되면 더 이상 자라지 못하고 제자가 되지 못하도록 각종 세상적 이론과 문화와 이단적 신학으로 방해합니다. 우리 그리스도인들은 신앙이 어릴 때에나 다 자라서나 마귀는 끊임없이 우리를 공격한다는 사실을 알아야 합니다. 가장 그럴 듯해 보이는 것이 가장 마귀적인 것입니다.

> "분을 내어도 죄를 짓지 말며 해가 지도록 분을 품지 말고 마귀에게 틈을 주지 말라"(엡 4:26~27)

적용하기 : 당신은 하나님의 일을 하다가 포기하고 싶었던 적이 있었습니까? 그때 어떻게 그것을 이겨내었습니까? 대개 마귀의 공격인 경우가 많습니다.

❷ 흑암의 재앙

핵심구절 : "여호와께서 모세에게 이르시되 하늘을 향하여 네 손을 내밀어 애굽 땅 위에 흑암이 있게 하라 곧 더듬을 만한 흑암이리라 모세가 하늘을 향하여 손을 내밀매 캄캄한 흑암이 삼 일 동안 애굽 온 땅에 있어서 그 동안은 사람들이 서로 볼 수 없으며 자기 처소에서 일어나는 자가 없으되 온 이스라엘 자손들이 거주하는 곳에는 빛이 있었더라"(출 10:21~23)

하나님께서 애굽에 내리신 아홉 번째 재앙은 흑암의 재앙입니다. 흑암의 재앙은 마치 신이라 불리는 바로의 장자와 애굽의 모든 백성들의 장자와 짐승들의 첫 새끼들까지 죽어야 하는 마지막 재앙의 전조현상인 것처럼 보입니다. 흔히 지진이나 화산폭발 등과 같은 자연재해 때에도 전조현상들이 있다고 하지만, 애굽의 흑암 재앙은 자연적인 것이 아니라는 데에서 큰 차이점이 있을 것입니다. 왜냐하면 오늘날이 바로 세상에 마지막 재앙이 임하는 전조현상으로서의 흑암의 시대와 같기 때문입니다. 물론 영적인 흑암을 말하는 것입니다. 영적으로 너무나도 어두워져 있어서 신앙이 깊은 사람들조차 무엇이 옳고 그른지 분별하기 어려운 시대입니다. 정치, 사회적으로 이전에는 상상도 하지 못할 현상들이 많이 일어나고 있고, 자기의 정당성을 주장하기 위하여 다른 사람의 권리 정도는 가볍게 짓밟고 있는 시대입니다. 물론 그런 것들이야 인류역사를 통하여 도도하게 흘러오고 있었습니다. 문제는 영적으로 그렇다는 것입니다.

이런 흑암의 시대에 우리는 어떻게 진리를 분별하고 빛이 되시는 예수님을 따르는 길이 어떤 것인지 깨달을 수 있겠습니까? 성경에는 다행히 이스라엘이 거주하는 땅에는 빛이 있었더라고 했습니다. 그 빛이 오늘날 무엇이겠습니까? 당연히 그것은 하나님의 말씀입니다. 말씀을 이러 저리 상황에 맞추어 자기들 마음대로 해석해서는 안 되지만, 모든 행위의 기준을 오직 말씀에 두는 것은 유일한 해결책입니다. 세상이 하루가 다르게 무슨 시대, 무슨 시대 하면서 달려가도 그리스도인들이 하나님의 말씀에 뿌리를 두고 살아가지 못하면 단지 뿌리 없는 부생식물(腐生植物) 밖에 더 되겠습니까? 물론 실천을 목표로 하고 말씀을 이해하려고 할 때 비로소 마귀의 궤계를 이겨낼 수 있을 것입니다. 이스라엘 백성들에게 빛이 있는 것은 하나님의 말씀이 있기 때문이었습니다.

"예수께서 또 말씀하여 이르시되 나는 세상의 빛이니 나를 따르는 자는 어
둠에 다니지 아니하고 생명의 빛을 얻으리라"(요 8:12)

적용하기 : 당신은 세상에서 일어나는 일들을 얼마나 분별하고 있다고
생각합니까? 그 분별의 기준은 무엇입니까?

하나님의 마음

하나님은 모든 수단을 동원하여 세상에 경고하고 계십니다. 그 경고는 동시에 그리스도인들에게 주시는 것이기도 합니다. 당신은 하나님의 경고를 깨달은 적이 있습니까?

오늘 받은 은혜

전체적으로 당신이 받은 은혜와 느낌을 기록해보십시오.

실천을 위한 도전 (기도하여 성령님의 인도하심을 받으십시오.)

상징적으로 볼 때 심한 악질로 가축들이 죽고 우박으로 농작물들이 상하고 메뚜기로 진멸되고 흑암까지 덮친 세상입니다. 세상의 빛으로서의 삶을 위한 실천사항을 찾아보십시오.

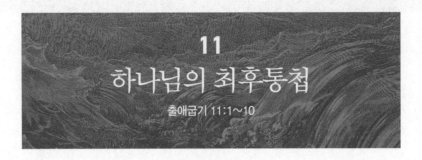

11
하나님의 최후통첩
출애굽기 11:1~10

본문 개론

본장에서는 마지막 재앙을 남겨놓고 하나님의 때가 가까이 왔음을 말씀하십니다. 출애굽을 앞두고 백성들에게 준비할 것을 말씀하시고 바로에게도 장자의 죽음을 예고하심으로써 마지막 때가 오고 있음을 경고하시며, 바로의 완악한 마음으로 인하여 심판하실 수밖에 없는 당위성을 말씀하십니다. 애굽 사람들에게 은금 패물을 구하라고 하신 것은 앞으로 성막에 사용할 재료들을 소유하게 하심과 동시에 지금까지처럼 노예와 같은 삶이 아니라 최소한 인간으로서의 기본적인 삶을 향유할 수 있게 하시는 것이었습니다. 마지막 장자의 죽음 재앙은 바로에게 엄청난 충격을 안겨주는 것인데, 앞에서 거듭된 경고에도 불구하고 전혀 듣지 않았기 때문에 생기는 당연한 귀결입니다. 그리고 애굽 장자의 재앙은 이스라엘 유월절의 기본적인 전제조건인 것입니다.

본문 구성

이스라엘의 구원을 다시 약속하시다.　　　　　(1~3)
모세가 바로에게 장자재앙을 예고하다.　　　　(4~8)

바로가 끝내 허락하지 않다.　　　　(9~10)

본문 적용

마지막 심판은 요란스럽지 않습니다. 더 이상 경고가 아니라 곧 임할 재앙이기 때문입니다. 죽음의 심판은 바로에게는 절망이자 우주가 무너지는 일이지만 모세와 이스라엘 백성들에게는 해방이자 자유이자 축복이었습니다. 여호와 하나님이 자기들의 하나님이라는 최종 마침표였으며 자신들은 하나님의 백성들이라는 확인증서입니다. 상내편의 재잉이 우리의 축제기 될 수는 없지만, 모든 것을 거부한 바로에게는 그렇게 실현될 수밖에 없는 것입니다. 하나님의 섭리와 뜻은 우리가 미처 알지 못할 때가 많이 있습니다. 비록 깨달아 알고 받는 복이 더 큰 복이고 더 기쁠 수 있지만 미처 알지 못하는 사이에 굳게 믿고 순종해서 얻는 복도 큰 복입니다.

❶ 인정받고 있는가?

핵심구절 : "백성에게 말하여 사람들에게 각기 이웃들에게 은금 패물을 구하게 하라 하시더니 여호와께서 그 백성으로 애굽 사람의 은혜를 받게 하셨고 또 그 사람 모세는 애굽 땅에 있는 바로의 신하와 백성의 눈에 아주 위대하게 보였더라"(출 11:2~3)

구약시대와는 달리 오늘날에는 세상에 어떻게 비쳐지고 있는지가 굉장히 중요해졌습니다. 그리스도의 구원 사역이 제자들을 통하여 전파되어야 하기 때문입니다. 이스라엘 백성들은 바로와는 달리 모세의 도전으로 인하여 애굽의 신하와 백성들에게 굉장히 높이 평가를 받았습니다. 물론 이스라엘 백성들은 애굽의 노예로 살아왔기 때문에 애굽인들이 높게 볼 이유가 없었습니다. 그러나 바로와 모세의 싸움, 더 높게는 바로와 여호와 하나님의 싸움을 지켜보면서, 비록 자기들은 엄청난 손해와 위기를 만났으면서도 이스라엘을 높게 보기 시작했던 것입니다. 그 결과 출애굽할 때 애굽인들은 자기들이 가지고 있는 은금 패물을 아낌없이 내주었던 것입니다. 물론 두려움과 어서 이 고난에서 해방되기를 바라는 마음이 함께 했기 때문일 것입니다.

그런데 여기에서 주목해 보아야 할 것은 오늘날에는 무엇으로 세상에 위대하게 보일 수 있겠는가 하는 점입니다. 물론 모세와 이스라엘 백성들이 애굽인들보다 월등하거나 뛰어나기 때문에 그렇게 된 것은 아닙니다. 여호와 하나님께서 말씀하신 그대로 모든 일이 이루어지고 있기 때문입니다. 따라서 오늘날에도 자기 능력이나 부유함이나 높음이나 힘으로 인하여 위대하게 보이는 것은 본래의 의미가 아닙니다. 그리스도인은 잘 살 수도 있고 높은 권력을 가질 수도 있지만 자기가 드러나는 것이 아니라 오직 그리스도께서 드러나도록 하는 사람들입니다. 돈이나 권력은 세상 사람들이 훨씬 많이 가지고 있습니다. 거기에 견주어서 무엇을 한다는 것 자체가 어불성설입니다. 우리가 세상에 위대하게 보이는 방법은 하나님을 높이는 것 밖에는 없습니다. 그것을 위해서는 우리를 하나님으로 충만하게 하고 그리스도를 드러내는 삶을 살아야 하는 것입니다.

"그 너비와 길이와 높이와 깊이가 어떠함을 깨달아 하나님의 모든 충만하신 것으로 너희에게 충만하게 하시기를 구하노라"(엡 3:19)

❷ 마지막 운명

핵심구절 : "애굽 온 땅에 전무후무한 큰 부르짖음이 있으리라 그러나 이스라엘 자손에게는 사람에게나 짐승에게나 개 한 마리도 그 혀를 움직이지 아니하리니 여호와께서 애굽 사람과 이스라엘 사이를 구별하는 줄을 너희가 알리라 하셨나니 왕의 이 모든 신하가 내게 내려와 내게 절하며 이르기를 너와 너를 따르는 온 백성은 나가라 한 후에야 내가 나가리라 하고 심히 노하여 바로에게서 나오니라"(출 11:6~8)

애굽의 신하들이나 백성들은 다 하나님을 인정했습니다. 그러나 바로는 결코 하나님을 인정할 수 없습니다. 증거가 명백한데도 그는 그 증거 자체를 인정하지 않습니다. 애굽의 종인 모세에게는 결코 지지 않겠다는 마음일 수도 있습니다. 바로 자신이 신으로 불리는 존재이기 때문입니다. 세상의 권위는 겨우 주먹 한 줌에 불과합니다. 그것은 언제 무너집니까? 맨 마지막에 무너집니다. 무너지기 직전까지 그 권위는 살아있지만 한순간에 먼지처럼 사라져버립니다. 우리 그리스도인들은 이 사실을 누구보다 더 잘 아는 사람들입니다. 그래서 우리는 그 마지막을 준비하는 사람들인 것입니다. 믿음은 결국 사실에 있는 것이 아니라 마음에 있는 것입니다. 마음이 열리지 않으면 증거들을 입에 넣고 먹여주어도 먹기를 거절합니다.

  기독교 신앙은 마음에 있습니다. 마음이 열리지 않으면 복음을 받아들일 수 없는 것과 마찬가지로 마음으로 하나님의 일을 하지 않으면 그것은 하지 않는 것보다 못한 경우가 많습니다. 성경에는 전부 어떤 일을 선택하고 행한 결과에 따라 상을 받는 것으로 나와 있지만 그 행위 속에는 마음, 곧 믿음이 들어있는 것입니다. 우리가 믿는다고 하지만 눈으로 보고 직접 만져본 사실을 믿는 것은 아닙니다. 오히려 우리가 볼 수 없는 것을 믿는 것이 참 믿음입니다. 어떻게 그럴 수 있는가 하면 마음이 열려있기 때문에 가능한 것입니다. 마지막 때에 멸망으로 떨어지는 사람들에게 없는 것은 그들의 마음입니다. 마찬가지로 믿는다고 하면서 마음이 없는 사람들은 구원받은 것 같지만 사실은 버림받을 사람들입니다. 바로의 마음이 끝끝내 열리지 않는 모습을 보면서 우리 신앙생활에 적용해 보았습니다.

“그러면 어떻게 할까 내가 영으로 기도하고 또 마음으로 기도하며 내가 영으로 찬송하고 또 마음으로 찬송하리라”(고전 14:15)

적용하기 : 당신은 성경에서 명한 것을 전통으로 지키는 편입니까, 아니면 마음으로 지키는 편입니까? 지킨 것이나 이룬 것이 아니라 얼마나 마음으로 하는지가 중요합니다.

하나님의 마음

하나님은 하나님의 백성들이 마음으로 하나님을 섬기고 순종함으로써 세상으로부터 존경받기를 원하십니다. 당신은 하나님의 이 마음에 얼마나 부합된 사람입니까?

오늘 받은 은혜

전체적으로 당신이 받은 은혜와 느낌을 기록해보십시오.

실천을 위한 도전 (기도하여 성령님의 인도하심을 받으십시오.)

세상의 존경을 받을 만한 작은 일 한 가지를 생각하고 마음을 다해 그 일을 행해보십시오.

12
유월절(逾越節)

출애굽기 12:1~51

본문 개론

열 번째 재앙과 연결되는 유월절 규례는 출애굽의 완성이요 출발점을 이루는 동시에 출애굽의 성격을 분명하게 규정짓고 있습니다. 출애굽을 정치적으로만 보면 단순한 민족해방 사건에 머물 수 있지만, 출애굽의 구원은 하나님께서 친히 주도하신 신적인 구원 사건이며 동시에 희생의 피를 통해 생명을 구원하시는 대속 원리의 절정을 이루는 구속사의 본질입니다. 유월절과 출애굽은 선민 이스라엘 출생의 진정한 근거를 밝혀주는 것이며 먼 미래에 예수 그리스도를 통해 성취될 거듭난 영적 이스라엘 곧 그리스도인의 탄생을 예표하는 사건인 것입니다. 이렇게 모든 준비를 마친 후에 하나님은 바로와 애굽 백성들의 장자를 모두 치셨습니다. 그리하여 야곱이 애굽으로 이주한 지 430년이 되는 해에 마침내 출애굽은 완성되었습니다. 그 동안 장정만 해도 60만이나 되는 민족으로 자라났습니다. 이미 출애굽하여 숙곳에 도달했음에도 유월절 규례를 다시 한 번 명확하게 지시하십니다.

본문 구성

본문 적용

　애굽으로부터의 탈출이 언제 어떤 식으로 이루어질지 아무도 몰랐습니다. 중요한 것은 이스라엘 민족의 정체성을 뜻하는 유월절과 무교절은 애굽에서 설립되었다는 것입니다. 유월절은 1월 14일에 지키지만 이미 1월 10일부터 잡을 양을 선별해두어야 합니다. 그 때 잡을 어린 양의 실체가 무엇입니까? 나중에 바로 예수 그리스도께서 유월절 어린양으로써 희생되셨고 그로 인하여 죄 사함과 구속함의 은혜를 주시게 된 것입니다. 그러므로 이스라엘의 유월절은 우리 그리스도인들에게도 아주 중요한 축제가 되어야 합니다. 어떤 이단에서 주장한 엉터리 거짓말이 아니라 우리에게 구원은 바로 영적 유월절이고 우리는 매일매일을 유월절의 은혜를 새기면서 살아야 하는 것입니다.

❶ 종말신앙이란 무엇인가?

핵심구절 : "너희는 그것을 이렇게 먹을지니 허리에 띠를 띠고 발에 신을 신고 손에 지팡이를 잡고 급히 먹으라 이것이 여호와의 유월절이니라 내가 그 밤에 애굽 땅에 두루 다니며 사람이나 짐승을 막론하고 애굽 땅에 있는 모든 처음 난 것을 다 치고 애굽의 모든 신을 내가 심판하리라 나는 여호와라 … 그들이 애굽으로부터 가지고 나온 발교되지 못한 반죽으로 무교병을 구웠으니 이는 그들이 애굽에서 쫓겨나므로 지체할 수 없었음이며 아무 양식도 준비하지 못하였음이었더라 … 온 이스라엘 자손이 이와 같이 행하되 여호와께서 모세와 아론에게 명령하신 대로 행하였으며 바로 그 날에 여호와께서 이스라엘 자손을 그 무리대로 애굽 땅에서 인도하여 내셨더라"(출 12:11~12, 39, 50~51)

무수한 경고와 징조 후에 마침내 출애굽은 시작됩니다. 그것은 애굽에는 완전 재앙이지만 이스라엘에게는 축복의 시작입니다. 그런데 재앙이든 축복이든 급속하게 이루어진다는 사실에 유의해야 합니다. 아무런 준비가 되어있지 못한 사람들에게는 날벼락일 수밖에 없습니다. 재앙이든 축복이든 하나님의 말씀을 따라 살면서 그것을 맞을 시간을 기다려야 하는 것입니다. 우리 그리스도인들에게는 종말은 그냥 선물처럼 다가오는 것일까요? 그렇지 않습니다. 그렇게 만나는 종말이 온다면 많은 그리스도인들이 영생에서 제외될 수 있습니다. 영생은 종말을 사는 사람들에게 주어지는 선물인 것입니다.

출애굽의 재앙은 민족적, 국가적으로 진행되었지만 오늘날의 종말은 가족이나 공동체나 국가 단위가 아니라 개인단위로 이루어집니다. 곧 믿음으로 종말을 위하여 살지 않으면 교회에 다니는 사람일지라도 장담할 수 없는 것입니다. 물론 출애굽은 축복의 시작이며 하나님의 놀라운 구원의 과정입니다. 그런데 구원은 죽음과 삶의 경계선에 있습니다. 모두가 똑같은 것 같은데 전부 다릅니다. 각 사람이 모두가 일대일로 하나님 앞에 서는 것이 구원입니다. 그렇다면 그리스도인의 종말도 마찬가지입니다. 구원받고 복 받고 세상에서 열심히 교회에 다니면 되는 것이 아니라 우리 역시 종말 앞에 서 있다는 말입니다. 지금 이 순간이 종말인 것처럼 사는 사람들이 우리들이어야 합니다.

"우리가 항상 예수의 죽음을 몸에 짊어짐은 예수의 생명이 또한 우리 몸에 나타나게 하려 함이라"(고후 4:10)

적용하기 : 참된 안식은 날마다 죽음 앞에 서 있을 때 이루어질 수 있습니다. 당신은 죽음 앞에 있는 사람처럼 살고 있습니까?

❷ 매주마다 영적 유월절을 지키자.

핵심구절 : "너희는 이 일을 규례로 삼아 너희와 너희 자손이 영원히 지킬 것이니 너희는 여호와께서 허락하신 대로 너희에게 주시는 땅에 이를 때에 이 예식을 지킬 것이라 이 후에 너희의 자녀가 묻기를 이 예식이 무슨 뜻이냐 하거든 … 이스라엘 자손이 애굽에 거주한 지 사백삼십 년이라 사백삼십 년이 끝나는 그 날에 여호와의 군대가 다 애굽 땅에서 나왔은즉 이 밤은 그들을 애굽 땅에서 인도하여 내심으로 말미암아 여호와 앞에 지킬 것이니 이는 여호와의 밤이라 이스라엘 자손이 다 대대로 지킬 것이니라"(출 12:24~26, 40~42)

하나님은 첫 유월절을 선물하시면서 이것을 대대로 지킬 것을 말씀하십니다. 왜 유월절을 지키라고 하시겠습니까? 아브라함과 이삭과 야곱의 하나님께서 약속하신 대로 모든 것을 이루어주시고 구원하셔서 하나님의 백성으로 삼으신 것을 기념함으로써 항상 하나님만을 의지하고 살라는 것이 아닙니까? 하나님의 사랑과 은혜와 힘과 능력을 대대로 기념하여 기억하면서 모세를 통하여 보여주신 믿음을 끝까지 소유하라는 것이었습니다. 그런데 이스라엘 역사를 보면 유다 왕 요시야의 때에 유월절을 지켰는데 사무엘 이후로 유월절을 이렇게 지킨 일이 없었다고 기록되어 있습니다(왕하 23:22). 그러니까 하나님께서 이 유월절을 대대로 지키라고 하신 명령은 사문화가 되어 있었다는 말입니다. 하나님의 은혜를 제대로 모르고 있었다는 말입니다. 그래서 유대민족의 여호와 신앙이 항상 어려움을 당할 수밖에 없었던 것입니다.

오늘날 유월절은 예수 그리스도의 십자가 희생으로 완전하게 성취되었습니다. 예수님 이후로는 누구든지 유월절을 다시 어린 양의 피로 드리지 않아도 된다는 말입니다. 예수님께서 단 한 번의 제물이 되심으로써 모든 것이 이루어졌습니다. 이제는 그 사실을 마음으로 받아들이고 예수님을 영접하면 구원에 이르게 되었습니다. 그렇다면 우리는 유월절을 그냥 알고만 있으면 되는 것일까요? 아닙니다. 우리는 사실 유월절을 잘 지키고 있습니다. 언제요? 우리는 매주 유월절을 지키는 것이나 다름이 없습니다. 아니, 유월절을 지킨다는 마음으로 예배를 드려야 합니다. 예수님의 보혈로 말미암아 구원을 받았으니 그 은혜를 높여드리고 세상에서 하나님의 백성으로, 예수님의 제자로 살아가는 것입니다. 그것은 세상 누룩을 버리고 거룩함을 지키는 무교절이기도 한 것입니다. 이것을 잊어버린다면 참 그리스도인이라고 할 수 없습니다.

"너희는 누룩 없는 자인데 새 덩어리가 되기 위하여 묵은 누룩을 내버리라 우리의 유월절 양 곧 그리스도께서 희생되셨느니라"(고전 5:7)

적용하기 : 유대인들은 매년마다 유월절을 지내면서 하나님의 은혜를 찬양하고 있었습니다. 당신은 예수님의 십자가 은혜를 얼마나 간직하고 살아가고 있습니까?

하나님의 마음

하나님은 지금도 여전히 유월절을 지키기를 원하십니다. 물론 그것은 영적인 의미로 성취되었습니다. 당신이 얻은 구원에 대해 얼마나 감사하면서 하나님을 사랑합니까?

오늘 받은 은혜

전체적으로 당신이 받은 은혜와 느낌을 기록해보십시오.

실천을 위한 도전 (기도하여 성령님의 인도하심을 받으십시오.)

당신이 지키는 유월절은 매주 이루어지고 있습니까? 이단들이 주장하는 유월절이 아닙니다. 유월절로서의 예배를 드리기 위해 당신만의 감사표현을 하기를 바랍니다.

13
이스라엘이 애굽을 떠나다

출애굽기 13:1~22

본문 개론

앞에서는 모세가 이스라엘의 장로들에게 유월절과 무교절을 설명했지만 이번에는 모든 백성들 앞에서 선포하게 됩니다. 태에서 처음 난 것은 애굽의 장자가 받는 고난을 당하지 않았기 때문에 하나님께 바쳐지게 될 것입니다. 후에 민수기에 가서 레위 지파가 이스라엘 백성들의 장자들을 대신하여 하나님의 일에 바쳐지게 되며, 레위인이 부족하면 남은 장자들은 5세겔씩 몸값을 내게 하였습니다. 한편 요셉의 유골을 가지고 나온 것은 하나님의 언약성취의 중대성을 분명하게 믿게 하는 중요한 하나의 증거가 되었을 것입니다. 후에 이스라엘은 강한 군대가 되었지만 초기에는 구름기둥과 불기둥으로 밤낮없이 보호하시는 것이 우선이었습니다. 그래서 북쪽 블레셋의 땅으로 직진하지 않고 전쟁을 겪지 않을 남쪽 광야 길로 돌리셨던 것입니다. 결국 이런 결정은 홍해의 기적을 보여주시기 위한 하나님의 의도였던 것입니다.

해마다 무교절을 지킬 것을 명하시다.　　　(1~10)
처음 난 것은 여호와의 것임을 명하시다.　　(11~16)
구름기둥과 불기둥으로 인도하시다.　　　　(17~22)

본문 적용

유월절과 무교절은 애굽의 종 되었던 데에서 해방되어 하나님의 선민으로서의 이스라엘을 만들어주신 하나님을 기억하고 영광을 돌려드리기 위한 예식입니다. 그러므로 출애굽한 이스라엘의 앞날과 갈 길도 하나님께서 전적으로 보호하시고 인도해 가십니다. 이것을 항상 의식 속에 새겨놓기 위해서 매년마다 유월절과 무교절을 철저하게 지켜야 하는 것입니다. 오늘 우리를 그리스도의 십자가 구속으로 구원하여 주신 하나님도 마찬가지입니다. 그것을 잊어버리거나 희미해진다면 그 사람은 그리스도인도 아니고 애굽인도 아닙니다. 출애굽한 이스라엘 무리 가운데 내가 함께 하고 있습니다. 남의 이야기가 아닙니다. 그 백성들 속에서 함께 울고 웃는 우리가 되어야 하겠습니다.

❶ 손의 기호와 미간의 표

핵심구절 : "이것으로 네 손의 기호와 네 미간의 표를 삼고 여호와의 율법이 네 입에 있게 하라 이는 여호와께서 강하신 손으로 너를 애굽에서 인도하여 내셨음이니 해마다 절기가 되면 이 규례를 지킬지니라 … 이것이 네 손의 기호와

네 미간의 표가 되리라 이는 여호와께서 그 손의 권능으로 우리를 애굽에서 인도하여 내셨음이니라 할지니라"(출 13:9~10, 16)

하나님은 유월절을 기점으로 하여 누룩을 금하는 무교절의 명령과 첫 태생을 구별하는 명령을 백성들이 영원토록 기억하기를 원하셨습니다. 그래서 네 손의 기호와 네 미간의 표를 삼고 여호와의 율법이 네 입에 있게 하라고 말씀하시는 것입니다. 한마디로 하나님은 아예 하나님의 말씀을 아침에 깨어서부터 잠들 때까지 입에 달고 살라는 것처럼 보입니다. 손의 기호와 미간의 표를 삼는 것은 어떻게 하는 것일까요? 손의 기호는 성구가 적힌 가죽 띠를 손목에 매는 것이고 미간의 표는 이 성구가 적힌 작은 성구함을 이마에 매다는 것입니다. 왜 이렇게 명하시는 것일까요? 수시로 그 성구를 꺼내 반복해서 읽고 마음에 단단히 새기라는 말씀입니다. 인간은 상황에 따라 망각하기 쉬운 존재이기 때문입니다. 다른 말로 하면 율법을 의식 속에 새기라는 말씀입니다. 의식이 바뀌지 않고는 근본적으로 변화되기 어렵기 때문입니다.

하지만 유대인들은 실패했습니다. 서기 70년에 예루살렘까지 완전히 함락되었습니다. 그렇게 하나님의 말씀을 의식 속에 새겨 왔던 이스라엘은 왜 그렇게 되었습니까? 아마도 손의 기호와 미간의 표를 단지 종교적인 의미로만 사용했기 때문이 아닐까요? 마치 부적처럼 몸에 지니면 복이 올 것이라고 생각했다는 말입니다. 그래서 예수님도 바리새인들에게 외식하는 자라고 외치셨던 것입니다. 기독교는 종교 중의 하나가 아닙니다. 오직 하나님의 진리입니다. 물론 손의 기호와 미간의 표는 오늘날 신앙훈련에도 그대로 적용되어야 합니다. 단지 표식으로가 아니라 참된 신앙의식을 위하여 그렇게 해야 합니다. 복음이 의식 속에 들어와 그 의식을 지배

할 때 세상을 바꿀 수 있습니다.

"또 주께서 이르시되 그 날 후에 내가 이스라엘 집과 맺을 언약은 이것이
니 내 법을 그들의 생각에 두고 그들의 마음에 이것을 기록하리라 나는 그
들에게 하나님이 되고 그들은 내게 백성이 되리라"(히 8:10)

적용하기 : 신앙생활에서 어떻게 하면 복음 곧 하나님의 말씀이 당신을
지배하도록 할 수 있을까요? 당신에게 손의 기호와 미간의 표는 무엇이
라고 생각합니까?

❷ 전투중인가?

핵심구절 : "바로가 백성을 보낸 후에 블레셋 사람의 땅의 길은 가까울지라도
하나님이 그들을 그 길로 인도하지 아니하셨으니 이는 하나님이 말씀하시기를
이 백성이 전쟁을 하게 되면 마음을 돌이켜 애굽으로 돌아갈까 하셨음이라"
(출 13:17)

정상적인 그리스도인이라면 누구나 지금 전투중입니다. 물론
아직 신앙을 가진 지 얼마 되지 않았거나 믿음으로 말미암은 고난
을 강하게 당하고 있다면 그렇지 않다고 할 수는 있겠으나, 전쟁
중인 나라에서는 직접 싸우는 군인이 아니라도 모두가 전투 중이
라는 것을 생각하면 모든 그리스도인들은 전투중이라는 말이 맞
을 것입니다. 출애굽한 이스라엘 백성들은 아직은 직접 전쟁을 수

행할 만큼 준비가 되어 있지 않습니다. 하지만 이제 홍해를 건너면 거의 곧바로 아말렉과 전투를 벌여야 합니다. 지금은 그것을 준비할 때이지 블레셋이 있는 곳으로 곧장 진격하여 돌파할 때가 아닙니다. 그래서 하나님은 홍해의 광야 길로 인도하셨던 것입니다.

그리스도인들은 성공이나 번영을 위해 싸우는 것이 아니라 성공이나 번영의 가치와는 반대되는 오직 복음의 가치를 위해 싸우는 존재들입니다. 성공과 번영을 이루지 말라는 말이 아니라 그것이 복음과 대치될 때에는 단호하게 거부해야 하며, 또 성공과 번영은 하나님께서 허락하실 수 있으나 그것은 복음의 가치를 위한 수단으로서 가능하다는 말입니다. 세상을 거스른다는 말은 성공과 번영의 가치와는 반대되는 쪽을 지향한다는 말입니다. 물론 우리들의 싸움은 사실은 우리 자신과의 전투입니다. 육체는 성공을 지향하려고 하기 때문입니다. 성공을 위해 일하십시오. 그러나 그것이 목적이 되고 목표가 되면 안 됩니다. 성공과 번영은 단지 디딤돌일 뿐입니다. 거기에서 머무르면 안 됩니다.

"우리가 육신으로 행하나 육신에 따라 싸우지 아니하노니 우리의 싸우는 무기는 육신에 속한 것이 아니요 오직 어떤 견고한 진도 무너뜨리는 하나님의 능력이라(고후 10:3~4)

적용하기 : 사람은 무엇인가를 위해 싸우고 있습니다. 당신은 그리스도인으로서 주로 무엇과 싸우고 있습니까?

❸ 구름기둥과 불기둥

핵심구절 : "여호와께서 그들 앞에서 가시며 낮에는 구름기둥으로 그들의 길을 인도하시고 밤에는 불기둥을 그들에게 비추사 낮이나 밤이나 진행하게 하시니 낮에는 구름기둥, 밤에는 불기둥이 백성 앞에서 떠나지 아니하니라" (출 13:21~22)

 구름기둥과 불기둥은 하나님께서 항상 이스라엘 백성들을 인도하시고 보호하신다는 증거입니다. 낮에는 구름기둥으로 갈 길을 앞서 진행하시고 밤에는 불기둥으로 환하게 비추심으로써 앞으로 갈 수 있게 해 주십니다. 이스라엘 백성들은 구름기둥과 불기둥을 따라가면서 하나님의 동행하심을 알게 되고 안심하고 길을 따라 진행할 수 있습니다. 그렇게 되면 아무리 힘들고 어려운 광야생활이나 위험이나 위기를 만났을 때에나 길이 막힌 것처럼 보이거나 갈 곳이 안 보이는 곳에서라도 하나님의 인도하심을 믿고 흔들림 없이 생활할 수 있었을 것입니다. 이 구름기둥은 모세가 죽기 전까지도 하나님께서 사용하고 계셨습니다(신 31:15). 그럼에도 불구하고 이스라엘 백성들은 위기를 만날 때마나 원망하고 불평하고 모세에게 대들었으며 심지어 우상숭배의 죄까지 저질렀습니다. 홍해 앞에서와(14:11) 마라의 쓴 물 앞에서와(15:24) 마실 물이 없는 르비딤에서와(17:2~3) 그 이후에도 틈만 나면 불평과 원망을 되풀이했습니다.
 오늘날 구름기둥과 불기둥은 하나님의 말씀입니다. 말씀이 인도자이고 등불이고 능력이고 힘이고 무기이고 지혜이며 우리를 지키시는 보호자입니다. 말씀이 하나님이고 말씀이 예수님이고 말씀이 성령님의 인격입니다. 그래서 하나님의 말씀을 우리의 생명으로 받들어야 합니다. 말씀에 생명을 걸어야 한다는 말입니다. 그러나 말씀은 많이 알고 정확하게 알고 오랫동안 알고 수백 번을 암송하고 손으로 쓴다고 해도 그 말씀을 믿지 않으면 거의 아무 소용이 없습니다. 말씀이 우리를 지배하고 말씀을 따라 살고 말씀대로 행하게 되어야 비로소 살아있는 말씀이 되는데 그렇게 되는 비결은 말씀을 믿는 것입니다. 이스라엘 백성들이 말씀을 믿을 때에는 구름기둥과 불기둥이 그들을 효과적으로 인도하지만 그 하나님의 말씀을 믿지 못할 때에는 구름기둥과 불기둥은 거의 아무런 역할도 할 수 없습니다. 구름기둥과 불기둥보다 그것을 믿는 믿음이 우리를 실립니다.

"이러므로 우리가 하나님께 끊임없이 감사함은 너희가 우리에게 들은 바 하나님의 말씀을 받을 때에 사람의 말로 받지 아니하고 하나님의 말씀으로 받음이니 진실로 그러하도다 이 말씀이 또한 너희 믿는 자 가운데에서 역사하느니라"(살전 2:13)

적용하기 : 하나님께서 당신과 함께하신다는 확고한 믿음을 가지고 있습니까? 당신은 어떤 말씀을 주로 붙잡고 있습니까?

하나님의 마음

하나님은 하나님의 명령을 마치 유전자처럼 우리의 본능 속에 심어놓기를 원하십니다. 그것이 성도들에게 가장 큰 복이 되기 때문입니다. 당신의 유전자는 어떻습니까?

오늘 받은 은혜

전체적으로 당신이 받은 은혜와 느낌을 기록해보십시오.

실천을 위한 도전 (기도하여 성령님의 인도하심을 받으십시오.)

무교절과 초태생의 규례는 오늘날에도 영적으로 그대로 유효합니다. 죄의 누룩을 제거하고 첫 것을 대속하는 이 일에 있어서 부족한 부분을 한 가지 생각하고 행하십시오.

14
죽음 앞에서의 구원
출애굽기 14:1~31

본문 개론

　하나님의 지시를 따라 바하히롯 곁 해변에 장막을 쳤을 때 바로의 눈에는 이스라엘이 광야에 갇힌 것처럼 보였고, 60만이나 되는 노동력이 한꺼번에 사라질 때 얼마나 큰 타격을 주는 것인지를 새롭게 깨달은 바로가 모든 군대를 총동원하여 이스라엘의 코앞까지 추격해 왔습니다. 전쟁을 위한 군대가 아니라 경찰의 기능을 수행하기 위해서였습니다. 이스라엘 백성들은 당연히 오도가도 할 수 없는 상황에 절망하고 비명을 지를 수밖에 없었습니다. 모세는 가만히 있는 위대한 신앙행위를 통해 하나님의 음성을 듣고 지팡이를 든 손을 내밀어 바닷물이 갈라지게 했습니다. 밤새 강한 동풍으로 물에 벽이 생겼고 백성들은 다 건넜습니다. 새벽 시간이었으므로 유월절 보름달이 밝게 비쳤을 것입니다. 자연은 복원력을 회복하였고 이스라엘을 추격하던 애굽 군대는 바닷물 속에 수장되고 말았습니다. 백성들은 여호와를 경외하며 여호와의 종 모세를 믿었습니다.

본문 구성

하나님이 홍해 앞에 장막을 치게 하시다.　　　(1~3)
바로가 군대와 함께 장막 앞에 오다.　　　　　(4~9)
백성들이 두려워하고 모세는 안심시키다.　　　(10~14)
모세가 지팡이로 홍해가 갈라지게 하다.　　　 (15~21)
백성들은 건넜고 애굽 군대는 수장되다.　　　 (22~31)

본문 적용

우선 홍해 바다 앞에서 장막을 친 것은 하나님의 지시였습니다. 이제 막 애굽을 빠져나온 백성들로서는 목숨과 직결되는 상황이었습니다. 역경 정도가 아니라 창에 찔려 죽거나 물에 빠져죽거나 죽을 것이 분명해 보였습니다. 그런데 장소를 명하신 분도 하나님이시고 군대가 추격해올 것이라는 사실을 알게 하신 분도 하나님이시고 그 군대로 말미암아 영광을 받으실 분도 하나님이었습니다. 하나님께서 기획하시고 연출하시고 바로와 군대와 모세의 배역을 통하여 선민 이스라엘의 드라마를 완성해가고 계십니다. 두려움과 염려가 없을 수는 없지만 우리는 하나님의 인도하심을 따라 하나님의 목표를 향하여 가는 사람들입니다. 그것을 알고 있는 모세는 침착할 수밖에 없습니다.

❶ 광야에 갇힌 바 되었다 할지라.

핵심구절 : "이스라엘 자손에게 명령하여 돌이켜 바다와 믹돌 사이의 비하히

롯 앞 곧 바알스본 맞은편 바닷가에 장막을 치게 하라 바로가 이스라엘 자손에 대하여 말하기를 그들이 그 땅에서 멀리 떠나 광야에 갇힌 바 되었다 하리라"
(출 14:2~3)

목자는 양떼를 되도록 좋은 곳으로 인도하려고 합니다. 그런데 목자가 뜯어먹을 풀도 거의 없는 자갈밭이나 마실 수 없는 진흙웅덩이나 햇볕이 뜨거워 누워서 쉴 수 없는 곳이나 또는 때때로 늑대나 곰들이 나타나는 그런 위험한 곳으로 인도한다면 그 목자는 제대로 된 목자가 아닐 것입니다. 그런데 지금 여호와 하나님께서 이스라엘 백성들을 그런 길로 인도하고 계십니다. 쉽고 빠른 블레셋 땅을 돌아서 갑니다. 비록 블레셋의 군대가 강하지만 하나님께서 물리쳐주시면 되는 것 아닙니까? 하지만 사면초가 홍해로 가로막힌 곳으로 인도하십니다. 거기에 갇히면 빠져나갈 수 있는 길이 없습니다. 더구나 바로의 군대가 쳐들어가면 그들은 옴짝달싹 하지 못하고 덫에 치이거나 함정에 빠진 꼴이 됩니다. 이미 죽은 목숨이나 마찬가지입니다. 두려워서 비명을 지르고 눈물을 쏟을 수밖에 없습니다. 그런데 하나님은 바로 그곳으로 가라고 명하십니다.

하나님은 왜 백성들을 하필 그런 곳으로 데려가셨을까요? 구름기둥과 불기둥으로 항상 안전한 곳으로 인도하셔야 하지 않겠습니까? 물론 그런 모든 과정은 이스라엘 백성들의 생존훈련의 과정이었습니다. 광야에서 하나님만을 의지하고 싸워서 승리할 줄 아는 능력을 기르는 훈련이었습니다. 하지만 그렇다고 하더라도 왜 갇힐 수밖에 없는 곳으로 인도하셨을까요? 죽음을 이겨내는 훈련이지 정말로 죽으라는 것은 아니지 않습니까? 여기에서 우리가 꼭 알아야 할 것은 우리 눈에는 보이지 않는 다른 길이 하나님의 눈에는 보인다는 것입니다. 그 길은 바닷길이었습니다. 우리는 안다고 해도 그 길을 가지 못합니다. 하지만 하나님은 그 길을 갈 수 있도록 인도하십니다.

"사람이 감당할 시험 밖에는 너희가 당한 것이 없나니 오직 하나님은 미쁘사 너희가 감당하지 못할 시험 당함을 허락하지 아니하시고 시험 당할 즈음에 또한 피할 길을 내사 너희로 능히 감당하게 하시느니라"(고전 10:13)

> **적용하기** : 길이 안 보일 때가 있었습니까? 하나님께서 보이지 않는 길을 열어서 가게 하신 이야기를 해보십시오.

❷ 나를 여호와인 줄 알리라.

핵심구절 : "내가 바로의 마음을 완악하게 한즉 바로가 그들의 뒤를 따르리니 내가 그와 그의 온 군대로 말미암아 영광을 얻어 애굽 사람들이 나를 여호와인 줄 알게 하리라 하시매 무리가 그대로 행하니라 … 내가 바로와 그의 병거와 마병으로 말미암아 영광을 얻을 때에야 애굽 사람들이 나를 여호와인 줄 알리라 하시더니 … 물이 다시 흘러 병거들과 기병들을 덮되 그들의 뒤를 따라 바다에 들어간 바로의 군대를 다 덮으니 하나도 남지 아니하였더라"(출 14:4, 18, 28)

만약에 출애굽의 모든 과정을 통하여 이스라엘 백성들 중에서 수십 명이 죽었고 애굽 군대 중에서도 수십 명이 살아남았다고 한다면 사람들은 하나님께 큰 영광을 돌려드릴 수 있을까요? 어쩌다가 죽게 된 이스라엘 백성들이나 운 좋게 살아난 애굽 군인들의 입에서 무슨 말이 나올 수 있을까요? 운이 나빠서 죽었다거나 행운이 깃들어서 살아났다고 할 수 있지 않을까요? 그것이 전적인 하나님의 구원이나 심판으로 불리지 않을 수도 있다는 말입니다. 하나님께서 애굽의 군대와 마병과 기병들로 인하여 영광을 받으시려면 한 사람도 운 나쁘게 죽은 사람이나 운 좋게 살아난 사람이 없어야만 그 등식이 성립됩니다. 현실 속에서는 다양한 현상들이 나타나기 때문에 일률적으로 단정 짓지는 못합니다만, 적어도 홍해 탈출에서만큼은 완전한 멸망과 완전한 구원이 성립될 수 있어야 하는 것입니다.

그런데 이것을 우리 개인의 구원과 연결시켜보면 그 등식은 진리가 될 것입니다. 왜냐하면 우리의 구원은 선택인가 버림인가, 구원인가 심판인가 둘 중의 하나이지 선택인 동시에 버림이고 구원인 동시에 심판이 아니기 때문입니다. 내가 우리 어머니의 아들인가 아닌가만 있는 것이지 어머니의 아들이면서 다른 어머니의 아들이 될 수는 없습니다. 이것은 율법적으로 어떤 행위를 하고 안 하고의 문제가 아닙니다. 이것은 내가 하나님의 자녀로서 예수님의 마음을 품고 사느냐의 문제입니다. 그것이 바로 정체성입니다. 그리스도의 피로 구원을 받았으면 우리는 그리스도를 생명으로 여기고 따라가야 합니다. 그리스도께서 우리를 위해 생명을 주셨기 때문입니다. 신앙이 아직 초보라서 이것을 구체적으로 모를 수는 있지만 기본적으로는 우리는 예수님을 위해 생명을 바치는 사람들입니다. 그렇게 살 때 세상은 하나님을 여호와라고 인정하기 시작할 것입니다.

"하나님이 그들로 하여금 이 비밀의 영광이 이방인 가운데 얼마나 풍성한지를 알게 하려 하심이라 이 비밀은 너희 안에 계신 그리스도시니 곧 영광

의 소망이니라"(골 1:27)

적용하기 : 삶의 다양한 방식에 따라 다르겠지만 당신으로 말미암아 사람들이 하나님의 존재를 알게 된 적이 있었습니까?

❸ 우리가 지팡이다.

핵심구절 : "지팡이를 들고 손을 바다 위로 내밀어 그것이 갈라지게 하라 이스라엘 자손이 바다 가운데서 마른 땅으로 행하리라 ⋯ 여호와께서 모세에게 이르시되 네 손을 바다 위로 내밀어 물이 애굽 사람들과 그들의 병거들과 마병들 위에 다시 흐르게 하라 하시니"(출 14:16, 26)

지팡이가 능력이 아니라 지팡이를 사용하시는 하나님이 능력입니다. 그 지팡이를 가지고 있다고 해서 아무나 능력을 일으키는 것이 아닙니다. 그것은 지극히 세속적인 사고방식입니다. 만약에 돈을 지팡이로 생각하고 돈으로 모든 것을 하려고 한다면 그는 틀림없이 망할 것입니다. 세상에서도 실패할 확률이 높지만 신앙생활도 거의 틀림없이 실패할 것입니다. 돈이 지팡이가 될 수 있지만 그 지팡이는 하나님의 도구일 뿐입니다. 예를 들어 사무엘 시대에 이스라엘 백성들이 엘리 제사장의 두 아들 홉니와 비느하스와 함께 법궤를 메고 전쟁에 나갔다가 오히려 블레셋에게 법궤를 빼앗겨버린 일이 있습니다(삼상 4:10~11). 그들은 법궤만 가지고 나가면 반드시 승리할 것이라고 믿었지만 법궤 자체에 능력이 있는 것이 아니라 법궤를 사용하시는 하나님께 능력이 있는 것입니다. 지팡이도 마찬가지입니다. 지팡이로 이적을 일으켰지만 그것은 모세가 일으킨 것도 아니고 지팡이가 일으킨 것도 아니었습니다. 하나님께서 그것을 사용하신 것이었습니다. 그래서 우리가 하나님의 지팡이인 것입니다.

우리는 하나님의 도구들입니다. 우리가 지팡이입니다. 우리를 통하여 기적이든 응답이든 능력이든 나타났다면 우리가 잘나서 그런 것이 아닙니다. 말라빠진 나무 지팡이에게 무슨 능력이 있겠습니까? 우리가 바로 그런 마른 지팡이입니다. 하나님께서 우리를 사용하시도록 해야 합니다. 모세와 아론의 지팡이는 던져서 뱀이 되기도 했고, 지팡이로 나일강을 쳤더니 물이 피가 되기도 했으며, 지팡이를 물 위에 펴니까 개구리 떼들이 온 지경을 덮기도 했습니다. 지팡이로 땅을 치니까 온 티끌이 전부 이로 변하기도 했고, 하늘을 향하여 지팡이를 드니까 우박이 엄청나게 떨어지기도 했으며, 또 지팡이를 드니까 메뚜기 떼가 동풍과 함께 쏟아지기도 했습니다. 그러더니 이번에는 모세가 지팡이를 들고 손을 바다 위에 내미니까 바다가 갈라져서 이스라엘의 모든 백성들과 가축들까지 바다를 다 건넜습니다. 우리가 하나님의 지팡이입니다. 우리 생각과 지식을 버리고 하나님께 맡기면 하나님께서 마음대로 쓰실 수 있는, 우리가 지팡이입니다.

"만일 누가 너희에게 왜 이렇게 하느냐 묻거든 주가 쓰시겠다 하라 그리하면 즉시 이리로 보내리라 하시니"(막 11:3)

적용하기 : 당신은 주께서 마음껏 쓰시기에 얼마나 편한 지팡이라고 생각합니까?

하나님의 마음

하나님은 특히 우리 하나님의 자녀들을 통하여 세상에서 영광을 받으시기를 원하십니다. 당신은 어떤 방식으로 하나님께 영광을 돌려드릴 수 있습니까?

오늘 받은 은혜

전체적으로 당신이 받은 은혜와 느낌을 기록해보십시오.

실천을 위한 도전 (기도하여 성령님의 인도하심을 받으십시오.)

하나님을 믿음으로 모세는 백성들로부터 믿음을 얻었습니다. 모세의 믿음을 보면서 당신만의 신앙고백을 해보십시오.

15
구원의 노래
출애굽기 15:1~27

본문 개론

모세의 찬양은 이스라엘을 구원하신 하나님을 찬양하는 부분 (1~5), 애굽 군대를 멸하신 하나님의 능력의 위대하심을 찬양하는 부분(6~12), 그리고 그 소식을 들은 다른 나라들의 놀람과 가나안 땅으로 인도하실 하나님께 대한 찬양(13~18)으로 구성되어 있습니다. 그리고 하나님께서 이루신 일을 다시 언급하고 미리암이 여인들과 소고를 치고 춤을 추면서 하나님을 찬양합니다. 그런데 그 다음 순간 눈을 의심할 수도 있는 기사가 나오는데, 수르 길을 따라 사흘을 걷다가 물이 써서 마실 수 없는 샘을 만났을 때의 백성들의 반응입니다. 그들은 곧바로 모세를 원망하고 말았습니다. 모세가 백성들과 다투지 않고 하나님께 부르짖었더니 한 나무를 던지라고 했고 물이 달게 되었습니다. 기쁨과 감격의 찬양과 불신과 원망이 동시에 나오는 내용입니다. 아직은 신앙의 초기단계라 봐줄 만합니다.

본문 구성

모세와 백성들이 하나님을 찬양하다.　　　　(1~18)

미리암이 소고를 치며 하나님을 찬양하다.　　(19~21)

마라의 쓴 물을 나뭇가지로 달게 하다.　　(22~26)

백성들이 엘림에 도달하다.　　(27)

본문 적용

　마라에 도착하여 마실 수 없는 쓴 물임을 알았을 때 만약에 백성들이 원망하지 않고 모세와 의논하거나 문제해결을 요청했다면 결과가 어떻게 되었겠습니까? 모세는 똑같이 여호와께 부르짖었을 것이고 하나님은 해결방법을 일러주셨을 것입니다. 곧 함께 의논하거나 원망하거나 결과는 동일하다는 것입니다. 백성들은 오히려 그들의 믿음으로 인해 칭찬을 받았을 것입니다. 백성들은 이 사실을 전혀 알아채지 못했습니다. 하나님은 여전히 거기 계시고 당연히 우리를 치료해주십니다. 우리가 만나는 모든 상황은 하나님의 시험이라는 사실을 알아야 합니다. 마라에서 엘림에 이르기까지 우연히 도달한 것이 아닙니다. 하나님은 이미 계획하고 계셨습니다. 어차피 가게 될 곳이고 만나야 할 상황이기 때문에 모든 것이 시험이라는 말입니다. 매일매일의 시험을 평안하게 감당하시기 바랍니다.

❶ 첫 소절과 후렴

핵심구절 : "이 때에 모세와 이스라엘 자손이 이 노래로 여호와께 노래하니 일렀으되 내가 여호와를 찬송하리니 그는 높고 영화로우심이요 말과 그 탄 자를 바다에 던지셨음이로다 … 미리암이 그들에게 화답하여 이르되 너희는 여호와

를 찬송하라 그는 높고 영화로우심이요 말과 그 탄 자를 바다에 던지셨음이로
다 하였더라"(출 15:1, 21)

모세와 백성들이 노래하고 미리암이 소고를 잡고 춤을 추며 화
답합니다. 첫 소절과 후렴 부분이 똑같습니다. 모세와 백성들의 하
나님 찬양은 내용이 일관됩니다. 하나님은 구원의 하나님이시면서
동시에 심판의 하나님이십니다. 사랑의 하나님이시면서 동시에 공
의의 하나님이십니다. 은혜가 항상 넘치시지만 하나님과 반대편
에 있는 사람들에게는 진노를 쏟아 부으십니다. 하나님의 한쪽만
보고 다른 쪽을 외면해서는 안 됩니다. 백성들이 하나님을 찬양하
는 이유는 엄청난 위기에서 건져주시고 추격하는 애굽 군대를 홍
해 바닷물에 수장시키셨기 때문입니다. 그들은 지상에서 가장 강
한 군대였습니다. 어느 신이 이렇게 진멸할 수 있단 말입니까? 우
리가 일평생 동안 매일 같이 하루 종일 하나님을 찬양한다고 해도
결코 충분하지 못할 것입니다. 마지막으로 첫 소절을 그대로 반복
합니다. 후렴구이거나 화답송입니다. 그런데 이것은 굉장히 중요
합니다. 특히 춤을 추면서 온몸으로 찬양하는 것은 굉장히 중요합
니다.

우리는 교회에서 예배드릴 때 성가대가 찬양하는 찬송을 통하
여 많은 은혜를 받습니다. 하지만 성가대나 찬양단의 찬양을 구경
하는 것 같은 현상이 자주 일어납니다. 찬양을 구경만 한다면 온전
한 찬양이 될 수 없습니다. 찬양은 함께 하나님을 높여드리는 것이
요 온몸으로 동참하는 것입니다. 예배 때에는 이런 점을 보완해서
다함께 찬양하는 것으로 바꾸어야 합니다. 성가대의 찬양을 구경
하는 것이 아니라 서로 화답하는 찬양이 되어야 합니다. 예배가 곧
찬양이라는 점을 생각한다면 미리암처럼 성도들이 화답하는 찬양

을 연습해서 함께 드린다든가 하는 식으로 다함께 찬양을 드려야 하겠습니다.

"그의 능하신 행동을 찬양하며 그의 지극히 위대하심을 따라 찬양할지어다 나팔 소리로 찬양하며 비파와 수금으로 찬양할지어다 소고 치며 춤추어 찬양하며 현악과 퉁소로 찬양할지어다"(시 150:2~4)

적용하기 : 당신은 하나님을 얼마나 자주 찬양하고 있습니까? 예배드릴 때 춤추고 박수 치며 찬양할 때가 얼마나 됩니까?

❷ 치료하는 여호와

핵심구절 : "모세가 여호와께 부르짖었더니 여호와께서 그에게 한 나무를 가리키시니 그가 물에 던지니 물이 달게 되었더라 거기서 여호와께서 그들을 위하여 법도와 율례를 정하시고 그들을 시험하실새 이르시되 너희가 너희 하나님 나 여호와의 말을 들어 순종하고 내가 보기에 의를 행하며 내 계명에 귀를 기울이며 내 모든 규례를 지키면 내가 애굽 사람에게 내린 모든 질병 중 하나도 너희에게 내리지 아니하리니 나는 너희를 치료하는 여호와임이라"(출 15:25~26)

현대 신앙인들은 치료하시는 하나님에 관하여 관심이 많습니다. 위로하시는 하나님에 대해서도 관심이 많습니다. 과거에 비해서 정신적으로 견디기 어려운 경우가 많고 또 그렇기 때문에 자신의 현재 처지에 대해 위로받기를 많이 원할 것입니다. 물론 하나님은 우리를 치료하시고 위로하시는 하나님이십니다. 치료와 위로가 그리스도인에게 주어지지 않는다면 세상을 거슬러가는 그리스도인으로서의 삶을 살기가 많이 어려울 것입니다. 그런데 하나님의 치료를 받을 수 있는 사람은 하나님의 말씀에 순종하고 의를 행하며 계명에 귀를 기울이고 규례들을 지키는 사람이라고 말씀하십니다.

무작정 하나님께 와서 의지하는 것이 아니라 하나님과의 관계가 친밀하게 이루어지고 있는 사람에게 그렇게 하시겠다는 것입니다. 지기 마음대로 세상을 살다가 힘들어지고 어려워질 때 찾아와서 고쳐달라고 하는 것이 아닙니다. 그렇게 해서는 신앙이 자랄 수가 없습니다. 큰 체험도 자기중심적으로만 받기 때문에 하나님과의 관계에 진전이 없습니다. 이스라엘 백성들은 하나님의 치료를 여러 번 경험합니다만, 그것은 순전히 자기 안위에 관해서만 그렇게 하기 때문에 신앙이 자라지를 못합니다. 결국 그들은 광야에서 죽어야만 했습니다. 가나안에 들어가지 못했습니다. 말씀에 순종하고 의를 행하며 계명에 귀를 기울이고 규례들을 지킨다는 것은 하나님과 친밀한 관계에서 멀어지지 말고 그 관계를 떠나지 말라는 뜻입니다.

"여호와의 친밀하심이 그를 경외하는 자들에게 있음이여 그의 언약을 그들에게 보이시리로다"(시 25:14)

적용하기 : 당신은 얼마나 하나님과 친밀해지기를 원합니까? 하나님과 친밀해지기 위해서 어떤 일을 주로 합니까?

하나님의 마음

하나님은 당연히 찬양받기를 원하십니다. 그러나 찬양 드리는 사람들의 마음 가짐이 굉장히 중요합니다. 당신은 어떤 마음으로 찬양을 드리고 있습니까?

오늘 받은 은혜

전체적으로 당신이 받은 은혜와 느낌을 기록해보십시오.

실천을 위한 도전 (기도하여 성령님의 인도하심을 받으십시오.)

하나님은 찬양을 받으시되 노래로만이 아니라 언어로, 행동으로, 삶으로, 전인 격적으로 받으시기를 원하십니다. 노래 외에 삶에서 한 가지를 택하여 찬양해 보십시오.

16
만나와 메추라기
출애굽기 16:1~36

본문 개론

이번에는 모세만이 아니라 아론까지 원망합니다. 원망의 죄가 얼마나 심각한지 여섯 번이나 '원망'이라는 단어를 사용했습니다. 그 중 하나님께서 원망을 들으신다는 말이 네 번이나 됩니다(7, 8, 9, 12). 하나님은 원망을 굉장히 심각하게 들으십니다. 그럼에도 불구하고 하나님은 백성들의 필요를 채워주십니다. 원래 그것이 하나님의 계획이었습니다. 그러나 그 중에서도 분명한 질서와 원칙이 있음을 알아야 합니다. 매일 꼭 필요한 만나를 주시되 그것은 남겨놓지 말아야 합니다. 다만 안식일 전날에는 두 배를 주시기 때문에 안식일에는 만나를 거둘 수 없습니다. 광야에서의 만나 사건은 출애굽의 사건이나 홍해를 건넌 사건과 마찬가지로 후손들이 영원히 기념하고 기억해야 할 사건입니다. 우리가 생각해야 할 것은 하나님은 오늘날에도 마치 만나처럼 우리에게 일용할 양식을 공급하고 계신다는 것입니다. 믿음과 감사를 잃어버린다면 이스라엘 백성들과 별로 다를 것이 없습니다.

본문 구성

백성들이 모세를 원망하다.	(1~3)
하나님께서 고기와 떡을 약속하시다.	(4~12)
만나와 메추라기가 땅에 덮이다.	(13~20)
안식일에는 거두지 말 것을 명하시다.	(21~30)
만나를 기념으로 간수하게 하시다.	(31~36)

본문 적용

이스라엘 광야의 여정은 고난의 길임에 틀림이 없습니다. 고난을 이기기 위해서는 인내가 반드시 필요합니다. 인내하기 위해서는 참다운 믿음이 필요합니다. 그런데 참다운 믿음으로 세워지기 위해서는 고난이 필요해지는 것입니다. 그러므로 광야 길은 백성들의 믿음의 성장과 축복 받을 그릇을 만들어 가시는 과정입니다. 겸손하게 자기를 낮추고 오직 하나님만을 신뢰하고 따라갈 수 있도록 만드시기 위해 광야의 삶은 반드시 필요합니다. 반면에 그런 고난이 오히려 좌절과 낙심으로 인도하기도 합니다. 하나님의 뜻을 조금도 이해하려고 하지 않고 오직 자기 앞의 문제에만 초점을 맞추면 작은 사건마다 원망과 불평이 나오게 되어 있습니다. 그런데 이것은 바로 마귀에게 틈을 주고 집단적 불평의 통로가 된다는 사실을 알아야 합니다. 그 풍성한 만나와 메추라기를 얻는 과정조차도 원망과 불신의 통로가 될 수 있는 것입니다. 오늘날도 그렇습니다.

❶ 원망하라?

핵심구절 : "모세가 또 이르되 여호와께서 저녁에는 너희에게 고기를 주어 먹이시고 아침에는 떡으로 배불리시리니 이는 여호와께서 자기를 향하여 너희가 원망하는 그 말을 들으셨음이라 우리가 누구냐 너희의 원망은 우리를 향하여 함이 아니요 여호와를 향하여 함이로다 모세가 또 아론에게 이르되 이스라엘 자손의 온 회중에게 말하기를 여호와께 가까이 나아오라 여호와께서 너희의 원망함을 들으셨느니라 하라 … 내가 이스라엘 자손의 원망함을 들었노라 그들에게 말하여 이르기를 너희가 해 질 때에는 고기를 먹고 아침에는 떡으로 배부르리니 내가 여호와 너희의 하나님인 줄 알리라 하라 하시니라" (출 16:8~9, 12)

우리는 항상 불평하기를 좋아합니다. 자기마음대로 일이 안 풀리면 무조건 불평이 나오게 되어 있습니다. 물론 그러는 가운데에서도 감사함으로 이겨내는 경우도 많습니다만, 몇 번 감사하다가도 자기 생각 이상으로 막히게 되면 자기도 모르게 잘 안 되는 것에 대하여 불편함을 드러냅니다. 그런데 본문에는 이스라엘 백성들이 다 한 가지로 원망의 말을 쏟아냈습니다. 바로 앞 장에서 모세와 백성들과 여인들과 미리암이 한마음으로 하나님을 찬양하지 않았나요? 그런데 얼마 되지도 않아서 먹을 것이 마땅치 않게 되자 곧바로 원망을 쏟아내고 있습니다. 물론 당장 먹을 것이 없으니까 속에서 뿜어져 나오는 감정을 그대로 쏟아내는 것입니다. 신앙이 성장한다는 것은 자기감정을 조절할 줄 안다는 말입니다. 그렇다고 하더라도 당장 굶을 지경이 되면 감정조절이 쉽지 않습니다. 그런데 하나님은 백성들의 원망을 들으시고 책망하시는 것이 아니라 백성들의 필요를 충분하게 해결해주고 계십니다.

민수기 11장에 보면 백성들이 악한 말로 원망할 때 하나님께서 진노하사 여호와의 불을 내렸다고 했습니다. 이때의 원망과 신 광야에서의 원망이 어떻게 다를까요? 하나님께서 가장 싫어하시는 것은 원망과 교만입니다. 그런데 똑같은 원망이라도 처음으로 먹을 것 때문에 원망하는 것과 광야생활에 어느 정도 적응이 되어서 신앙이 자란 상태에서의 원망은 많이 다를 것입니다. 불평하는 마음이나 원망하는 마음은 일시적으로 들 수가 있습니다. 이럴 때 어떻게 해야 하겠습니까? 백성들의 원망을 들은 모세는 어떻게 했습니까? 모세가 어떻게 한 것이 아니라 하나님께서 말씀하셨습니다만, 원망을 해결하는 방법은 하나님께 아뢰는 수밖에는 없습니다. 원망을 하더라도 하나님 앞에서 대화하듯이 얼마든지 할 수 있는 것입니다.

"욥이 일어나 겉옷을 찢고 머리털을 밀고 땅에 엎드려 예배하며 이르되 내가 모태에서 알몸으로 나왔사온즉 또한 알몸이 그리로 돌아가올지라 주신 이도 여호와시요 거두신 이도 여호와시오니 여호와의 이름이 찬송을 받으실지니이다 하고 이 모든 일에 욥이 범죄하지 아니하고 하나님을 향하여 원망하지 아니하니라"(욥 1:20~22)

적용하기 : 당신은 원망할 수밖에 없는 일이 생길 때 주로 어떤 식으로 대응합니까? 이제부터 어떻게 해야 하겠습니까?

❷ 하루하루, 매일매일

핵심구절 : "내가 이스라엘 자손의 원망함을 들었노라 그들에게 말하여 이르기를 너희가 해 질 때에는 고기를 먹고 아침에는 떡으로 배부르리니 내가 여호와 너희의 하나님인 줄 알리라 하라 하시니라 저녁에는 메추라기가 와서 진에 덮이고 아침에는 이슬이 진 주위에 있더니 그 이슬이 마른 후에 광야 지면에 작고 둥글며 서리 같이 가는 것이 있는지라 … 사람이 사는 땅에 이르기까지 이스라엘 자손이 사십 년 동안 만나를 먹었으니 곧 가나안 땅 접경에 이르기까지 그들이 만나를 먹었더라"(출 16:12~14, 35)

하나님은 먹을 것, 마실 것이 부족한 광야생활의 가장 기본적인 문제를 해결해주십니다. 그것도 곡식이나 풀뿐만 아니라 육류까지도 다 해결해주셨습니다. 그런데 하나님은 그것들을 보관하거나 저장하지 못하게 하셨습니다. 그저 매일매일, 하루하루 충분히 먹을 수 있도록 공급해주십니다. 만나는 매일 아침에 거두게 하시되 꼭 정해진 양만큼만 거두게 하시는데 안식일에는 아무 것도 주지 않으시고 전 날에 두 배로 거두게 하십니다. 이 말씀을 의심하고 욕심을 부리는 사람이 평일에 더 많이 거두었지만 다 썩어버렸고 어떤 사람은 안식일에 만나를 거두러 나갔지만 아무것도 없었습니다. 저장하거나 보관하지 못하게 하시는 것은 광야에서 부의 축적이 시작되면 공동체가 훼손되는 의미와 함께 매일매일 하나님과의 교류를 통하여 친밀한 관계를 유지하기 위함인 목적이 클 것입니다.

우리가 매일매일 같은 일이 반복되면 싫증이 나고 때로는 짜증이 날 때도 있습니다. 하지만 매일같이 세 끼씩 정해놓고 음식을 취한다는 사실을 생각하면 매일매일의 양식이 너무나도 귀하다는 사실을 생각해야 합니다. 하나님의 은혜가 꼭 이와 같습니다. 음식을 한두 끼 안 먹으면 배가 몹시 고픈 것처럼 하나님의 말씀을 매일같이 취하지 않으면 영적 기근이 온다는 사실을 생각해야 합니다. 하나님은 매일 비슷한 말씀 같아도 전부 다른 은혜를 부어주십니다. 매일매일 일정하게 은혜가 주어지고 있어서 변화가 없을 것 같지만 사실은 이스라엘은 가나안 땅으로 조금씩 나아가고 있습니다. 매일매일의 은혜 가운데 어느덧 가나안 땅이 눈앞에 그 모습을 드러낼 것입니다. 우리의 신앙생활이 날마다의 은혜로 넘쳐야 하겠습니다.

"우리에게 날마다 일용할 양식을 주시옵고 우리가 우리에게 죄 지은 모든 사람을 용서하오니 우리 죄도 사하여 주시옵고 우리를 시험에 들게 하지 마시옵소서 하라"(눅 11:3~4)

적용하기 : 당신은 날마다 하나님의 은혜를 얼마나 공급받고 있습니까? 어떻게 하면 날마다 은혜를 받을 수 있겠습니까?

하나님의 마음

하나님은 매일매일 만나를 주심으로써 백성들과 교제하기를 원하십니다. 당신
은 하나님을 얼마나 사모합니까?

오늘 받은 은혜

전체적으로 당신이 받은 은혜와 느낌을 기록해보십시오.

실천을 위한 도전 (기도하여 성령님의 인도하심을 받으십시오.)

만나를 항아리에 담아 간수하라고 하셨습니다. 당신이 꼭 집어넣어야 할 당신
의 만나 한 가지만 생각해보십시오.

17
물 부족과 적의 공격
출애굽기 17:1~16

본문 개론

르비딤에서 마실 물이 떨어지자 백성들은 또다시 모세를 원망하여 다툼을 벌입니다. 모세는 지팡이로 반석을 쳐서 물을 얻게 합니다. 그렇다고 하나님의 지시 없이 임의대로 반석을 쳐서는 물이 나올 수 없습니다. 이것을 성경은 백성들이 여호와를 시험했다고 기록하고 있습니다. 이 호렙산은 하나님께서 언약으로 계시하실 곳입니다. 극명하게 대조되는 것 같습니다. 한편 하나님은 아말렉 족속의 기습에 대하여 또다시 지팡이를 잡으라고 하십니다. 지팡이는 홍해를 가르거나 물을 내는 데에만 사용되는 것이 아닙니다. 적을 죽여야 하는 전쟁에서도 위력을 발합니다. 이스라엘의 승리는 군사적인 활동이지만 군사적인 전략보다는 중보기도와 하나님의 섭리가 더 중요합니다. 하나님은 아말렉에 대하여 대대로 싸우리라고 선언하십니다. 그들은 에서의 손자의 후예들인데 이스라엘의 피곤함을 이용하여 공격했고 낙오자들을 무자비하게 쳤기 때문이었습니다(신 25:17~18). 한편 여호수아는 직접 전투를 벌이는 과정에서 산 위의 상황을 정확하게 모를 수도 있습니다. 그래서 여호수아에게 전하라고 하십니다.

본문 구성

목마른 백성들이 원망하다.   (1~3)
모세가 반석을 쳐서 물을 내다.   (4~7)
아말렉과 전투를 벌여 승리하다.   (8~14)
단을 쌓고 여호와 닛시라고 부르다.   (15~16)

본문 적용

200여 만 명의 백성들과 그보다 훨씬 더 많은 가축들을 몰고 광야를 행진하는 백성들의 입장에서 마실 물이 떨어진다는 것은 거의 죽음을 의미한다고 할 수 있습니다. 어디 빌릴 데도 없고 구입하거나 훔쳐올 데도 없습니다. 분명히 원망할 수 있는 상황입니다. 게다가 아말렉이 쳐들어온 것도 아마도 물 때문이 아니었나 싶습니다. 그들에게도 물은 생명과 직결되는 것이기 때문입니다. 단순히 이스라엘 백성들의 광야 분투기가 아닙니다. 오늘 우리의 현실도 이와 똑같습니다. 그래서 하나님이 필요한 것이고 하나님을 믿어야 하는 것입니다. 식량은 하나님께서 조금도 부족하지 않게 책임져 주고 계십니다. 물도 채워주십니다. 그리스도인들에게는 바로 이 믿음이 필요합니다. 그것을 믿고 나아가야 할 길을 걸어가야 하겠습니다.

❶ 기적도 소용없다.

핵심구절 : "거기서 백성이 목이 말라 물을 찾으매 그들이 모세에게 대하여 원망하여 이르되 당신이 어찌하여 우리를 애굽에서 인도해 내어서 우리와 우리 자녀와 우리 가축이 목말라 죽게 하느냐 모세가 여호와께 부르짖어 이르되 내가 이 백성에게 어떻게 하리이까 그들이 조금 있으면 내게 돌을 던지겠나이다"(출 17:3~4)

우리의 신앙은 주로 무엇을 통해서 자랄까요? 성경지식이나 전통이나 예전과 교제를 통해 자랄 것입니다. 그리고 핵심적으로는 체험을 통해서 지식이 아니라 살아계신 하나님과의 관계가 자랄 것입니다. 신앙성장은 관계의 성장입니다. 체험은 기적적인 큰 체험만을 말하는 것은 아닙니다. 작고 소소한 신앙경험이 차곡차곡 쌓이면서 서서히 자랄 것입니다. 물론 어떤 특별한 체험은 신앙관을 바꾸게 하고 전혀 다른 신앙의 길을 걷게도 합니다. 그러나 사람들은 단순히 체험만으로 변화되지는 않습니다. 이스라엘 백성들은 연속적인 큰 체험, 보통의 신앙인들이라면 일생에 한 번도 경험하기 힘든 그런 체험을 반복하고 있습니다. 그런데도 그들은 조금도 변화되지 못하는 것 같습니다. 오죽하면 하나님께서 20세 이상의 남자들을 가나안에 도착하기 전에 광야에서 다 죽게 만드시겠습니까?

신앙체험이 사람을 변화시키고 하나님과의 관계를 자라게 하지만, 체험을 체험되게 만드는 요소들이 있습니다. 백성들이 그런 큰 체험에도 불구하고 계속해서 시험에 들고 원망하는 것은 우선 그들이 목표를 안락, 편안에 두고 있기 때문입니다. 그들은 말로는 가나안을 향하여 가고 있다고 하지만 사실은 애굽으로 다시 돌아가고 싶은 것이었습니다. 물리적인 장소(애굽)가 아니라 먹고 사는 데 지장이 없는 상황, 바로 세상입니다. 세상이 추구하는 것을 그대로 추구하고 있으면 그 어떤 체험도 그냥 신기한 일일 뿐입니다. 백성들은 하나님의 직접적인 인도를 따라 가는 길입니다. 그런데도 목표가 다르니까 아무 소용도 없습니다. 교회에 다니지만 목표는 세상인 성도들과 똑같습니다. 진정한 복음적 목표를 따라가는 의식을 가지지 못하면 실패할 수밖에 없습니다. 의식은 마치 감정이나 본능과도 같은 것이기 때문입니다.

"형제들아 나는 아직 내가 잡은 줄로 여기지 아니하고 오직 한 일 즉 뒤에 있는 것은 잊어버리고 앞에 있는 것을 잡으려고 푯대를 향하여 그리스도 예수 안에서 하나님이 위에서 부르신 부름의 상을 위하여 달려가노라" (빌 3:13~14)

적용하기 : 당신은 진짜로 무엇을 목표로 신앙생활을 하고 있습니까? 주님이라고 부르지만 사실은 세상을 향하고 있지 않습니까?

❷ 내 실력은 팔 힘뿐

핵심구절 : "여호수아가 모세의 말대로 행하여 아말렉과 싸우고 모세와 아론과 훌은 산꼭대기에 올라가서 모세가 손을 들면 이스라엘이 이기고 손을 내리면 아말렉이 이기더니 모세의 팔이 피곤하매 그들이 돌을 가져다가 모세의 아래에 놓아 그가 그 위에 앉게 하고 아론과 훌이 한 사람은 이쪽에서, 한 사람은

저쪽에서 모세의 손을 붙들어 올렸더니 그 손이 해가 지도록 내려오지 아니한 지라"(출 17:10∼12)

　모두가 알듯이 출애굽한 이스라엘의 첫 번째 전쟁이자 여호수아의 첫 전쟁이었습니다. 여호수아는 믿음이 강한 사람이었습니다. 모세가 지팡이를 잡고 산꼭대기에 서서 손을 들리라는 것을 알고 담대하게 전투를 벌였습니다. 그 전투는 이스라엘과 여호수아의 실력 때문에 승리한 것이 아니었습니다. 하나님의 능력으로 이긴 것이고 직접 싸운 사람은 여호수아였지만 그 싸움에 이길 수 있도록 만든 모세는 단지 자기 팔만 하나님께 빌려드렸을 뿐입니다. 그러나 산꼭대기의 상황을 자세하게 알지 못했던 여호수아에게 하나님은 책에 기록하고 여호수아의 귀에 외워 들려주라고 하신 것입니다. 전쟁은 하나님께 속한 것이라는 사실을 의식 속에 새기라고 하신 것입니다. 출애굽한 백성들이 참으로 힘든 역경을 헤쳐 나갈 수 있었던 것은 전적으로 하나님의 인도하심과 능력과 은혜였던 것입니다. 이스라엘의 실력은 모세의 팔뿐이었습니다.

　이후로 여호수아는 모든 전투에 출정해서 모든 적을 이겼습니다. 그야말로 백전백패의 용장이 되었습니다. 그리고 40여년 후에 이스라엘의 지도자가 되었습니다. 그리고 여리고성을 점령한 후에 아이성으로 쳐들어갔습니다. 아이성은 작은 성입니다. 그래서 얕잡아보고 삼천 명의 군사만 보냈는데 크게 패배하고 쫓겨 내려왔습니다. 처음으로 전쟁에서 패배한 여호수아는 엄청난 충격에 빠졌습니다(수 7:6). 여호수아는 하나님께 묻지 않고 아이성을 공격했던 것입니다. 패배의 원인은 아간이 여리고성에서 외투를 훔쳤기 때문이지만, 근본적인 원인은 하나님을 의지하지 않고 쉽게 결론을 내렸기 때문입니다. 그리스도인은 하나님을 의지하지 않으면 아무것도 아닙니다. 설사 자기 힘으로 승리했더라도 그것은 하나님과는 아무런 관계도 없는 것입니다. 우리가 가진 것은 양쪽 팔밖에는 없습니다.

> "그러나 내가 나 된 것은 하나님의 은혜로 된 것이니 내게 주신 그의 은혜가 헛되지 아니하여 내가 모든 사도보다 더 많이 수고하였으나 내가 한 것이 아니요 오직 나와 함께 하신 하나님의 은혜로라"(고전 15:10)

적용하기 : 당신은 다른 사람들에 비해 뛰어난 부분을 가지고 있습니까? 그런 장점을 사용하면서 얼마나 하나님께 감사합니까?

하나님의 마음

하나님은 우리가 온전한 믿음으로 승승장구하기를 원하시는 것이 아닙니다.
그러면 하나님께서 우리에게 진짜로 원하시는 것은 무엇일까요?

오늘 받은 은혜

전체적으로 당신이 받은 은혜와 느낌을 기록해보십시오.

실천을 위한 도전 (기도하여 성령님의 인도하심을 받으십시오.)

하나님을 순수하게 사랑하고 의지하기 위해서 사람들의 평가에 반대될 수도
있는 한 가지 실천 사항을 생각해보십시오.

18
이드로의 현명한 조언

출애굽기 18:1~27

본문 개론

본장의 주인공은 모세의 장인이자 이방인 제사장인 이드로입니다. 아마도 아브라함이 롯을 구해왔을 때의 멜기세덱처럼 중요한 지위를 차지합니다. 왜냐하면 율법의 수여자인 모세를 가르치고 이스라엘의 통치제도를 일부 제시한 사람이기 때문입니다. 더구나 그는 하나님을 경외하는 모습을 보였는데 제도를 제안하고 하나님께서 허락하시면 시행하라는 단서를 붙입니다. 우리는 모세의 일상생활의 단면을 엿볼 수 있는데 아마도 백성들을 재판하느라고 많이 지쳤을 것이고 백성들도 많이 불편했을 것입니다. 중요한 것은 모세가 임의대로 재판하는 것이 아니라 하나님의 율례와 법도를 따라 재판하면서 그것을 알게 했다는 점입니다. 그렇게 하여 모세가 중간 지도자들을 앞세워서 모두에게 불편함이 없도록 지도력을 발휘했습니다. 아직 이스라엘에는 제사장 제도가 없는데 이드로는 아마도 유일신 신앙을 받아들인 것이 아닌가 생각됩니다. 하나님도 허락하신 것 같습니다.

본문 구성

장인 이드로가 모세에게 오다.   (1~5)

여호와를 찬양하고 제물을 드리다.   (6~12)

이드로가 재판하는 모세에게 조언하다.   (13~23)

모세가 천부장과 백부장 등을 세우다.   (24~27)

본문 적용

우리는 본장에서 펼쳐지는 리더십에 대해서 관심을 가질 수 있을 것입니다. 모세는 하나님과 직접적인 대화를 나눌 정도로 권위가 있는 사람이었지만 그 모세조차도 그의 장인에 대해서는 예를 다하는 모습을 볼 수 있고, 또 이드로는 자기의 경험이나 견해를 모세에게 이야기함으로써 백성들을 인도하는 데 반드시 필요한 제도를 제시하였고 하나님께 기도함으로써 허가를 받아 천부장과 백부장, 오십부장, 십부장의 제도를 실행하기에 이릅니다. 더구나 모세는 하나님의 율례와 법도를 가르치는 사람입니다. 그럼에도 자기의 권위를 여러 지도자에게 나누어줌으로써 백성들의 삶에 불편함이 없이 원활하게 돌아가도록 돕는 모습을 보여줍니다. 오늘날 교회가 이런 모습의 구조를 염두에 두고 그리스도의 말씀이 모든 성도들에게 고루고루 돌아가도록 하는 일에 관해서 고민해야 할 것입니다.

❶ 이방 제사장의 사위

핵심구절 : "모세의 장인이며 미디안 제사장인 이드로가 하나님이 모세에게와 자기 백성 이스라엘에게 하신 일 곧 여호와께서 이스라엘을 애굽에서 인도하여 내신 모든 일을 들으니라 … 이드로가 여호와께서 이스라엘에게 큰 은혜를 베푸사 애굽 사람의 손에서 구원하심을 기뻐하여 이드로가 이르되 여호와를 찬송하리로다 너희를 애굽 사람의 손에서와 바로의 손에서 건져내시고 백성을 애굽 사람의 손 아래에서 건지셨도다 이제 내가 알았도다 여호와는 모든 신보다 크시므로 이스라엘에게 교만하게 행하는 그들을 이기셨도다 하고"(출 18:1, 9~11)

하나님은 우상을 섬기는 이방 제사장을 어떻게 생각하실까요? 모세는 미디안 제사장 이드로의 사위입니다. 모세와 같은 위대한 인물을 하나님은 왜 이방 제사장의 사위가 되도록 만드셨을까요? 그는 이드로의 사위로서 그 딸인 십보라와 결혼하여 무려 40년 동안 미디안 땅에서 양치기로 살았습니다. 아무리 율법이 없고 아직 민족의 정체성이 확립되지 않은 시대라고 해도 우상에게 제사하는 제사장에게 삶을 의지한다는 것은 어딘가 맞지 않는 것 같습니다. 모세가 40년 동안 장인이 제사할 때 곁에서 아무런 역할도 하지 않고 오직 여호와만 섬겼을까요? 중요한 것은 모세의 신앙입니다. 모세가 앞으로 여호와만을 섬기고 여호와만 의지하여 출애굽을 인도해야 할 사람인데 이방인 가정 중에서도 제사장 가정에서 살았다는 것은 이해하기 어려운 부분이 있습니다. 더구나 본문에 보니까 이드로가 제안하는 지혜를 모세가 그대로 따르는 것을 볼 수 있습니다.

우리가 하나님의 뜻을 정확하게 알 수 있는 것은 아니지만 모세를 찾아온 이드로가 모든 과정을 상세하게 듣고는 하나님을 찬양하는 구절이 나옵니다. 이드로 왈, "여호와는 모든 신보다 크도다!"라고 외쳤습니다. 하나님은 이드로로부터, 우상에게 제사하는 이방인 제사장으로부터 찬양과 영광을 받으셨습니다. 물론 이것만을 위하여 하나님께서 40년을 기다리신 것은 아닙니다. 이드로는 어쨌든 40년 동안 모세의 보호자 역할을 감당했습니다. 하나님은 이방인 제사장이라도 하나님의 사람을 위하여 사용하실 때가 있습니다. 어떤 경우에라도 하나님의 섭리를 기다려야 합니다. 하필 이방인 제사장의 사위의 말을 들어야 하느냐고 할 필요가 없습니다. 다만 그런 모든 환경 속에서도 자기정체성만큼은 잃지 않아야 할 것입니다.

"이방인들도 그 긍휼하심으로 말미암아 하나님께 영광을 돌리게 하려 하심이라 기록된 바 그러므로 내가 열방 중에서 주께 감사하고 주의 이름을 찬송하리로다 함과 같으니라"(롬 15:9)

> **적용하기** : 혹시 무속인이나 타종교인으로부터 도움을 받은 적이 있습니까? 그들이 하나님을 높이고 하나님을 인정했습니까?

❷ 하나님의 지혜, 사람의 지혜

핵심구절 : "이에 모세가 자기 장인의 말을 듣고 그 모든 말대로 하여 모세가 이스라엘 무리 중에서 능력 있는 사람들을 택하여 그들을 백성의 우두머리 곧

천부장과 백부장과 오십부장과 십부장을 삼으매 그들이 때를 따라 백성을 재판하되 어려운 일은 모세에게 가져오고 모든 작은 일은 스스로 재판하더라"
(출 18:24~26)

하나님은 때때로 아주 명확하게 지시를 내리실 때가 있습니다. 은사가 있는 사람들은 하나님의 음성(육성은 아니지만)을 자주 듣는다고 하지만, 그렇다고 예를 들어 넥타이를 고를 때에도 성령님께서 지시를 하시는 것은 아닙니다. 사람에 따라 다양하게 하나님의 뜻이 나타나지만 특별한 경우가 아니라면 나머지는 우리 자신이 선택하고 결정해야 합니다. 물론 그 결정에는 당연히 책임이 따라옵니다. 선택은 자신의 믿음의 방향이나 상황에 따라 다양하게 할 수 있습니다만, 믿음 안에서 하는 것이라면 어느 것이나 가능합니다. 가령 예를 들어 하와가 선악열매를 따먹은 것은 어디까지나 자유입니다. 비록 선악열매만큼은 먹지 말라고 지시하셨지만 그럼에도 불구하고 그것을 먹는 것은 사람이 결정하는 것입니다. 인간을 향한 하나님의 전체적인 뜻은 정해져 있지만 그런 모든 것들은 인간이 하기에 따라 얼마든지 결과가 달라질 수 있는 것입니다.

모세는 하나님의 음성을 직접 듣고 지시를 받고 믿음으로 모든 것을 이겨나가는 사람입니다. 당시 최강대국인 애굽의 바로에게 맞서 치명타를 입히고 백성들을 이끌고 탈출한 위대한 인물입니다. 그런데 백성들을 재판하고 지도하는 일에는 왜 하나님께서 지시를 하지 않으셨을까요? 그리고 우상을 섬기는 제사장이 주는 충고를 듣게 만드셨을까요? 설마 하나님께서 그런 지혜가 없으셨던 것일까요? 물론 아닙니다. 그러나 하나님은 모세로 하여금 미디안 제사장 이드로의 충고를 듣게 만드셨습니다. 이드로가 오히려 그런 지혜를 주면서 '하나님께서도 네게 허락하시면'이라는 단서를

달았습니다(18:23). 물론 모세가 하나님께 이 일을 여쭈어보았을 것
이라고 짐작합니다만, 결국 모세는 이드로의 지혜를 따라 천부장,
백부장, 오십부장, 십부장들을 세워 백성들을 재판하기 시작합니
다. 우리 그리스도인들도 그런 차원에서 너무 율법적으로 매이지
말고 말씀 안에서 자유를 누릴 수 있어야 하겠습니다. 자유로 섬기
는 것입니다.

"형제들아 너희가 자유를 위하여 부르심을 입었으나 그러나 그 자유로 육
체의 기회를 삼지 말고 오직 사랑으로 서로 종 노릇 하라"(갈 5:13)

적용하기 : 당신은 하나님께 묻기 전에 먼저 세상의 지혜를 구하지 않
습니까? 그랬다가 실패한 경험이 있습니까?

하나님의 마음

하나님은 그리스도인들이 자유를 누리기를 원하십니다. 다만 그 자유는 하나님 안에서의 자유입니다. 당신은 하나님 밖으로 자유롭게 나간 적이 있었습니까? 어땠습니까?

오늘 받은 은혜

전체적으로 당신이 받은 은혜와 느낌을 기록해보십시오.

실천을 위한 도전 (기도하여 성령님의 인도하심을 받으십시오.)

무속인들과 같은 우상숭배자라도 복음 안에서 교류할 수는 있습니다. 당신이 알고 있는 우상숭배자에게 그리스도인으로서 할 수 있는 한 가지 일을 해 보십시오.

19
시내산에서 하나님을 만나다

출애굽기 19:1~25

본문 개론

이제부터 시내산 아래에서의 생활은 출애굽 2년 2월 20일까지 이어집니다(민 10:11). 즉, 출애굽기의 나머지 부분과 레위기와 민수기 10장까지가 이곳에서 전개되는 것입니다. 이 사건으로 출애굽기는 양분되는데, 특히 본 시내산 언약은 하나님의 영광이 가장 극명하게 드러나는 사건입니다. 먼저 하나님은 모세를 통하여 이스라엘을 제사장의 나라요 거룩한 백성으로 삼겠다고 하시는데 이것은 온 세상의 영적 지도자로 삼겠다는 말씀입니다. 후에 이스라엘은 불순종함으로써 제사장 나라로서의 특권을 상실했다는 사실을 우리는 알고 있습니다. 그리고 하나님은 계명을 내리시기 전에 특히 백성들의 정결을 요구하시는데, 하나님과 교제하기 위해서는 먼저 죄를 깨끗하게 해야 하기 때문입니다. 구약에서는 행동 속에 마음이 들어있는 것으로 간주하는 경우가 많습니다. 그래서 외모의 성결을 통하여 내면의 성결에 이르기를 원하시는 것입니다. 그렇게 하여 하나님과의 교제가 시작됩니다.

본문 구성

모세가 하나님의 언약을 받다.	(1~6)
백성들이 순종하겠다고 응답하다.	(7~8)
셋째 날에 성결할 것을 명하시다.	(9~15)
하나님께서 시내산에 강림하시다.	(16~20)
백성들의 제한사항을 지시하시다.	(21~25)

본문 적용

하나님의 율법은 대개 쌍방 간의 상호계약이 아니라 하나님의 일방적인 선포일 때가 많습니다. 물론 백성들이 거기에 순종하겠다고 동의할 경우에 계약이 성립됩니다만, 이렇게 하실 수밖에 없는 이유는 언제 어디에서 어떤 경우에도 하나님께서 주권자이시기 때문입니다. 사람의 생명과 축복은 전적으로 하나님께 달려있습니다. 육체적으로 눈앞의 것만 생각하는 것이 인간이지만 모든 것이 하나님의 사랑과 은혜 덕분이라는 사실을 깨달은 사람이라면 당연히 하나님의 말씀에 순종합니다. 그런데 순종할 때 사람에게 손해가 오는가 하면 결코 그렇지가 않습니다. 마치 사람이 손해를 보면서 순종해야 하는 것으로 착각하는 경우가 있지만 그것이 영원한 구원과 직결되는 것을 안다면 기꺼이 충성할 것입니다. 오늘날에는 그것이 그리스도의 십자가 은혜로써 우리들에게 성취되었습니다. 축복의 원리는 항상 동일합니다.

❶ 지금 이곳이 시내산이다.

핵심구절 : "셋째 날 아침에 우레와 번개와 빽빽한 구름이 산 위에 있고 나팔 소리가 매우 크게 들리니 진중에 있는 모든 백성이 다 떨더라 모세가 하나님을 맞으려고 백성을 거느리고 진에서 나오매 그들이 산기슭에 서 있는데 시내산에 연기가 자욱하니 여호와께서 불 가운데서 거기 강림하심이라 그 연기가 옹기 가마 연기 같이 떠오르고 온 산이 크게 진동하며 나팔 소리가 점점 커질 때에 모세가 말한즉 하나님이 음성으로 대답하시더라"(출 19:16~19)

하나님은 시내산에 도착했을 때 모세에게 나타나셨습니다. 특정한 시간에 특정한 장소에서 하나님은 말씀하셨습니다. 이것은 하나님의 인간구원계획의 일부였습니다. 이스라엘을 통하여 세상에 구원을 이루시려는 하나님의 계획이었기 때문에 특정한 장소가 필요했던 것입니다. 그리고 특정한 시간이 필요했는데 그것은 하나님의 말씀을 받을 사람들의 상태가 적절해야 하기 때문입니다. 이러한 두 가지 요소 때문에 하나님은 시내산을 택하셨고, 그 동안 백성들을 인도해오던 구름기둥이 아니라 빽빽한 구름으로 온산을 다 덮으셨던 것입니다. 이처럼 어떤 장소에 하나님이 나타나시는 것은 구약에서는 당연한 일로, 성막이나 성전의 개념도 마찬가지입니다. 그렇다고 해서 하나님께서 그곳에만 계시는 것은 물론 아니지만 백성들을 공식적으로 만나주시는 장소가 따로 있었다는 이야기입니다.

그렇다면 오늘날에는 어떨까요? 오늘날에도 하나님께서 특별히 나타나 주시는 특별한 장소가 있을까요? 이단들은 자기들이 정해 놓은 곳으로 예수님이 재림하실 것이라고 주장합니다만, 그런 주장 자체가 스스로 이단이라는 것을 증명하는 것입니다. 지금 하나님은 특별한 장소가 아니라 특별한 사람들, 곧 예수님을 구주로 영접하고 거듭난 하나님의 백성들 안에 항상 거하십니다. 만약에 교회에서는 거룩하게 열정적으로 예배드리고 섬기는데 세상의 삶 속에서는 세상 사람들과 똑같은 목적과 방식으로 산다면 그 사람은 잘못된 그리스도인일 가능성이 높습니다. 교회와 세상의 그릇된 구별이 오늘날 기독교의 분리를 가져왔습니다. 교회에서나 세상에서나 하나님은 하나님이십니다. 우리는 언제나 하나님 앞에 사는 사람들입니다.

"너희 몸은 너희가 하나님께로부터 받은 바 너희 가운데 계신 성령의 전인 줄을 알지 못하느냐 너희는 너희 자신의 것이 아니라 값으로 산 것이 되었으니 그런즉 너희 몸으로 하나님께 영광을 돌리라"(고전 6:19~20)

적용하기 : 당신에게 있어서 시내산은 어디입니까? 교회입니까, 기도원입니까? 아니면 당신의 사무실입니까, 일터입니까?

❷ 거룩성과 진실성

핵심구절 : "여호와께서 모세에게 이르시되 내려가서 백성을 경고하라 백성이 밀고 들어와 나 여호와에게로 와서 보려고 하다가 많이 죽을까 하노라 또 여호와에게 가까이 하는 제사장들에게 그 몸을 성결히 하게 하라 나 여호와가 그들을 칠까 하노라 … 여호와께서 그에게 이르시되 가라 너는 내려가서 아론과 함께 올라오고 제사장들과 백성에게는 경계를 넘어 나 여호와에게로 올라오지

못하게 하라 내가 그들을 칠까 하노라"(출 19:21~22, 24)

하나님 앞이 죽음의 경계선인 것을 아십니까? 아니, 뭐라고요? 하나님은 언제나 사랑과 은혜로써 우리를 지켜주시는 분이신데요? 맞습니다. 그런데 어떻게 죽음의 경계선이 될 수 있습니까? 네, 본문에 나옵니다. 하나님 앞인데도 불구하고 죽을 수도 있는 경우가 두 가지로 나오는데, 몸을 성결케 하지 못한 사람과 여호와를 보려고 하는 사람입니다. 거룩성과 진실성입니다. 물론 특정한 상황에서 내려주신 하나님의 말씀이지만, 이것이 일반론이 될 수 있다는 사실을 알아야 합니다. 그 예를 바리새인들에게서 찾을 수 있습니다. 바리새인들은 늘 하나님 앞에 서 있는 사람들이었습니다. 그런데 그들은 구원자 예수님을 만나고서도 전혀 알아보지 못했습니다. 결국 그들은 멸망의 길을 택했습니다. 하나님의 말씀을 자기들 입맛대로 가르침으로써 멸망을 당했습니다. 하나님 앞에 거룩성도 지키지 못했고 진실성도 지키지 못했기 때문이었습니다.

오늘 우리는 어떻습니까? 우리는 하나님 앞에서 사는 사람들인데 마치 하나님 없는 사람들처럼 살 때가 자주 있습니다. 신실한 그리스도인이어도 그렇습니다. 단순히 그럴 때 징계하시는 것이 아니라 그런 행위가 쌓이면 불신이 되고 멸망한다는 말입니다. 물론 오늘날에는 직접적인 육체의 죽음으로 나타나지는 않습니다. 그러나 우리가 하나님 앞에서 거룩성과 진실성을 지키지 못한다면 우리의 영혼은 분명히 심판으로 귀결될 것입니다. 하나님은 사랑의 하나님이신 동시에 공의의 하나님이십니다. 이 두 가지 모순되는 성품을 예수님의 대속의 사랑으로 메우셨습니다. 그것이 우리의 구원입니다. 그것을 우리의 거룩성과 진실성 안에 담아야 합니다. 그렇지 못하고 종교적 위선과 인간관계의 위선이 우리를 지배하게 되면 우리가 바로 모세의 자리에 앉아있는 사람이 되는 것이고 예수님의 마음이 빠진 껍데기 구원 속에 잠기게 되는 것입니다.

> "서기관들과 바리새인들이 모세의 자리에 앉았으니 그러므로 무엇이든지 그들이 말하는 바는 행하고 지키되 그들이 하는 행위는 본받지 말라 그들은 말만 하고 행하지 아니하며"(마 23:2~3)

적용하기 : 당신은 하나님 앞과 사람 앞에 얼마나 진실하다고 생각합니까? 외식하는 부분이 있다면 기록해보십시오.

하나님의 마음

하나님은 백성들이 하나님께 순종하고 가나안 땅까지 가서 하나님의 나라를 이루기를 원하십니다. 당신에게 있어서 가나안 땅은 무엇이며 하나님은 어떤 말씀을 주시겠습니까?

오늘 받은 은혜

전체적으로 당신이 받은 은혜와 느낌을 기록해보십시오.

실천을 위한 도전 (기도하여 성령님의 인도하심을 받으십시오.)

하나님 앞에서의 거룩성과 진실성 가운데 당신에게 부족한 것은 무엇입니까? 그 부족한 점을 메우기 위한 한 가지 실천 사항을 생각하고 행해보십시오.

본문 개론

십계명은 모세의 계시의 심장입니다. 하나님은 십계명 이후에 곧바로 70여개의 계명을 주시는데 그것은 십계명의 주석과도 같은 것입니다. 십계명이 헌법이라면 나머지 다른 계명들은 법률에 해당된다고 할 수 있습니다. 계명을 지켜야 하는 이유는 하나님께서 사람을 먼저 사랑하시고 구원해주셨기 때문입니다. 그래서 구약의 유대교도 은혜종교이지 보상종교가 아닌 것입니다. 이스라엘은 후에 이것을 보상주의로 잘못 해석함으로써 그릇된 길로 갔고 결국 멸망했던 것입니다. 우상숭배는 보이지 않으시는 영이신 하나님을 보이는 피조물로 만들어서 섬기는 것이므로 그것은 하나님과 원수되는 행위입니다. 마지막 부분에서 제단을 말씀하시는 이유는 하나님을 공경할 때에는 제단이 먼저이기 때문입니다. 성전도 필요할 때가 오지만 제단 없는 성전은 성전이 아닌 것입니다. 하나님께서 그 제단을 인위적으로나 과대하게 꾸미는 것을 금하시는 것은 창조하신 그대로가 하나님의 권위를 그대로 나타내는 것이기 때문입니다.

본문 구성

하나님께서 십계명을 말씀하시다.   (1~17)

백성들이 두려워서 떨다.   (18~21)

제단에 관한 법을 말씀하시다.   (22~26)

본문 적용

보통은 1~4계명을 하나님께 대한 계명으로, 5~10계명은 이웃에 대한 계명으로 보지만, 5계명을 첫 번째 그룹에 넣기도 하는데 그것은 부모는 생명의 원천이요 하나님의 권위를 비추는 거울로서 하나님께서 신성함을 부모에게 부여해주셨기 때문이라고 합니다. 십계명이 하나님께 대한 계명으로부터 시작하는 것은 사람과 사람 사이의 이웃관계는 사람이 하나님을 어떤 태도로 대하는가에 따라 결정되기 때문입니다. 따라서 믿음은 이웃과의 관계에서 완성되어야 하는 것입니다. 한편 제9계명까지는 겉으로 드러나는 행동에 중점을 두지만 제10계명은 마음의 태도를 말씀하심으로써 하나님은 사람의 마음을 보신다는 사실을 말해주고 있습니다.

❶ 하나님의 질투에서 벗어나자.

핵심구절 : "그것들에게 절하지 말며 그것들을 섬기지 말라 나 네 하나님 여호와는 질투하는 하나님인즉 나를 미워하는 자의 죄를 갚되 아버지로부터 아들에게로 삼사 대까지 이르게 하거니와 나를 사랑하고 내 계명을 지키는 자에게는 천 대까지 은혜를 베푸느니라"(출 20:5~6)

십계명은 이드로의 조언에 따라 세워진 이스라엘 백성들이 지켜야 할 율례와 법도(출 18:20)라고 할 수 있습니다. 따라서 십계명을 따라 세분화하여 규례를 정하고 천부장과 백부장과 오십부장과 십부장이 백성들을 재판할 수 있도록 만들어진 하나님의 명령입니다. 십계명은 하나님께 대한 계명과 사람에 대한 계명으로 나눌 수 있습니다. 그 중에서 하나님께 대한 계명의 특징을 한 마디로 말하면 하나님은 질투하시는 분이시라는 것입니다. 왜 하나님은 이 '질투'라는 용어를 사용하셨을까요? 가장 쉽게 생각할 수 있는 것은 질투라는 단어가 남녀관계에서 주로 사용된다는 점입니다. 하나님과 하나님이 백성들 간의 관계를 가장 정확하게 표현하는 것은 신랑과 신부의 관계입니다. 이때 누구든 다른 이성에게 한눈을 판다면 질투는 당연한 감정일 것입니다. 하나님은 이것을 지적하신 것입니다. 하나님 외에 다른 신을 섬긴다면 마땅히 질투하셔야 합니다. 만약에 아무렇지도 않으시다면 그분은 우리의 하나님이 아닙니다.

십계명의 1~4계명은 모두 이 질투하시는 하나님을 묘사하고 있습니다. 물론 하나님의 명령입니다. 너는 나 외에는 다른 신을 있게 말지니라(1계명), 너를 위해 새긴 우상을 만들지 말고 섬기지 말라(2계명), 너의 하나님 여호와의 이름을 명령되지 일컫지 말라(3계명), 그리고 하나님께서 복되다고 하신 안식일을 거룩하게 지키라(4계명)는 모두가 하나님을 질투하시게 만들지 말라는 말씀입니다. 하나님을 어떻게 하면 잘 믿을 수 있겠습니까? 다른 말로 하면 어떻게 하면 하나님께서 기뻐하시는 삶을 살 수 있겠습니까? 정답은 하나님께서 질투하지 않으시도록 살면 되는 것입니다. 이것은 하나님으로부터 쏟아지는 복을 받는 최소한의 원리입니다. 내가 선택할 때 하나님께서 질투하실까를 깊이 생각하면서 살아야 하겠습니다.

"다 같은 신령한 음식을 먹으며 다 같은 신령한 음료를 마셨으니 이는 그들을 따르는 신령한 반석으로부터 마셨으매 그 반석은 곧 그리스도시라 그러나 그들의 다수를 하나님이 기뻐하지 아니하셨으므로 그들이 광야에서 멸망을 받았느니라"(고전 10:3~5)

> **적용하기** : 당신은 질투하시는 하나님을 얼마나 생각하면서 신앙생활을 합니까? 질투가 아니라 하나님께서 기뻐하실 일이 무엇인지 생각하여 기록해보십시오.

❷ 공동체 훼손죄

핵심구절 : "네 부모를 공경하라 그리하면 네 하나님 여호와가 네게 준 땅에서 네 생명이 길리라 살인하지 말라 간음하지 말라 도둑질하지 말라 네 이웃에 대하여 거짓 증거하지 말라 네 이웃의 집을 탐내지 말라 네 이웃의 아내나 그의 남종이나 그의 여종이나 그의 소나 그의 나귀나 무릇 네 이웃의 소유를 탐내지 말라"(출 20:12~17)

제5계명부터 10계명까지는 한 문장으로 이어진 것으로 보일 수도 있을 것 같습니다. 물론 하나하나의 계명에 그만한 의미가 담겨있고 또 이 십계명을 기본으로 율법을 주신 것이기 때문에 하나로 묶을 수 있는 것은 아닙니다. 그럼에도 불구하고 이런 말을 하는 것은 사람에 관한 이 계명들은 출애굽 당시의 이스라엘 백성들에게만 주신 말씀이기 때문입니다. 무슨 뜻인가 하면, 이웃에 관한 이 계명들은 이스라엘 공동체에 국한하여 주신 말씀이므로 사실상 하나님의 공동체를 훼손하지 않고 거룩한 최상의 상태를 유지하기 위한 말씀이라는 뜻입니다. 오늘날에는 이웃사랑이라고 하면 대개 하나님을 믿지 않는 이웃을 사랑하는 개념으로 바뀌어 있지만, 성경에 나오는 이웃사랑은 대부분 형제사랑입니다. 물론 십계명의 이웃사랑이 오늘날 불신이웃사랑의 기본적인 원리가 되고 있습니다.

그렇다면 오늘날에는 이것을 어디에 적용해야 하겠습니까? 교회 안의 형제사랑에 적용되어야 합니다. 물론 교회 안에서 도적질하지 말고 살인하지 말고 거짓 증언하지 말고 이웃을 탐내지 말라고 하는 이런 계명들이 적절하지 않은 것처럼 보이지만, 오늘날에는 모든 것을 영적으로 해석할 수 있으며, 우리가 그리스도의 십자가로 구원받은 백성들임을 생각한다면 사랑하지 못하는 것이 곧 살인하는 것이요, 나누어주지 못한 것이 도적질하는 것이요, 복음을 전하지 못하는 것이 거짓 증언하는 것이요, 자기소유 외에 욕심을 부리는 것이 곧 이웃의 집을 탐내는 것이 아니겠습니까? 교회공동체는 바로 사랑을 위해 모이는 곳인데 그것이 빠진다면 온전한 공동체는 되기 어려울 것입니다. 십계명은 교회공동체를 위한 말씀인 것입니다.

"곧 내가 그들 안에 있고 아버지께서 내 안에 계시어 그들로 온전함을 이루어 하나가 되게 하려 함은 아버지께서 나를 보내신 것과 또 나를 사랑하심 같이 그들도 사랑하신 것을 세상으로 알게 하려 함이로소이다" (요 17:23)

적용하기 : 교회 안에서의 형제사랑에 관하여 당신은 얼마나 성경적으로 행동하고 있습니까? 형제사랑에서 부족한 부분이 있습니까?

❸ 과시 욕구는 하나님을 대적한다.

핵심구절 : "너희는 나를 비겨서 은으로나 금으로나 너희를 위하여 신상을 만들지 말고 내게 토단을 쌓고 그 위에 네 양과 소로 네 번제와 화목제를 드리라 내가 내 이름을 기념하게 하는 모든 곳에서 네게 임하여 복을 주리라 네가 내게 돌로 제단을 쌓거든 다듬은 돌로 쌓지 말라 네가 정으로 그것을 쪼면 부정하게 함이니라 너는 층계로 내 제단에 오르지 말라 네 하체가 그 위에서 드러날까 함이니라"(출 20:23~26)

사람들은 하나님께서 무엇인가 큰일을 이루어주실 것을 기대하고 시도하고 진행해나가고 있습니다. 좀 더 큰 단체를 만들고 더 큰 건물을 짓고 더 대단한 조직을 만들고 크고 비대해진 것을 하나님께서 하셨다고 과시하기를 좋아합니다. 그러나 본문에서 하나님은 돌로 제단을 쌓을 때 다듬은 돌로 하지 말라고 말씀하십니다. 왜냐하면 더 멋지고 아름다운 것으로 하나님께 영광을 돌려드리려고 하다가 오히려 하나님은 가려지고 그 멋짐과 아름다움이 관심의 대상이 되어 버리게 되기 때문입니다. 그렇게 본다면 예배당 건물을 지을 때 외관의 화려함이나 내부 인테리어의 고급스러움도 행치 말아야 할 일인 것 같습니다. 그런데 외적인 것들만 자랑하는 모습들을 자주 보게 됩니다. 그렇게 지었다고 해서 하나님께서 더 영광을 받으실까를 생각해보면 단지 인간의 과시욕구만 충족시킬 때가 많습니다.

교회 건물만을 말하는 것이 아닙니다. 사역자와 성도들의 하나님께 대한 마음가짐을 말하는 것입니다. 서구세계에서 얼마나 화려하고 엄청나게 고급스럽게 지은 장엄한 교회 건물들이 지금은 거의 사용되지 못하고 심지어 고급 술집들이나 우상종교의 집합소로 사용되고 있는 현실을 생각하면, 하나님은 전혀 영광 받지 않으셨고 그런 고급 자재들을 오히려 쓰레기로 생각하지 않으셨을까 생각하게 됩니다. 모두가 자기를 과시함으로써 오히려 하나님의 대적자와 같이 될 뿐이었다는 말입니다. 이것은 우리의 모든 신앙생활에 그대로 적용이 되어야 할 중요한 원리입니다. 하나님을 향한 우리의 마음보다 더 중요한 것은 없습니다. 그 어떤 것이라도 하나님께 대한 초점이 흐려지게 만든다면 그것은 우상숭배입니다. 그것은 높은 계단을 올라가면서 보이게 되는 치부와도 같다는 사실을 깊이 인식해야 합니다. 무엇이든 자랑하거나 과시하거나 또는 무시하거나 차별한다면 그 사람은 하나님을 모르는 사람일 가능성이 높습니다.

"여호와께서 이와 같이 말씀하시되 지혜로운 자는 그의 지혜를 자랑하지 말라 용사는 그의 용맹을 자랑하지 말라 부자는 그의 부함을 자랑하지 말라 자랑하는 자는 이것으로 자랑할지니 곧 명철하여 나를 아는 것과 나 여호와는 사랑과 정의와 공의를 땅에 행하는 자인 줄 깨닫는 것이라 나는 이 일을 기뻐하노라 여호와의 말씀이니라(렘 9:23~24)

적용하기 : 당신이 다른 사람보다 더 잘 한 일이 있을 때 어떤 마음이 생깁니까? 어떻게 해야 하나님께 영광이 되겠습니까?

하나님의 마음

하나님은 십계명을 통하여 하나님과 사람, 사람과 사람, 공동체와 하나님의 관계를 거룩하게 만들기를 원하십니다. 당신에게 가장 약한 부분은 무엇이고 왜 그렇습니까?

오늘 받은 은혜

전체적으로 당신이 받은 은혜와 느낌을 기록해보십시오.

실천을 위한 도전 (기도하여 성령님의 인도하심을 받으십시오.)

십계명을 당신의 신앙생활에 대입해보고 당신에게 가장 부족한 부분을 채울 실천사항을 찾아보십시오.

사람을 존중하는 율법

출애굽기 21:1~36

본문 개론

하나님의 율법에는 다른 고대법과 달리 인간에 대한 사랑이 전제됩니다. 그래서 앞장에서 제단(예배)에 관한 규례 바로 다음에 종에 관한 명령이 나오는 것입니다. 이스라엘의 종들은 최대 6년의 강제노역기간이 주어지기 때문에 사실상 노예제도라고 할 수 없습니다. 7년이 일곱 번 돌아오는 50년째에도 희년으로 모든 종과 땅이 해방됩니다. 하나님께서 명하신 모든 법규들은 공의와 자비를 포함하는 것으로서 인류가 사용하는 법률의 참된 원리를 보여줍니다. 이웃을 고의로 죽였다면 제단 곧 예배 중에라도 끌어내려 죽이라고 했습니다(14). 손해배상법에서는 피해자가 상처를 입은 정도와 회복기간까지 고려해야 하고, 지나친 보복을 배제하며, 위험을 예측할 수 있거나 태만해서 사고를 일으킨 경우에는 형벌이 더 무거웠습니다.

본문 구성

남종과 여종에 대한 법규	(1~11)
사형에 처해야 하는 몇 가지 죄악	(12~17)

싸우다가 상대에게 손해를 입힌 경우   (18~27)

소가 사람을 받아 죽게 된 경우   (28~32)

남의 재산에 손해를 끼쳤을 때의 법규   (33~36)

본문 적용

이웃들과 함께 살아야 하는 사람들로서 하나님의 법의 근본정신은 절대로 고의적으로 다른 사람에게 해를 끼쳐서는 안 되는 것은 물론이고, 부주의로 인해서도 타인을 해롭게 해서는 안 된다는 것입니다. 자기는 해를 당하지 않으려고 신경을 쓰면서 이웃들이나 지나가는 사람이 해를 당할 수도 있는 일에 아무 관심도 없다면 우리는 하나님의 백성이 아닐 것입니다. 이것은 하나님께서 율법의 근본정신을 하나님사랑과 이웃사랑으로 제시하시는 것이기 때문입니다. 네 이웃을 네 자신과 같이 사랑하라는 예수님의 말씀은 본래 구약에서 하나님께서 주신 말씀입니다(레 19:18). 우리는 하나님께 예배드리고 찬양 드리고 헌금을 드리는 것을 기독교신앙이라고 생각하는 경향이 있지만 이웃에게 대한 배려가 드러나지 않는다면 진정한 복음은 아닌 것입니다.

❶ 내가 당신이라면

핵심구절 : "만일 상전이 그를 기뻐하지 아니하여 상관하지 아니하면 그를 속량하게 할 것이나 상전이 그 여자를 속인 것이 되었으니 외국인에게는 팔지 못할 것이요 만일 그를 자기 아들에게 주기로 하였으면 그를 딸 같이 대우할 것이요 만일 상전이 다른 여자에게 장가들지라도 그 여자의 음식과 의복과 동침

하는 것은 끊지 말 것이요 그가 이 세 가지를 시행하지 아니하면, 여자는 속전을 내지 않고 거저 나가게 할 것이니라"(출 21:8~11)

십계명 중 사람에 대한 계명을 한마디로 하면 그것은 이웃사랑입니다. 이웃사랑이란 '내가 그 이웃이라면'이라는 전제 위에 출발하는 것입니다. 이웃이란 크게 볼 때 '나' 이외의 모든 사람이라고 정의할 수 있는데, 모든 이웃들 중에서도 부모와 자녀는 가장 가까운 이웃이라고 할 수 있습니다. 구약의 이웃은 이방인이 아니라 동족들, 곧 형제들을 뜻하는 것인데 그렇기 때문에 십계명은 형제사랑, 공동체사랑이라고 할 수 있는 것입니다. 하나님의 거룩한 공동체가 하나님의 뜻대로 움직이도록 지시하신 것이 율법입니다. 그렇다면 공동체사랑, 곧 구약에서의 이웃사랑의 근본적인 원리는 무엇이겠습니까? 그것은 이웃을 자기 자신과 같이 사랑하는 것입니다. 자녀를 향한 부모의 사랑은 자기 자신과 같이 이웃을 사랑하는 일에 가장 근접한 형태의 사랑입니다. 그리고 성경에서 말씀하는 이웃사랑은 예수님께서 우리를 위해 목숨을 내어주신 그 사랑과 같은 사랑입니다. 그렇기 때문에 이웃을 대할 때에는 어떤 문제에서이든지 '내가 그 이웃이라면'이라는 설정이 앞서야 하는 것입니다.

물론 주인이 종으로 바뀌는 일 등은 일어나지 않지만, 입장을 바꿔놓고 생각하는 것을 넘어서 '지금 내가 그 사람이라면'이라는 전제 위에서 상대방을 생각하는 것이 십계명의 근본취지인 것입니다. 모든 사람을 그렇게 생각할 수 있는 것이 아니라 어떤 사람과 문제가 발생했을 때 그런 마음가짐을 서로가 가져야 한다는 말씀입니다. 그것이 주인과 종이든, 서로 매매하는 사이이든, 의도치 못하게 끼치는 손해나 상해의 당사자이든, 남자와 여자이든 모든 경우에 서로가 이런 마음가짐을 가질 것을 요구하시는 것입니다. 하지만 모두가 그럴 수가 없기 때문에 율법을 정하시고 거기에 따라 지혜롭게 문제를 해결하고 공동체를 유지하라고 하시는 것입니다.

"원수를 갚지 말며 동포를 원망하지 말며 네 이웃 사랑하기를 네 자신과 같이 사랑하라 나는 여호와이니라"(레 19:18)

적용하기 : 당신은 사람들과 어떤 문제가 생겼을 때 얼마만큼이나 상대방을 이해하고 배려하려고 노력합니까? 상대방이 당신이 그리스도인인 것을 알 정도로 하려고 노력합니까?

❷ 꼭 그만큼만

핵심구절 : "그러나 다른 해가 있으면 갚되 생명은 생명으로, 눈은 눈으로, 이는 이로, 손은 손으로, 발은 발로, 덴 것은 덴 것으로, 상하게 한 것은 상함으로, 때린 것은 때림으로 갚을지니라 사람이 그 남종의 한 눈이나 여종의 한 눈을 쳐서 상하게 하면 그 눈에 대한 보상으로 그를 놓아 줄 것이며 그 남종의 이나 여종의 이를 쳐서 빠뜨리면 그 이에 대한 보상으로 그를 놓아 줄지니라"(출 21:23~27)

아무리 이웃을 자기 자신과 같이 사랑하려고 해도 피치 못하게 피해를 보상받거나 손해를 메꾸어주어야 할 때가 생길 것입니다.

인생살이에 얼마나 다양하고 복잡한 문제들이 도사리고 있습니까? 어떤 사고이든지 모든 종류의 사고는 이웃사랑과는 관계없이 벌어집니다. 누가 자동차 사고를 만나고 사기당하는 사건을 만나기를 원하겠습니까? 하나님은 이럴 때에도 어떤 원칙을 따라 해결해야 할 것인가를 제시하고 계십니다. 그것이 그 유명한 '눈은 눈으로, 이는 이로'의 원칙입니다. 물론 이 규례는 해를 끼친 그만큼 직접 육체적인 형벌을 가하라는 말씀입니다. 오늘날에는 그런 식으로 형벌을 내리지는 않습니다만 원리적으로는 손해를 끼친 만큼 배상하라는 점에서는 다를 바가 없습니다. 아무튼 구약에서 이 동해보복법(同害報復法)은 이스라엘뿐만 아니라 중동지방에서 일반적으로 행해지던 악습이었습니다만, 성경에서 이것을 어떻게 해석해야 하겠습니까?

우선 하나님은 이웃사랑과 관련하여 이 법을 말씀하셨다는 점을 생각해야 할 것입니다. 이웃에게 손해나 상해를 가했을 때 내려질 최소한의 형벌로서 그 이상은 보복하지 말라는 뜻이 들어있습니다. 그렇다고는 하더라도 율법에서 지속적으로 원수를 갚지 말고 동포를 미워하지 말라는 말씀을 주시는데 그럼에도 불구하고 이런 형벌을 허락하시는 것은 뭔가 이율배반적이 아닌가 하는 생각도 들 것입니다. 아무튼 전체적으로 볼 때 딱 거기까지만 허락하시고 더 이상의 보복이나 형벌은 안 된다는 말씀인 것입니다. 벌을 내리는 쪽도 더 이상의 원한은 버리고 당하는 입장에서도 자기가 행한 대로 당하는 벌이므로 원한이나 미움 같은 마음을 가져서는 안 된다는 말씀인 것입니다. 마치 선악나무 열매처럼 금지선을 거기까지 그어놓으신 것입니다. 그러나 하나님께서 더 기뻐하시는 것은 꼭 그만큼만이 아니라 아예 용서하고 용서받으면서 거룩하게 사는 것입니다.

"내 사랑하는 자들아 너희가 친히 원수를 갚지 말고 하나님의 진노하심에 맡기라 기록되었으되 원수 갚는 것이 내게 있으니 내가 갚으리라고 주께서 말씀하시니라 네 원수가 주리거든 먹이고 목마르거든 마시게 하라 그리함으로 네가 숯불을 그 머리에 쌓아 놓으리라"(롬 12:19~20)

적용하기 : 미움이나 원망하는 마음이 왜 생기지 않겠습니까? 그럴 때 당신은 어떻게 반응합니까? 무슨 생각을 해야 하겠습니까?

하나님의 마음

하나님은 십계명을 통하여 최소한의 간섭으로 최대한의 사랑이 유지되기를 원하십니다. 당신은 교회공동체가 사랑과 은혜로 넘치게 만들기 위해 어떻게 하고 있습니까?

오늘 받은 은혜

전체적으로 당신이 받은 은혜와 느낌을 기록해보십시오.

실천을 위한 도전 (기도하여 성령님의 인도하심을 받으십시오.)

형제나 이웃과 문제가 생겼을 경우에 그리스도인으로서의 기본적인 원리를 어떻게 적용하고 있습니까? 앞으로 어떤 점을 보완하고 싶습니까?

이웃의 재산에 대한 존중

출애굽기 22:1~15

본문 개론

하나님은 행동의 결과로만 판단하시는 경직된 분이 아니라 인간 내면의 동기와 의도를 깊이 이해하시고 각각의 상황을 정확하게 판단하는 분이십니다. 그럼으로써 이웃의 재산에 탐욕을 품은 경우에는 오히려 자기의 더 큰 소유를 빼앗기게 하시는 것이었습니다. 이런 하나님의 배려로 인하여 율법이 복잡해 보이기도 하지만 하나님의 근본적인 사랑의 원리를 깨달으면 백성들 각자에게도 많은 도움이 된다는 것을 알 수 있을 것입니다. 모세의 율법은 일반범죄보다 절도죄를 더 중벌로 다스리는데 그것은 하나님께서 타락한 아담에게 노동의 명령을 내리셨기 때문일 것입니다. 즉 노동을 거치지 않은 재물은 하나님의 창조 정신에 어긋나는 것입니다. 그래서 정당방어에 대해서 관용하지만 과잉방어에는 죄를 물으시는 것입니다. 살인의 의도로 보십니다.

본문 구성

절도에 관한 배상의 규례   (1~4)

실수로 인한 손해배상의 규례   (5~6)

본문 적용

배상은 가벼울 때는 두 배의 배상으로 그치지만 최악의 경우에는 다섯 배를 배상해야 할 때도 있습니다. 율법의 법규들을 현대사회에 그대로 적용하기 어렵지만 먼저 서로의 인격과 재산을 존중하고 공동체의 질서를 유지하는 데 주안점을 두는 것이 근본적인 원리입니다. 당연히 교회 내에서는 이런 하나님의 원칙들이 적용되어야 하지만, 현대사회는 하나님을 믿지 않는 사람들이 대부분이기 때문에 어려울 수도 있습니다. 그러나 그렇기 때문에 이렇게 교회공동체 내부에 적용되는 원리들을 우리 그리스도인들 각자가 세상에서도 적용할 때 복음의 본질이 사람들에게 잘 전달될 수 있을 것입니다.

❶ 더 좋은 것으로 갚으라.

핵심구절 : "해 돋은 후에는 피 흘린 죄가 있으리라 도둑은 반드시 배상할 것이나 배상할 것이 없으면 그 몸을 팔아 그 도둑질한 것을 배상할 것이요 도둑질한 것이 살아 그의 손에 있으면 소나 나귀나 양을 막론하고 갑절을 배상할지니라 사람이 밭에서나 포도원에서 짐승을 먹이다가 자기의 짐승을 놓아 남의 밭에서 먹게 하면 자기 밭의 가장 좋은 것과 자기 포도원의 가장 좋은 것으로 배상할지니라"(출 22:3~5)

가축이든지 농작물이든지 재산을 보호하고 혹시 의도치 않게 손해가 생기는 경우에 주어지는 이 같은 지시는 제8계명인 "도적질하지 말라"와 제10계명인 "이웃의 집을 탐내지 말라"는 계명과 관계되는 것입니다. 이 계명들은 타민족과의 일들이 아니라 같은 이스라엘 민족들 간에 대한 율법입니다. 따라서 단순한 손해보상법이 아니라 민족 공동체의 거룩성을 유지하기 위한 조치라는 것입니다. 직접 육체에 해를 끼치는 일이거나 물질이나 가축 등으로 손해를 끼치는 일이거나 기본적인 의식은 동일합니다. 하나님은 틀림없이 직접 주신 율법 자체보다는 그 율법 속에 들어있는 이웃 사랑의 근본적인 원리를 찾아서 그대로 행할 것을 원하셨을 것입니다.

앞 절에서도 설명했지만 대표적인 율법에 속하는 "눈은 눈으로, 이는 이로 갚으라"고 하신 하나님의 기본적인 마음은 상대방이 원하는 것보다 더 주라는 말씀일 것입니다. 예수님은 바리새인들이 율법에 나온 조문 그대로 할 것을 요구하고 다른 사람들에게 그 짐을 지우는 것을 보시고 율법의 근본적인 정신, 곧 하나님의 마음을 자주 말씀하셨습니다. "너희가 들었으나"로 시작되는 말씀들은 전부 이 말씀이었습니다. 곧 율법 자체가 아니라 거기에 담긴 하나님의 마음을 설명하셨다는 말입니다. 우리가 재물에 대한 문제에 부딪칠 때에는 반드시 가장 좋은 것으로, 더 많이 갚으라고 하십니다.

"또 눈은 눈으로, 이는 이로 갚으라 하였다는 것을 너희가 들었으나 나는 너희에게 이르노니 악한 자를 대적하지 말라 누구든지 네 오른편 뺨을 치거든 왼편도 돌려 대며 또 너를 고발하여 속옷을 가지고자 하는 자에게 겉옷까지도 가지게 하며 또 누구든지 너로 억지로 오 리를 가게 하거든 그 사람과 십 리를 동행하고 네게 구하는 자에게 주며 네게 꾸고자 하는 자에게 거절하지 말라"(마 5:39~42)

❷ CCTV도 없는데

핵심구절 : "사람이 나귀나 소나 양이나 다른 짐승을 이웃에게 맡겨 지키게 하였다가 죽거나 상하거나 끌려가도 본 사람이 없으면 두 사람 사이에 맡은 자가 이웃의 것에 손을 대지 아니하였다고 여호와께 맹세할 것이요 그 임자는 그대로 믿을 것이며 그 사람은 배상하지 아니하려니와 만일 자기에게서 도둑맞았으면 그 임자에게 배상할 것이며"(출 22:10~12)

물론 이것은 이스라엘 공동체 안에서의 이야기입니다만, 가축을 맡았다가 상했을 경우에 그 가축에 손을 대지 않았다고 여호와께 맹세하면 임자는 그대로 믿어야 하고 배상하지 않아도 된다고 했습니다. 이것은 너무 순진한 것이 아닐까 하는 의심이 들게 만드는데, 여호와 하나님의 이름을 망령되이 일컫지 말라고 하신 제 3계명을 알고 있는 이스라엘 백성에게 국한되는 이야기일 것 같습니다. 그러나 이런 일은 제3계명뿐만 아니라 도적질하지 말라는 제8계명, 이웃의 집을 탐내지 말라는 제10계명에다가 거짓증거하지 말라는 제9계명까지 총동원되어 있는 사건입니다. 거짓증거는 '

이웃에 대하여'라는 전제가 붙지만 자기 자신을 위한 거짓말도 포함될 수 있을 것입니다. 이렇게 믿을 수도 없고 안 믿을 수도 없을 때 하나님은 여호와께 맹세한다는 조건을 걸고 그 말을 믿어주라고 하셨습니다.

CCTV라도 있으면 진위여부를 충분히 가릴 수 있겠지만 아무 증거 없이 여호와께 맹세하는 것 하나만으로 서로를 믿어주라고 하시는 이 명령은 우리의 신앙과 깊은 관계가 있습니다. 그리스도인은 다른 사람의 말을 잘 믿어주는 사람입니다. 그렇다고 속으라는 말이 아닙니다. 다 알면서도 당해주라는 것입니다. 거짓말을 하고 잘 속이는 상대를 분별해야 합니다. 그래서 속는 것을 알면서도 믿어주는 것입니다. 꼭 물질에 대한 것만은 아니고 일반적인 약속이나 구제요청 등도 마찬가지입니다. 언젠가 깨닫는 때를 생각하면서 참는 것입니다. 오늘날에도 그 말씀을 적용할 수 있는 행동원칙이라는 것입니다. 우리는 모든 사람들을 긍휼히 여기는 사람들입니다.

"긍휼을 행하지 아니하는 자에게는 긍휼 없는 심판이 있으리라 긍휼은 심판을 이기고 자랑하느니라"(약 2:13)

적용하기 : 악하거나 거짓을 행하는 사람을 긍휼히 여길 수 있는 근거는 우리가 하나님의 긍휼을 입었기 때문입니다. 당신은 나쁜 의도를 가진 사람들을 얼마나 긍휼히 여기고 있습니까?

하나님의 마음

하나님의 마음은 단지 백성들의 재산권보호에 있는 것이 아닙니다. 그런 사건들을 통하여 더 성숙해지라는 것입니다. 당신은 세상살이를 통하여 점점 성장하고 있습니까?

오늘 받은 은혜

전체적으로 당신이 받은 은혜와 느낌을 기록해보십시오.

실천을 위한 도전 (기도하여 성령님의 인도하심을 받으십시오.)

자기 것은 소중하고 타인의 것은 가볍게 여기는 경우가 많습니다. 다른 사람의 것, 곧 물건이든 가치이든 가볍게 여긴 것이 있었다면 그것을 존중하는 한 가지 일을 생각하십시오.

본문 개론

하나님은 육체적인 순결과 영적인 순결을 동시에 원하십니다. 성적인 범죄자를 엄벌하시는 것은 하나님의 거룩하심과 창조질서를 모독하고 죄의 신속한 전파로 말미암은 공동체의 훼손을 염려하시기 때문입니다. 거룩한 나라에 합당하지 않습니다. 이렇게 엄격한 규례를 말씀하시고 나서 하나님은 힘없고 가난한 약자를 돌볼 것을 명하십니다. 약자를 보호해야 할 이유와 대상, 받을 수 있는 보응, 가난한 사람과 거래할 때 유의할 점들을 말씀하셨습니다. 이런 모든 삶의 원칙들은 종교적인 부분과 어우러져 있는데, 하나님은 신앙적인 의무도 함께 제시하고 계십니다. 재판장이나 지도자를 모독하거나 저주함으로써 하나님을 모독하지 말아야 하고, 올바른 헌금을 통하여 모든 소유권이 하나님께 있음을 고백하며, 일상의 삶에서 거룩성을 유지할 것을 말씀하십니다.

본문 구성

성적인 죄와 우상행위에 대한 규례   (16~20)
사회적 약자를 위한 규례   (21~27)

종교적 의무에 관한 규례 　　　　　　(28~30)

<u>본문 적용</u>

육체의 허물은 영혼을 좀먹으며 자신의 위기뿐만 아니라 공동체와 이웃을 심각한 지경으로 몰고 갈 수 있습니다. 그래서 성도는 전인적적으로 성결해야 하는 것입니다. 그리고 다른 사람들의 도움이 없이는 살아갈 수 없는 외롭고 연약한 사람들에게 하나님은 특별한 관심과 배려를 보이십니다. 그것은 오늘날 우리들에게도 그대로 적용할 것을 명하시는 것입니다. 그래서 이웃이란 '우리의 도움이 필요한 누군가'라고 정해주신 것입니다. 도움이 필요한 것을 알고 있고 또 도울 수 있는 위치에 있으면서 도와주지 않는다면 하나님께서 그냥 가만히 계시는 것이 아니라 분명히 징계하실 것입니다.

❶ 하나님사랑이 이웃사랑이다.

핵심구절 : "여호와 외에 다른 신에게 제사를 드리는 자는 멸할지니라 너는 이방 나그네를 압제하지 말며 그들을 학대하지 말라 너희도 애굽 땅에서 나그네였음이라"(출 22:20~21)

하나님은 이방인 자체를 싫어하지 않으십니다. 다만 우상을 숭배하는 이방인에 대해서는 원수처럼 생각하십니다. 그런데 하나님은 본문에서 이방 나그네를 학대하지 말라고 하십니다. 여기에서 이방 나그네란 타국에 있으면서 마음대로 우상을 섬기는 이방인들을 가리키는 것이 아니라 이스라엘 내에서 거주하거나 종으로 있거나 일시적으로 이스라엘에 거주하는 나그네들을 말하는 것입니다. 이 이방인들 가운데에는 아예 유대교로 개종하여 할례를 받은 사람들도 있습니다. 아무튼 이 이방 나그네들은 이스라엘 안에서 어려움을 당하는 사람들 중의 하나입니다. 하나님은 이 사람들을 압제하거나 학대하지 말라고 말씀하십니다. 이들이 우상을 숭배하지 않는 한 하나님은 그들을 도와주라고 하시는 것입니다.

하나님을 사랑하는 사람이라면 다른 신에게 제사를 지내지 않고 이방 나그네를 학대하지 않을 뿐만 아니라 그들을 도와줄 것입니다. 그러나 그들이 우상에게 제사하면 그들을 돕는 것이 아니라 오히려 그들을 배척해야 합니다. 하나님을 사랑하면 어려움당하는 사람을 도와야 합니다. 그것은 하나님사랑이 곧 이웃사랑이라는 사실을 증명해주고 있습니다. 오늘날 우리는 너무 형제사랑이나 또는 교회의 전통과 예식을 중심으로 생활하는 경향이 있습니다. 그것이 기독교의 쇠퇴를 불러왔습니다. 하나님사랑은 이웃사랑으로 증명되어야 합니다. 하나님을 믿지 않는 사람들은 하나님의 말씀으로 기독교와 교회를 판단하는 것이 아니라 성도들의 이웃사랑의 모습을 보고 판단합니다. 하나님사랑이 곧 이웃사랑인 까닭입니다.

"누구든지 하나님을 사랑하노라 하고 그 형제를 미워하면 이는 거짓말하는 자니 보는 바 그 형제를 사랑하지 아니하는 자는 보지 못하는 바 하나님을 사랑할 수 없느니라 우리가 이 계명을 주께 받았나니 하나님을 사랑하는 자는 또한 그 형제를 사랑할지니라"(요일 4:20~21)

❷ 이웃사랑이 하나님사랑이다.

핵심구절 : "너는 과부나 고아를 해롭게 하지 말라 네가 만일 그들을 해롭게 하므로 그들이 내게 부르짖으면 내가 반드시 그 부르짖음을 들으리라 나의 노가 맹렬하므로 내가 칼로 너희를 죽이리니 너희의 아내는 과부가 되고 너희 자녀는 고아가 되리라"(출 22:22~24)

그리스도의 이름으로 행해야 하는 것이지만, 우리가 이웃을 사랑하면 하나님도 우리를 기뻐하시고, 우리가 이웃을 해롭게 하면 하나님도 우리에게 해롭게 하십니다. 우리가 아무리 예배를 거룩하게 드리고 기도를 열심히 하고 찬양을 뜨겁게 하고 성경말씀을 다 암송한다고 해도, 하나님은 그런 것을 보시는 것이 아니라 과부나 고아를 해롭게 하는 그 한 가지를 보고 벌을 내리신다는 말씀입니다. 물론 그렇다고 해서 예배나 기도를 전혀 하지 않는데 과부나 고아를 돕는 일 한 가지만 보시고 하늘의 상을 주시는 것은 아닙니다. 다만 믿음 안에서 이웃을 사랑하면 그것을 보시고 상을 주시는 것입니다. 이때의 이웃사랑은 곧 하나님사랑인 것입니다. 이웃사랑은 하나님사랑의 또 다른 중요한 형태라는 말입니다. 그리고 그것이 그리스도인의 핵심적인 삶의 원리, 삶의 방식이 되는 것입니다.

비록 성경에서 말씀하는 이웃사랑이 동족사랑, 곧 형제사랑이지만, 그리고 신약에서도 같은 그리스도인들에 대한 형제사랑을 주로 말씀하고 있지만, 그럼에도 그 형제사랑의 원리와 방식이 하나님을 믿지 않는 사람들에게로 적용되어야 하는 것은 틀림이 없습니다. 그리스도인들의 이웃사랑은 하나님사랑으로부터 출발하는 것이어야 합니다. 왜냐하면 우리는 예수 그리스도의 삶을 따라가는 사람들이기 때문입니다. 예수님의 마음, 예수님의 언어, 예수님의 삶의 방식이 우리의 삶의 방식이 되는 것이 신앙인의 목표가 되어야 합니다. 예수님께서 우리를 위하여 그렇게 하셨기 때문에 우리도 다른 사람을 위하여 그렇게 할 수 있는 것입니다. 아니, 그렇게 할 수 있는 것이 아니라 그렇게 해야 합니다. 왜냐하면 예수님께서 그것을 위해서 십자가를 지셨기 때문입니다. 우리의 이웃사랑은 하나님을 사랑하기 때문에 행하는 것입니다. 그렇기 때문에 이웃사랑은 우리의 의무이자 책임이고 아무리 이웃을 위해 많은 일을 해도 우리의 공로가 될 수 없습니다. 이웃사랑은 하나님사랑의 통로입니다.

"하나님 아버지 앞에서 정결하고 더러움이 없는 경건은 곧 고아와 과부를 그 환난 중에 돌보고 또 자기를 지켜 세속에 물들지 아니하는 그것이니라"(약 1:27)

적용하기 : 어려운 사람을 보고 마치 예수님을 보는듯한 느낌을 받은 적이 있었습니까? 이웃을 섬기면서 그것이 바른 예배라는 생각을 가진 적이 있었습니까?

하나님의 마음

하나님은 백성들이 항상 하나님 앞에 서 있는 것처럼 생각하고 살기를 원하십
니다. 당신은 얼마나 하나님 존전(尊前)의식으로 살아가고 있습니까?

오늘 받은 은혜

전체적으로 당신이 받은 은혜와 느낌을 기록해보십시오.

실천을 위한 도전 (기도하여 성령님의 인도하심을 받으십시오.)

본문에 나오는 내용 중에 무의식중에라도 당신이 행했던 부분이 있다면 이야
기해보고 그것을 돌이킬 수 있는 (상징적으로라도) 한 가지 실천사항을 행해보
십시오.

24
정의와 진리와 공평
출애굽기 23:1~9

본문 개론

본장의 전반부는 일상생활에서의 인도주의에 관한 법입니다. 본문은 주로 법정에서 충분히 발생할 여지가 있는 죄악들을 엄격하게 금지합니다. 사회의 정의가 실현되기 위해서는 사법부가 하나님의 공의대로 재판함으로써 권력이나 재력이나 다수의 압력에 의해 판결이 왜곡되어서는 안 될 것입니다. 여기에서 거짓이나 위증이나 뇌물이나 압제는 분명히 의도적으로 행하는 것들입니다. 또한 약자들이나 가난한 사람들을 무시하거나 불리하게 해서도 안되지만 그렇다고 가난하다는 한 가지 이유만으로 무조건 그들의 편이 되어서도 안 됩니다. 하나님은 공평과 정의대로 다스려지기를 원하십니다. 거짓된 재판관에 대한 규례는 별로 나오지 않는데 그것은 권력자들은 하나님께서 직접 심판하신다고 믿는 것 때문인 것 같습니다.

본문 구성

공정한 재판을 위한 규례   (1~3)
가난한 자와 원수를 배려하라.   (4~5)

정의사회구현을 위한 규례 　　　　(6~9)

본문 적용

　본문은 오늘날 그리스도인들에게 상당히 어려운 요구를 하고 있습니다. 다수의 의견이 선하다면 자기의견을 버리고 따라야 합니다. 그러나 다수의 의견이 악하다면 아무리 숫자가 많아도 따라가지 말아야 합니다. 그리스도인이 그렇게 행동하려면 많은 용기와 확신이 필요합니다. 본문에서 사람들의 악한 부분은 바로 오늘날 세상의 모습입니다. 많은 사람들이 거짓된 풍설을 퍼뜨리고 자기 유불리에 따라 위증하며 악한 다수를 따라가거나 부당한 증언을 하고 힘없는 사람들의 송사를 굽게 하며 모두가 다함께 뇌물을 받고 외국인들을 무시하고 차별합니다. 거기에 저항하고 그것과 반대되는 길을 가는 것이 하나님의 율법의 정신입니다. 그리고 그렇게 실행하기 위한 용기와 인내와 능력은 하나님께서 주십니다. 그럴 때 믿음이 진짜 필요한 것입니다.

❶ 거짓이라는 폭력

핵심구절 : "너는 거짓된 풍설을 퍼뜨리지 말며 악인과 연합하여 위증하는 증인이 되지 말며 다수를 따라 악을 행하지 말며 송사에 다수를 따라 부당한 증언을 하지 말며 … 거짓 일을 멀리 하며 무죄한 자와 의로운 자를 죽이지 말라 나는 악인을 의롭다 하지 아니하겠노라"(출 23:1~2, 7)

폭력은 타인의 권리와 인격을 강압적으로 공격하여 위해를 입히는 행위입니다. 보통 폭력은 물리적인 힘을 가해서 상처를 입히거나 죽음으로까지 몰고 갈 수 있는 것이지만, 이 폭력에는 참으로 여러 가지 방식들이 존재하는 것은 사실입니다. 그 중에서 거짓을 핵심으로 하는 언어폭력은 현대사회에서 심각할 정도로 폭증하고 있습니다. 그러나 거짓이라는 폭력은 현대사회에서만이 아니라 하나님의 백성들의 공동체인 이스라엘에서도 심각했던 것 같습니다. 거짓은 모든 것을 무너뜨리고 진실을 숨기거나 훼손되게 만듭니다. 거짓으로 말미암아 수많은 사람들이 희생의 제물이 될 수 있고 심지어 하나님과의 관계도 멀어지게 할 수 있습니다. 하나님사랑이든 이웃사랑이든 거짓이 끼어들면 쉽게 망가져버릴 수도 있습니다.

그러면 그리스도인들은 왜 특별히 거짓을 사용해서는 안 되겠습니까? 왜냐하면 거짓은 마귀의 가장 큰 특징이기 때문입니다. 아담과 하와가 어떻게 타락했습니까? 뱀의 거짓말 때문에 그렇게 된 것입니다. 이단들은 어떻게 그들의 교세를 넓혀갑니까? 거짓으로 사람들을 속여서 그렇게 만들어 나갑니다. 정치권이 어떻게 그렇게 양분되어 서로를 증오하게 되었습니까? 그들이 교묘하게 사용하는 거짓 때문에 그렇게 되는 것입니다. 누가 더 거짓말을 잘하느냐에 따라 지지율이 출렁거립니다. 거짓은 자신과 무리에게 유리하게 만들기 위해, 또는 물질이나 권력에 대한 욕심을 채우기 위해 자주 사용됩니다. 누구든지 이 세상에서의 욕심에 사로잡히면 거짓에 대한 유혹을 받게 마련입니다. 우리의 세계에서 거짓은 사라져야 합니다.

"너희는 너희 아비 마귀에게서 났으니 너희 아비의 욕심대로 너희도 행하고자 하느니라 그는 처음부터 살인한 자요 진리가 그 속에 없으므로 진리에 서지 못하고 거짓을 말할 때마다 제 것으로 말하나니 이는 그가 거짓말쟁이요 거짓의 아비가 되었음이라"(요 8:44)

적용하기 : 당신은 불리함을 벗어나기 위해 거짓말을 한 적이 있었습니까? 아니면 거짓말을 하고 싶은 유혹을 느낄 때가 있었습니까? 그럴 때 어떻게 진실을 말해야 하겠습니까?

❷ 가난한 자의 편?

핵심구절 : "가난한 자의 송사라고 해서 편벽되이 두둔하지 말지니라 … 너는 가난한 자의 송사라고 정의를 굽게 하지 말며"(출 23:3, 6)

가난하고 소외되고 억울한 사람들의 편이 되어야 한다고들 이야기합니다. 그럴 때 돈이 많고 잘 나가고 권력을 가진 사람들을 의례 원수로 만들기도 합니다. 이것으로 편을 나누어 세력을 키우고자 합니다. 어떤 의도에서이든 무조건 어떤 사람들의 편이 된다면 거기에는 하나님의 정의는 사라진 것이 되기 쉽습니다. 왜냐하면 인간은 누구나 죄인이고 악하며 하나님은 사람들을 완전한 공의로 판단하시기 때문입니다. 가난하고 소외된 사람들이라고 해서 죄가 없는 것이 아니고 부자와 권력자라고 해서 죄로 완전히 뒤덮인 것도 아닙니다. 부자와 권력자들에게 죄가 더 많을 확률은 높습니다만, 그렇다고 모든 사람을 죄인으로 몰아붙일 수는 없습니다. 하나님은 분명히 율법에서 가난한 사람이라고 해서 무조건 편이 되지 말고 그렇다고 가난한 사람들에게 불리하게 압박하지도 말라고 하십니다.

물론 그리스도인은 가난하고 소외된 사람들의 어려움을 자기 어려움으로 느끼고 그들의 상처를 가슴에 안고 보다듬어야 하며 그들 앞에 놓인 문제들을 함께 해결하도록 노력해야 합니다. 그러나 무조건 그들의 편이 되어 온당치 못한 일에도 그들의 옳음을 주장해서는 안 됩니다. 그들의 편이 된다는 말은 그들과 마음을 같이한다는 말이지 그들의 편에 서서 싸우라는 말이 아닙니다. 예수님은 사람들의 편이 되셔서 고통과 죄의 문제를 짊어지시고 십자가에서 고난을 당하셨습니다. 만약에 예수님께서 무조건 죄인들의 편이셨다면 굳이 십자가에 달려 희생당하지 않아도 될 것입니다. 그냥 권능으로 로마 제국을 무너뜨리고 이스라엘을 세계 속에 우뚝 세워주셨을 것입니다. 그러나 죄인들을 사랑하시지만 그들의 죄는 허용하지 않으시고 십자가에서 그 죄를 대신 담당하셨던 것입니다. 가난한 사람들을 도와주어야 하지만 어떤 죄이든지 함께해서는 안 되는 것입니다.

"사랑은 여기 있으니 우리가 하나님을 사랑한 것이 아니요 하나님이 우리를 사랑하사 우리 죄를 속하기 위하여 화목제물로 그 아들을 보내셨음이라"(요일 4:10)

적용하기 : 당신은 지인이 잘못했는데도 끝까지 그 사람의 편이 되어 다른 사람들을 대한 적이 있었습니까? 성경적으로 다시 생각해본다면 그럴 때 어떻게 해야 하겠습니까?

하나님의 마음

하나님은 하나님의 정의와 사랑이 하나님의 백성들을 통하여 그 나라에 이루어지기를 원하십니다. 당신을 통해서 정의와 사랑이 어떻게 펼쳐질 수 있겠습니까?

오늘 받은 은혜

전체적으로 당신이 받은 은혜와 느낌을 기록해보십시오.

실천을 위한 도전 (기도하여 성령님의 인도하심을 받으십시오.)

본문을 깊이 읽으면서 그 중에서 당신이 할 수 있는 일 한 가지를 연구하여 실행해 보십시오.

25
절기와 제물
출애굽기 23:10~33

본문 개론

하나님은 먼저 안식년과 안식일 규례를 지시하시고 세 가지 절기를 지킬 것을 요구하시며 가나안 땅에 들어가서 꼭 지켜야 할 것을 지시하십니다. 재판에 대한 규례 다음에 이스라엘의 정착과 농경생활을 전제로 하는 종교적 규례와 절기를 정해 주신 것입니다. 가나안을 기업으로 주시겠다는 하나님의 약속이 곧 성취될 것처럼 보입니다. 앞으로 지킬 무교절, 맥추절, 수장절은 이미 하나님에 의해 구원받았고 현재 하나님의 은혜로 살아가고 있으며 앞으로도 하나님의 은혜로 살아간다는 사실을 믿고 고백하기 위한 것입니다. 20절부터는 미래에 관한 이야기인데 여호와의 목소리를 청종하고 그들의 신을 경배하지 않는다면 사자와 위엄과 왕벌을 미리 보내어 가나안 땅의 족속들을 쫓아낼 것이라고 약속하십니다. 하나님께서 백성들에게 주실 복은 보호, 인도, 예비하심, 전쟁에서의 승리, 번영, 건강, 다산, 장수, 민족의 안전 등입니다.

본문 구성 :

본문 적용

안시년이란 한 해를 쉬는 동안 육체저인 일을 멈추고 영저 일에 힘쓰고 가난한 이웃과 심지어 짐승들에게까지 긍휼을 베풀며 땅의 휴식을 통하여 토질을 회복시키고 앞으로 다가올 영원한 안식을 예표하기 위한 것입니다. 주안점이 주로 힘든 일을 하거나 소외되거나 나그네와 같이 어려움 당하는 사람들에 대한 배려의 성격이 강합니다. 그럼으로써 공동체의 사랑이 유지되는 것입니다. 우리가 하나님을 따라가고 하나님의 말씀에 순종하기만 하면 하나님은 언제나 우리와 함께 하시고 먼저 가셔서 우리가 승리할 수 있도록 만들어주십니다. 이스라엘이 거룩한 생활을 하고 말씀에 순종하며 그분의 뜻대로 헌신하는 것은 죄에 대해 한없이 연약한 인간을 지켜내는 유일한 방법이 될 것입니다. 이런 하나님의 깊으신 속뜻을 알면서 읽으면 말씀을 현실에 적용할 수 있는 여지도 넓어질 것입니다.

❶ 안식일의 또 다른 목적

핵심구절 : "너는 여섯 해 동안은 너의 땅에 파종하여 그 소산을 거두고 일곱째 해에는 갈지 말고 묵혀두어서 네 백성의 가난한 자들이 먹게 하라 그 남은 것은 들짐승이 먹으리라 네 포도원과 감람원도 그리할지니라 너는 엿새 동안에 네 일을 하고 일곱째 날에는 쉬라 네 소와 나귀가 쉴 것이며 네 여종의 자식과 나그네가 숨을 돌리리라"(출 23:10~12)

안식일은 하나님의 천지창조 후 안식하신 데에서 출발하여 모든 백성들도 6일 일하고 하루 안식하라는 계명으로 내려주셨습니다. 그래서 이 안식일은 모든 일을 마친 후의 쉼이라는 개념인데, 이것은 단순히 다음 일을 하기 위한 휴식을 뜻하는 것이 아니라 매 순간순간 마치 하나님께서 창조를 마치신 것과 같은 완전한 성취의 의미를 뜻하는 것입니다. 따라서 성도는 순간을 완성하는 자세로 안식일을 지켜야 하는데, 곧 지금 죽어도 후회가 없는 삶을 살수 있을 때 안식을 누릴 수 있게 되는 것입니다. 다음 일이나 세상의 걱정이 가득한 가운데에서도 안식일을 쉬라고 하셨으니까 불편하고 불안한 쉼을 가져서는 안 됩니다. 안식은 하나님과의 완전한 동행이 전제되는 개념입니다. 그래야 평안과 안식을 누리게 되니까요.

그런데 이 안식일은 단순히 완전한 쉼의 개념을 뛰어넘습니다. 안식의 개념 자체가 하나님의 사랑으로부터 출발한다는 사실을 알아야 합니다. 하나님의 사랑으로부터 출발한 것이므로 당연히 이웃사랑의 개념과 연결됩니다. 출애굽기 21장에서 이 계명이 시작되는데, 히브리인이 종이 되면 6년간만 섬기고 7년째에는 해방이 됩니다(출 21:2~3). 오늘 본문에서도 6년 동안 농사를 지었으면 7년

째에는 그대로 내버려두어 가난한 사람들이 자연소출을 와서 먹도록 배려하라고 하십니다. 사람만 6일 일하고 하루 쉬는 것이 아니라 포도밭이나 감람원도 그렇게 해야 합니다. 뿐만 아니라 안식일은 소와 나귀 등 일하는 짐승과 함께 종이나 나그네들도 쉴 수 있도록 하시는 날입니다. 이 안식의 개념은 희년에도 그대로 적용되는데, 매 7년이 일곱 번 반복된 다음 해 곧 50년째마다 희년을 선포하고 종들과 토지의 해방을 선포합니다(레 25:10). 모두가 이웃사랑의 결과로 이어지는 것입니다. 희년은 정의인 동시에 사랑인 것입니다.

> "또 이르시되 안식일이 사람을 위하여 있는 것이요 사람이 안식일을 위하여 있는 것이 아니니 이러므로 인자는 안식일에도 주인이니라"(막 2:27~28)

적용하기 : 보통 주일을 안식일의 개념으로 쉬고 있지만, 매일매일이 안식의 과정입니다. 당신은 하루하루의 삶에 대하여 안식을 생각하고 있습니까? 곧 하루하루를 온전하게 보내고 있습니까?

❷ 조금씩 쫓아내리라

핵심구절 : "그러나 그 땅이 황폐하게 됨으로 들짐승이 번성하여 너희를 해할까 하여 일 년 안에는 그들을 네 앞에서 쫓아내지 아니하고 네가 번성하여 그 땅을 기업으로 얻을 때까지 내가 그들을 네 앞에서 조금씩 쫓아내리라 내가 네

경계를 홍해에서부터 블레셋 바다까지, 광야에서부터 강까지 정하고 그 땅의 주민을 네 손에 넘기리니 네가 그들을 네 앞에서 쫓아낼지라"(출 23:29~31)

하나님께서 사람에게 큰 복을 주셔도 사람은 자기가 받을 만큼 밖에는 받지 못합니다. 그릇을 준비하지 않고는 그 복을 담아서 누릴 수가 없기 때문입니다. 하나님은 누구보다도 이 점을 잘 알고 계십니다. 이스라엘 백성들도 마찬가지입니다. 그들은 비록 전투를 한 번 치르기는 했지만 모든 것이 처음입니다. 가나안 땅을 정복해도 그곳을 다스릴 수 있는 능력을 길러야 합니다. 그런데 그 능력은 단기간에 얻을 수 있는 것이 아닙니다. 시간이 필요하고 경험이 필요하고 훈련이 필요합니다. 하나님은 우리에게 많은 좋은 것을 주시기를 원하십니다. 가나안 땅을 그냥 주셨다가는 관리와 운영을 하지 못해 황폐해지고 들짐승이 번성할 것이라고 말씀하십니다. 그래서 이스라엘이 번성하여 능히 다스릴 수 있을 때까지 조금씩 그들을 쫓아낼 것이라고 하시는 것입니다.

이 말씀은 앞의 안식일 명령과 3대 절기 명령 속에 그대로 녹아 있습니다. 안식일은 그렇게 가나안을 정복할 때까지, 그리고 그 후로도 반드시 지켜야 할 것이라고 하시는데, 끝까지 주시는 복을 받으려면 일하고 쉬는 패턴이 반드시 필요합니다. 매일매일 하나님께서 이루어주시되 그 순간순간을 완전하게 만들라는 뜻입니다. 그리고 3대 절기도 마찬가지입니다. 무교절, 맥추절, 수장절을 매년마다 지켜 나가면서 하나님의 은혜와 사랑을 깨달아 알고 하나님께서 허락하신 그곳을 점령하기까지 한 걸음 한 걸음 나아가라는 것입니다. 그 과정 속에서 하나님의 명령을 하나하나 지켜나가면서 하나님만을 의지하는 법과 믿음을 지켜나가는 법을 깨달아 배워가면서 하나님을 체험하고 그것이 삶에 깊숙이 녹아들도록 하라는 것입니다. 아직 충분히 받지 못했다고 생각합니까? 아직 가야 할 길이 멀다고 생각합니까? 하나님은 지금 우리의 성장분량만큼 우리를 복된 길로 인도하고 계십니다.

"주께서 너희를 우리 주 예수 그리스도의 날에 책망할 것이 없는 자로 끝까지 견고하게 하시리라"(고전 1:8)

적용하기 : 당신은 혹시 하나님의 일을 멈추고 있지는 않습니까? 하나님의 일이 분명하다면 당신은 어떻게 해야 하겠습니까?

하나님의 마음

하나님은 하나님과의 관계와 이웃과의 관계를 동일선상에서 보시고 복을 내려 주십니다. 당신은 두 가지 관계 중 어느 지점에 더 가까이 서 있습니까? 앞으로 어떻게 하겠습니까?

오늘 받은 은혜

전체적으로 당신이 받은 은혜와 느낌을 기록해보십시오.

실천을 위한 도전 (기도하여 성령님의 인도하심을 받으십시오.)

하나님의 충만한 복을 받기 위해서 하나님의 목소리를 청종하고 말씀대로 행해야 합니다. 당신에게 부족하다고 생각되는 일을 하나 선택하십시오.

본문 개론

하나님과 백성들이 정식으로 언약을 체결하는 장면입니다. 언약의 내용을 기록으로 남기고 백성들 앞에서 낭독하고 지체 없이 약속하고 피를 단과 백성들에게 뿌리며 장로들이 제사음식을 함께 먹음으로써 백성들과 하나님께서 하나가 되었습니다. 예레미야는 이때를 신혼기간으로 표현합니다. 불행하게도 이 기간은 너무나 짧을 것입니다. 아무튼 백성들은 산에 오르지 못했고 지도자들은 산에 올라 멀리서 하나님을 경배하였으며 모세는 하나님과 가까이에서 말씀을 받았습니다. 하나님은 때에 따라 가까이 오기도 하시고 멀리 떨어지기도 하십니다. 이런 과정들을 거치면서 이제는 명실상부한 언약백성으로 하나님과 교제하며 친밀한 관계를 이루게 되었습니다.

본문 구성

언약에 대해 백성들이 순종을 서약하다.	(1~8)
백성의 대표들이 하나님을 대면하다.	(9~11)
모세가 시내산에서 40일을 지내다.	(12~18)

본문 적용

누가 급한 것처럼 보입니까? 모세와 백성들이 급해 보입니까? 모든 것을 계획하시고 지시하시고 실행하시는 분은 하나님이십니다. 하나님께서 오히려 조바심을 내시는 것만 같습니다. 우리를 그만큼 사랑하신다는 증거입니다. 마치 우리가 예수님을 처음 믿었을 때에나 아니면 한창 은혜가 충만할 때의 모습처럼 보입니다. 본장을 읽으면서 첫사랑의 예수님을 떠올린다면 정말로 다행일 것입니다. 저렇게 은혜롭게 하나님과 하나가 되는 신비한 경험을 하는데 성막에 대한 지시를 다 설명하고 나면 곧바로 금송아지 우상 이야기가 나옵니다. 그러나 본장에서는 놀라운 하나님의 은혜를 마음껏 누릴 수 있어야 합니다.

❶ 당신의 언약

핵심구절 : "언약서를 가져다가 백성에게 낭독하여 듣게 하니 그들이 이르되 여호와의 모든 말씀을 우리가 준행하리이다 모세가 그 피를 가지고 백성에게 뿌리며 이르되 이는 여호와께서 이 모든 말씀에 대하여 너희와 세우신 언약의 피니라"(출 24:7~8)

하나님과 백성들은 서로 언약을 체결했습니다. 이전까지 아브라함이나 야곱 등과의 개인적인 언약체결은 있었지만 이처럼 민족과 하나님 간의 언약체결은 처음입니다. 더구나 언약서가 등장한 것도 처음입니다. 백성들은 하나님께서 내려주신 모든 말씀과 모든 율례를 그대로 준행해야 합니다. 비로소 하나님의 백성으로 정

190 출애굽기 적용과 실천

식 등록한 것입니다. 그런데 백성들은 이 언약서대로 준행하지 못했고 출애굽 당시 20세 이상은 가나안에 못 들어가고 광야에서 죽었습니다. 소의 피를 제단에 뿌리고 또 백성들에게 뿌렸지만 결국 여호수아와 갈렙을 제외하고는 이것을 준행하지 못하여 멸망당했던 것입니다.

우리가 여기에서 다시 생각해보아야 할 것은 우리 신약교회 성도들에게도 언약서가 있고 언약의 피가 뿌려졌다는 사실입니다. 네? 우리가 언제 그랬냐고요? 학습이나 세례 받을 때 언약하지 않으셨나요? 또는 집사나 권사나 장로 임직할 때 하나님 앞과 온 교우들 앞에서 언약하지 않으셨나요? 게다가 당신은 예수님의 피 흘리심으로 인하여 구원을 받지 않았나요? 우리는 이미 예수님을 영접할 때 언약한 것이나 마찬가지입니다. 영접한다는 것이 무엇인지를 뚜렷하게 배우지 못하고 영접기도를 하거나 예수님을 믿기로 작정했지만, 사실 그 속에 이미 예수님과의 언약이 들어있는 것이나 마찬가지입니다. 피를 뿌리신 것은 가장 핵심적인 조건이고요. 예수님을 믿겠다, 예수님을 따르겠다고 스스로 다짐할 그 때에 이미 하나님과 언약한 것입니다. 예수님을 믿고 신앙생활을 하고 있는 이 순간에도 하나님과 우리의 언약서는 살아있는 것입니다.

"그들의 잘못을 지적하여 말씀하시되 주께서 이르시되 볼지어다 날이 이르리니 내가 이스라엘 집과 유다 집과 더불어 새 언약을 맺으리라 또 주께서 이르시되 그 날 후에 내가 이스라엘 집과 맺을 언약은 이것이니 내 법을 그들의 생각에 두고 그들의 마음에 이것을 기록하리라 나는 그들에게 하나님이 되고 그들은 내게 백성이 되리라"(히 8:8, 10)

❷ 손을 안 대시는 하나님

핵심구절 : "모세와 아론과 나답과 아비후와 이스라엘 장로 칠십 인이 올라가서 이스라엘의 하나님을 보니 그의 발 아래에는 청옥을 편 듯하고 하늘 같이 청명하더라 하나님이 이스라엘 자손들의 존귀한 자들에게 손을 대지 아니하셨고 그들은 하나님을 뵙고 먹고 마셨더라 … 산 위의 여호와의 영광이 이스라엘 자손의 눈에 맹렬한 불 같이 보였고"(출 24:9~11, 17)

모세가 시내산에서 내려갔을 때 하나님께서 백성들과 동행하심을 하나님의 영광으로 보여 달라고 하자 하나님은 "내 얼굴을 보고 살 자가 없음이니라"(출 33:20) 하시면서 하나님의 영광이 지나갈 때 모세를 바위틈에 두시고 손으로 덮어주시고 결국 모세는 하나님의 등을 겨우 볼 수 있었습니다. 백성들이 보기에는 하나님의 영광은 맹렬한 불 같이 보인다고 했습니다. 그런데 모세 일행과 장로 70인은 하나님을 뵙고 먹고 마셨더라고 했고 하나님께서 그들에게는 손을 대지 않으셨다고 했습니다. 물론 장로들이 하나님을 뵙고 먹고 마셨더라는 것은 전체적으로 하나님 앞에 있었다는 말일 것입니다. 오늘날에는 성령님으로 하나님을 심령 가운데 모시는 것이므로 우리도 항상 하나님 앞에서 먹고 마시는 사람들입니다.

어느 누구라도 하나님을 직접 보면 생명은 사라지게 되어 있습니다. 그러면 천국에서는 어떻게 되겠습니까? 천국이란 하나님께서 직접 다스리시는 곳인데 그러면 천국에서 성도들은 어떻게 살아갈 수 있을까요? 아마도 천국은 완전 개방되어 있을 것입니다. 지어낸 이야기들 중에 천국의 문지기가 베드로라느니 하는 이야기도 있지만 천국에는 문지기가 필요 없습니다. 왜냐하면 하나님께서 손을 대지 않는 사람만 들어갈 수 있기 때문입니다. 다른 말로 하면 예수님의 피로 말미암아 의로워지고 구원받은 사람이 아니면 천국에는 들어갈 수가 없습니다. 죄인들은 하나님의 나라에 들어갈 수도 없고 들어가더라도 고통스러워서 금방 뛰쳐나가려고 할 것입니다. 그렇다고 우리가 죄가 전혀 없는 완전한 의인인 것은 아닙니다. 그러나 의인이라 칭해주시고 손을 대지 않으시기 때문에 우리가 천국으로 갈 수 있는 것입니다. 그렇더라도 우리는 하나님께서 기뻐하지 않으시는 불의에서 가능한 한 멀리 떨어지도록 해야 할 것입니다.

"그러므로 너희가 회개하고 돌이켜 너희 죄 없이 함을 받으라 이같이 하면 새롭게 되는 날이 주 앞으로부터 이를 것이요"(행 3:19)

적용하기 : 당신이 기억하는 바 하나님께서 보시기에 불의한 일로 죄를 지은 적이 있습니까? 당신의 회개를 표현하기 위해 어떤 방식으로 결단하겠습니까?

하나님의 마음

하나님께서 백성들이 말씀과 율례를 지키기를 원하시는 것은 그것이 가장 복된 일이기 때문입니다. 당신에게 가장 복된 일이라는 것을 알면서도 지키지 못하는 것은 무엇입니까?

오늘 받은 은혜

전체적으로 당신이 받은 은혜와 느낌을 기록해보십시오.

실천을 위한 도전 (기도하여 성령님의 인도하심을 받으십시오.)

우리는 하나님의 현존 안에서 사는 사람들입니다. 당신이 하나님 앞에 사는 사람이라는 증거를 어디에서 찾을 수 있습니까?

본문 개론

25장부터 33장까지는 성막 제작에 관한 하나님의 명령입니다. 본장에서는 지성소와 성소에 필요한 기구들을 제작하는 방식을 말씀하십니다. 여기에서 성막재료들은 일부분만 제시되었고 나중에 35장에서 세밀하게 나열됩니다. 본장에서 지시하시는 내용은 출애굽기 35장에서 실제 건축에 들어가며 37장부터 브살렐 등의 기술자들이 등장하여 성소에 필요한 기구들을 제작합니다. 지성소 안에 증거궤가 있고 그 위에 속죄소, 속죄소 위에 그룹들이 위치할 것이며, 증거궤 안에 십계명 돌판과 만나 항아리, 아론의 싹 난 지팡이가 들어갈 것입니다. 성소에는 진설병을 두는 상과 등잔대와 앞으로 분향단이 위치하게 될 것입니다. 진설병 위에는 열두 개의 구운 떡을 올려놓음으로써 하나님께서 먹이신다는 증거를 삼으며, 등잔대는 언약의 공동체를 상징합니다.

본문 구성

성소를 지을 예물을 바치라고 명하시다.   (1~9)
증거궤 구조와 양식과 재료를 명하시다.   (10~22)

195

진설병을 둘 상을 만들라고 명하시다.　　　　　(23~30)

순금으로 등잔대를 만들라고 명하시다.　　　　　(31~40)

본문 적용

　성막 재료들 중 중요한 일부분인 금과 호마노는 창세기에서 비손 강을 언급할 때 나온 것이고(창 2:11~12), '하나님이 이르시되'라고 하심으로써 창조하신 것처럼 '모세에게 이르시되'로 성막제작이 시작됩니다. 말하자면 성막제작은 하나님의 세계창조와 방식이 유사하다는 말입니다. 성막제작의 목적은 에덴동산으로의 복귀를 뜻하는 것이므로 하나님은 '내가 그들 중에 거할 성소'라고 말씀하시는 것입니다. 성막뿐만 아니라 오늘날 그리스도인들의 모든 삶이 이 성막제작과 같은 방식과 내용이라는 사실을 생각하면서 본장을 읽으면 좋겠습니다. 오늘날에도 하나님은 우리와 함께 계시며 상징이 아니라 실체로 임하고 계십니다. 성막 기구들을 사용하여 하나님을 예배하던 시대가 아니라 보이지 않는 하나님께서 우리 자신을 성막으로 삼아 거하고 계시는 것입니다.

❶ 하나님께서 쓰실 물품들

핵심구절 : "이스라엘 자손에게 명령하여 내게 예물을 가져오라 하고 기쁜 마음으로 내는 자가 내게 바치는 모든 것을 너희는 받을지니라 너희가 그들에게서 받을 예물은 이러하니 금과 은과 놋과 청색 자색 홍색 실과 가는 베 실과 염소 털과 붉은 물 들인 숫양의 가죽과 해달의 가죽과 조각목과 등유와 관유에 드는 향료와 분향할 향을 만들 향품과 호마노며 에봇과 흉패에 물릴 보석이니

라"(출 25:2~7)

이스라엘 백성들은 애굽에서 살면서 오랫동안 노예와도 같은 삶을 살았습니다. 학대당하고 노동력을 착취당할 뿐만 아니라 남자아기들은 태어나면 죽이라는 명령까지 받으면서 살았습니다. 그들에게 무슨 은금 패물이 있었겠습니까? 그런데 출애굽할 때 하나님은 애굽 사람들에게 은금 패물과 의복을 달라고 하게 하셨고 그들은 열 가지 재앙으로 모든 것이 거덜 난 상황에서 하나님을 인정하게 되었고 모세를 위대하게 보는 마음까지 생김으로써(출 11:3) 백성들이 달라는 대로 모든 것을 주기에 이르렀습니다(출 12:35~36). 하나님은 왜 당장 쓸 일도 없는 은금 패물을 애굽 사람들에게서 받아 나오게 하셨을까요? 광야생활에서 패물이 얼마나 필요하단 말입니까? 그런데 하나님은 은금과 패물을 성막 재료로 쓰시기를 원하고 계셨습니다. 백성들이 애굽 사람들에게서 받은 물품들을 즐거운 마음으로 가져오면 하나님은 그것을 예물로 다 받으셨습니다.

우리가 일을 하여 버는 재물들 중에는 가족들이 먹고 살 것과 생활을 위하여 필요한 것들이 있고 이웃을 위해 사용해야 할 부분들이 있으며 하나님께 예물로 드려야 할 것이 있습니다. 명확하게 구별하기 어려운 경우가 많지만 기본적으로는 하나님께서 사용하셔야 할 부분들을 반드시 가지고 있는 것입니다. 그렇게 볼 때 지금 우리가 가지고 있는 재물들 중에 하나님께서 필요로 하시는 것이 무엇인지 분별하여 하나님의 일을 위해 사용되도록 하는 것은 당연한 일일 것입니다. 그렇다고 교회에 전부 다 바쳐야 한다는 말이 아닙니다. 구약시대와 오늘날에는 많은 부분에서 차이가 나는데 교회를 통하지 않고도 이웃을 위해 사용하는 모든 것이 예물이라는 것을 알아야 합니다. 백성들이 패물을 애굽 사람들에게서 받은 것처럼 재물의 상당부분은 일을 해서 번 것이 아니라 하나님의 은혜로 하나님의 일에 사용하라고 허락하신 것들임을 알아야 하겠습니다.

"하나님은 이르시되 어리석은 자여 오늘 밤에 네 영혼을 도로 찾으리니 그러면 네 준비한 것이 누구의 것이 되겠느냐 하셨으니 자기를 위하여 재물을 쌓아 두고 하나님께 대하여 부요하지 못한 자가 이와 같으니라" (눅 12:20~21)

적용하기 : 당신과 가족들의 삶에 필요한 것 외에 당신이 소유하고 있는 재물이 있습니까? 어떻게 하나님 나라를 위해 사용하겠습니까?

❷ 사람에게 보이려고 하지 말라.

핵심구절 : "그들은 조각목으로 궤를 짜되 길이는 두 규빗 반, 너비는 한 규빗 반, 높이는 한 규빗 반이 되게 하고 … 너는 조각목으로 상을 만들되 길이는 두 규빗, 너비는 한 규빗, 높이는 한 규빗 반이 되게 하고"(출 25:10, 23)

하나님은 증거궤를 만들라고 지시하십니다. 언약궤, 법궤 등으로도 불리어지는데, 이 언약궤의 크기가 우리를 놀라게 합니다. 한 규빗이 어른 팔꿈치에서 중지 끝까지의 길이이니까 보통 45~50cm 내외로 알려져 있습니다. 그러니까 증거궤는 넓게 잡아도 가로 125cm, 세로 75cm, 높이 75cm 정도의 작은 상자라고 할 수 있습니다. 더 크게 보는 사람들도 있지만, 그렇다고 하더라도 하나님은 왜 이렇게 작은 크기로 언약궤를 제작하라고 하셨을까요? 하나님은 만물의 창조주이시고 세상의 모든 신 위의 신이시고 온 우주를 다스리시는 분이십니다. 그런데 세상의 다른 우상의 신들과 비교하면 너무 작은 것은 사실일 것입니다. 물론 언약궤와 함께 모든 떡상과 등잔대와 기구 등을 전부 금으로 만들라고 하셨지만, 그것은 화려하고 아름답기보다는 금의 변치 않는 성질로 영원토록 하나님을 찬양하라고 그렇게 하신 것입니다.

사실 하나님은 어느 누구의 찬양이 아니더라도 스스로 계신 분이시기 때문에 굳이 드러내려고 하실 필요가 없습니다. 그럼에도 성막과 언약궤를 만들라고 하시는 것은 백성들을 위해서입니다. 하나님과의 관계가 바로 세워져야 참된 복을 받을 수 있기 때문입니다. 떡상만 해도 가로 100cm, 세로 50cm, 높이 75cm에 불과합니다. 우리나라에서 조상제사를 지낼 때의 상보다도 더 작습니다. 하나님은 백성들과의 관계를 위해 모든 것을 만들라고 하셨지만 그런 식으로 규모나 크기와 같은 방식으로 세상에 드러내지는 않으십니다. 예수님도 높은 군마를 타고 개선장군처럼 예루살렘에 들어가신 것이 아니라 아무도 타지 않은 어린 나귀를 타고 볼품없는 모습으로 입성하셨습니다. 그런데 바리새인들이 무엇이든 사람에게 보이려고 행하는 것은 하나님의 마음과 정반대되는 모습입니다. 무엇이든지 사람에게 보이기 위해서가 아니라 하나님께 우리의 마음과 중심을 보이는 삶이 하나님께서 기뻐하시는 삶입니다.

"사람에게 보이려고 그들 앞에서 너희 의를 행하지 않도록 주의하라 그리하지 아니하면 하늘에 계신 너희 아버지께 상을 받지 못하느니라"(마 6:1)

적용하기 : 당신이 하나님을 위해 어떤 일을 하려고 할 때 사람들에게 보이려고 하는 부분이 얼마나 있습니까? 하나님께서 더 기뻐하실 만한 부분이 어떤 것인지 생각해보십시오.

하나님의 마음

하나님은 백성들과 가로막힌 것 없는 관계를 원하십니다. 하나님과의 관계를 가로막고 있을지도 모르는 부분을 생각하고 그것을 어떻게 없앨 수 있을까 고민하시기 바랍니다.

오늘 받은 은혜

전체적으로 당신이 받은 은혜와 느낌을 기록해보십시오.

실천을 위한 도전 (기도하여 성령님의 인도하심을 받으십시오.)

하나님은 백성들과의 참다운 교제를 위해 성막에 사용할 기구들을 만들라고 하십니다. 당신도 나름대로 하나님과 교제하기 위해 한 가지 실천사항을 생각하고 행하시기 바랍니다.

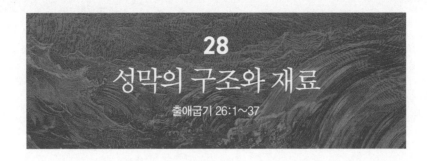

본문 개론

성막에 관한 명령은 오늘날에는 별 소용이 없어 보입니다. 그러
나 당시 이스라엘과 모세에게는 매우 필요했고 우리들도 그것을
기억해야 하기 때문에 기록하게 하신 것입니다. 성막은 하나님의
집이지만 볼품이 없고 일종의 이동 가능한 천막입니다. 따라서 그
안의 법궤는 솔로몬의 성전에 들어가기까지 480여 년 동안 좋은
집이 없었습니다. 이 장막은 백성들이 어디를 가든지 하나님께서
그들과 동행하신다는 증거물입니다. 성막의 막은 그룹이 수놓아져
있어서 천사들이 성막을 둘러싸는 모습을 상징했습니다. 한편 이
성막은 금고리들로 연결되어 있어서 하나가 되어야 함을 말합니
다. 성막 덮개는 안쪽이 염소털로 되었고 그 다음에 숫양의 가죽
과 해달의 가죽으로 이중구조였습니다. 그 다음에 지성소와 성소
를 구분하는 칸막이로서의 휘장을 만들고 성막을 출입할 수 있는
바깥 휘장을 만들라고 지시하셨습니다.

본문 구성

본문 적용

　　교회도 한 장소에 얽매어서는 안 됩니다. 성도가 움직이는 모든 곳이 성막이 되어야 할 것입니다. 그래서 살아있는 복음이 제약 없이 전파되어야 합니다. 성막이 하나라면 오늘날 모든 교회와 성도들도 하나여야 합니다. 이런 의식이 결여되어 있습니다. 성막의 구조는 안쪽은 좋은 재료들을 금고리로 연결해야 하지만 바깥 덮개는 숫양과 해달 가죽처럼 볼 품 없는 재료를 놋고리로 연결하게 하셨습니다. 하나님께서 과장되게 보이실 필요가 없고 사람의 눈을 의식할 필요가 없는 것처럼 우리도 심령의 믿음으로 무장되어야 할 것입니다. 심령의 청결과 순수함이 보존되지 못한다면 우리가 한 모든 일들의 의미가 사라질 수밖에 없습니다. 지성소의 휘장은 그리스도께서 죽음을 맞으실 때 찢어짐으로써 신약교회의 성도들은 하나님의 지성소에 스스로 들어갈 수 있게 되었습니다. 성막의 모든 구조와 재료들과 각종 요소들은 우리 신약교회 성도들이 반드시 따라야 할 영적 원리들로 가득합니다.

❶ 삶의 현장에 함께 하시는가?

핵심구절 : "너는 성막을 만들되 가늘게 꼰 베실과 청색 자색 홍색 실로 그룹을 정교하게 수놓은 열 폭의 휘장을 만들지니 … 그 성막을 덮는 막 곧 휘장을 염소털로 만들되 열한 폭을 만들지며 … 붉은 물 들인 숫양의 가죽으로 막의 덮개를 만들고 해달의 가죽으로 그 윗덮개를 만들지니라"(출 26:1, 7, 14)

성막은 이동식 성전입니다. 출애굽한 백성들이 가나안 땅에 들어갈 때까지 광야에서 생활해야 하기 때문에 당연히 이동식이 될 수밖에 없었습니다. 그러나 그 중에서도 광야의 악조건을 이겨내고 한낮의 뜨거운 태양과 밤중의 추운 기온에서 모든 언약궤와 다른 성막기구들을 안전하게 보호하기 위해 4중으로 덮개를 사용할 것을 명하셨습니다. 청색 자색 홍색 실과 가늘게 꼰 베실로 수놓은 휘장을 만들고 그 위에 염소털로 짠 덮개를 씌우고 또 그 위에 붉은 물 들인 숫양의 가죽과 해달의 가죽으로 윗덮개를 삼으라고 하셨습니다. 이스라엘 백성들은 항상 이 성막을 중심으로 이동했는데 이동할 때에는 성막과 기구들을 전부 해체하여 함께 이동하다가 안식일 등 제사가 필요할 때에는 멈추어 다시 조립하여 제사를 진행했습니다.

광야에서 생활해야 했던 백성들에게는 어쩌면 이렇게 명하시는 것은 자연스러운 일일 것입니다. 여기에서 오늘 우리 신약교회 성도들의 신앙생활과 비교해서 적용한다면 어떻게 해석하면 좋겠습니까? 많은 경우에 아직도 구약적인 의식으로 인하여 교회를 중심으로 전통과 예식을 이어가는 것이 본질이라고 생각할 것입니다. 물론 그리스도인들은 교회를 중심으로 삶이 이루어져야 합니다. 교회가 많이 부족한 것은 사실이지만 교회가 해체된다면 복음을 담을 그릇이 사라지는 것이기 때문에 이리저리 고쳐서라도 교회가 중심이 되어야 합니다. 하지만 그렇다고 하여 교회를 신성시하여 구약의 성전과 같은 개념으로 살라는 것은 아닙니다. 다만 신약교회의 성도들도 이동식 성막과 같은 개념으로 신앙생활을 해야 하리라고 생각합니다. 언제 어떤 곳으로 가더라도 항상 함께하는 성막과 같은 개념 말입니다. 당연히 오늘날은 성령님께서 내주하시므로 우리 몸이 성전입니다만, 그럼에도 불구하고 눈에 보이는 모습을 따라가게 되는 인간의 속성상 이동식 성전을 생각하면서 승리해야 하겠습니다.

"내가 너희에게 분부한 모든 것을 가르쳐 지키게 하라 볼지어다 내가 세상 끝날까지 너희와 항상 함께 있으리라 하시니라"(마 28:20)

적용하기 : 이스라엘 백성들처럼 항상 하나님과 함께 하기 위해 당신이 주로 선택한 방법은 무엇입니까?

❷ 지성소에 증거궤가 있을까?

핵심구절 : "너는 청색 자색 홍색 실과 가늘게 꼰 베 실로 짜서 휘장을 만들고 그 위에 그룹들을 정교하게 수 놓아서 금 갈고리를 네 기둥 위에 늘어뜨리되 그 네 기둥을 조각목으로 만들고 금으로 싸서 네 은 받침 위에 둘지며 그 휘장을 갈고리 아래에 늘어뜨린 후에 증거궤를 그 휘장 안에 들여놓으라 그 휘장이 너희를 위하여 성소와 지성소를 구분하리라"(출 26:31~33)

지성소에는 증거궤가 있고 성소에는 떡상과 촛대가 있습니다. 만약에 지성소에서 증거궤가 사라진다면 과연 어떤 일이 일어나 겠습니까? 특별한 경우에 지성소에서 증거궤 곧 법궤를 메고 나갈 때가 있지만 보통의 경우에는 반드시 지성소에 증거궤가 있어야 합니다. 그것은 하나님의 임재의 상징이자 실제이기 때문입니다. 따라서 증거궤가 사라진 성막은 그냥 껍데기일 뿐입니다. 성소와 지성소는 단지 휘장 하나로 가려질 뿐이지만 증거궤의 유무에 따라 하나님의 임재가 좌우되는 것입니다.

오늘날에는 눈에 보이는 증거궤는 사라졌지만 보이지 않는 증거궤가 우리의 삶을 지배하고 있습니다. 물론 성소와 지성소를 가리던 막은 예수님의 십자가 죽으심과 함께 위에서부터 아래로 찢어져서 죄로 하나님과 가로막혀 있던 담이 허물어졌지만, 우리 심령의 지성소는 여전히 그 자리를 차지하고 있습니다. 지성소에 증거궤가 없다면 그것은 이미 하나님의 백성들이 아니듯이, 우리 심령의 가장 중심에 예수님이 계시지 않는다면 그 사람을 그리스도인이라고 할 수는 없습니다. 예수님을 믿는다는데 마음속에 예수님이 안 계신다면 그것은 착각이거나 오해이거나 또는 신앙이 아직 초기 단계이거나일 것입니다. 그렇게 되는 원인을 어디에서 찾아야 할까요? 잘못 가르쳤거나 전혀 예수님의 제자로서 살지 못하고 있거나 기독교라는 종교 안에 갇혀 있기 때문이 아니겠습니까? 우리는 우리의 내면을 냉정하게 바라볼 수 있어야 합니다. 자기 안에 예수님이 계시는지 그렇지 않은지에 대해서는 스스로가 가장 잘 알 것입니다. 어쩌면 자신이 가장 모를 수도 있습니다. 어떻게 그것을 진단할 수 있을까요? 예배이든 기도이든 찬양이든 그것을 진단하기 위해 행해지는 것입니다. 말씀을 자기를 비추는 거울로 생각해야 합니다.

"만일 너희 속에 하나님의 영이 거하시면 너희가 육신에 있지 아니하고 영에 있나니 누구든지 그리스도의 영이 없으면 그리스도의 사람이 아니라"
(롬 8:9)

적용하기 : 당신은 얼마나 하나님의 말씀의 지배를 받고 있습니까? 말씀의 지배가 우리 지성소 안의 증거궤입니다. 증거궤도 하나님의 언약을 간직하고 있는 것입니다.

하나님의 마음

하나님은 타락한 백성들과 친밀하게 교제할 수 있는 길을 여셨습니다. 여러 모양의 신앙생활은 바로 이것을 위한 것입니다. 당신은 하나님과 얼마나 친밀하게 교제합니까?

오늘 받은 은혜

전체적으로 당신이 받은 은혜와 느낌을 기록해보십시오.

실천을 위한 도전 (기도하여 성령님의 인도하심을 받으십시오.)

하나님은 모든 성물들을 금으로 입힐 것을 말씀하십니다. 귀하다는 의미와 변치 않는다는 의미가 있습니다. 당신은 무엇으로 당신의 증거궤를 덮겠습니까?

29
성막의 뜰
출애굽기 27:1~21

본문 개론

성막 내의 구소와 기구들을 설명하고 니서 본장에는 전체 성막과 그 뜰에 설치해야 할 번제단에 대한 지시가 내려집니다. 번제단은 성막 뜰의 동쪽 앞부분에 위치해있는데 유일한 출입구 다음에 위치합니다. 그러니까 백성들이 성막으로 들어갈 때에는 반드시 입구를 지나서 먼저 제단에 제물을 드려야 합니다. 이것은 거룩하신 하나님의 임재의 장소에 들어가기 전에 반드시 죄를 깨끗하게 씻어야 한다는 것을 말합니다. 하나님은 죄 있는 인간과 교제하지 않으시기 때문입니다. 성막 울타리는 남쪽과 북쪽은 45m, 동쪽과 서쪽은 22.5m 정도의 크기인데 동쪽에 9m의 출입문을 두도록 하셨습니다. 한편 성막 안에 등불을 켜기 위한 순수한 기름을 정해주셨는데, 성막 안에는 완전히 암흑이기 때문에 이 등불로써 제사장이 활동할 수 있게 되는 것입니다.

본문 구성

번제단을 만들라.   (1~8)
성막 뜰의 울타리를 만들라.   (9~19)

등불이 꺼지지 않게 하라.　　　　　(20~21)

본문 적용

성막과 뜰에 관한 모든 명령은 그리스도의 역할과 직결되어 있습니다. 번제단에서 드려지는 짐승은 바로 예수 그리스도를 예표하는데, 실질적으로는 예수님께서 단 한 번 제물로 드려짐으로써 모든 죄를 완전히 씻으셨습니다. 그러므로 오늘날에는 그리스도의 제물 되심을 믿고 예수님의 뜻을 따라 살기로 결단하면 하나님께서 거룩하게 구별해주시는 것입니다. 그리고 성막 뜰의 동쪽 출입문은 바로 우리 예수님이신 양의 문(요 10:9)을 뜻합니다. 예수님만이 하나님께로 나올 수 있는 유일한 길입니다. 성막 안에 늘 켜두는 등불은 바로 빛이신 예수 그리스도를 의미합니다. 이렇게 볼 때 본장은 우리의 구원의 유일한 통로이신 예수 그리스도에 관한 내용인 것입니다. 그 예수님을 우리 심령 속에 항상 모시고 살아야 합니다.

❶ 깨끗하게 태워라.

핵심구절 : "재를 담는 통과 부삽과 대야와 고기 갈고리와 불 옮기는 그릇을 만들되 제단의 그릇을 다 놋으로 만들지며 제단을 위하여 놋으로 그물을 만들고 그 위 네 모퉁이에 놋 고리 넷을 만들고 그물은 제단 주위 가장자리 아래 곧 제단 절반에 오르게 할지며"(출 27:3~5)

번제단은 제물을 불로 태워서 여호와께 드리는 향기로 제사를 드릴 때 사용하도록 하나님께서 명하셨습니다. 번제로 드릴 때에는 제물을 불로 완전하게 살라서 드려야 합니다. 번제는 속죄제인데, 먼저 번제물의 머리에 안수하고 그 피를 제단 사방에 뿌리고 가죽을 벗기고 각을 뜨고 머리와 기름을 제단 나무 위에 놓고 내장과 정강이를 물로 씻어서 제단에서 함께 불살라야 합니다(레 1:4~9). 속죄제는 지은 죄를 말끔하게 씻어내기 위해서 명하신 제사법입니다. 피만 빼고 모든 것을 불태워야 합니다. 그렇지 않으면 지은 죄가 온전히 사해지지 못하기 때문에 제사의 의미가 사라집니다. 예수님께서 우리 죄를 위하여 피를 다 쏟으시고 목숨을 버리셨습니다. 생명을 전부 주심으로써 번제의 제물이 되셨습니다.

우리는 번제로 속죄제를 드리는 것은 아니지만 예수님의 피의 공로를 의지해서 죄를 고백하고 회개함으로써 지은 죄를 씻음 받습니다. 이것은 구원 받을 때의 회개와는 차이가 있습니다만, 그리스도인일지라도 생활 속에서 범죄에 빠질 수 있기 때문에 거기에서 깨끗하게 되려면 수시로 우리 죄를 고백하고 회개하는 과정을 필요로 합니다. 완전히 회개하지 못하고 같은 죄를 품고 있다면 우리는 틀림없이 하나님과의 관계에 장애가 되는 걸림돌을 치우지 못하는 것입니다. 육체의 죄가 단 한 번에 사라질 수는 없지만, 이스라엘 백성들이 수시로 번제를 드리는 것처럼 우리도 반복적으로 회개하는 과정이 필요합니다. 신앙이 깊을수록 죄에 대해 민감해집니다. 온전한 회개를 통하여 비로소 평안과 안식도 누릴 수 있습니다. 다른 모든 것을 잘 해도 회개하여 처음으로 돌아가지 않으면, 곧 번제로 완전히 불살라버리지 않으면 버림을 받을 수도 있는 것입니다.

"그러므로 어디서 떨어졌는지를 생각하고 회개하여 처음 행위를 가지라 만일 그리하지 아니하고 회개하지 아니하면 내가 네게 가서 네 촛대를 그 자리에서 옮기리라"(계 2:5)

적용하기 : 당신은 회개해 본 지 얼마나 되었습니까? 또 얼마나 깊게 회개했습니까? 온전하게 회개하지 못하면 여전히 죄의 종노릇하는 것일 수 있습니다.

❷ 어떤 울타리인가?

핵심구절 : "너는 성막의 뜰을 만들지니 남쪽을 향하여 뜰 남쪽에 너비가 백 규빗의 세마포 휘장을 쳐서 그 한 쪽을 당하게 할지니 그 기둥이 스물이며 그 받침 스물은 놋으로 하고 그 기둥의 갈고리와 가름대는 은으로 할지며" (출 27:9~10)

성막 뜰은 울타리로 둘러칠 휘장으로 경계가 지어져 있습니다. 일반 백성들은 성소와 지성소에는 들어가지 못하지만 뜰에는 들어가서 제사에 참여할 수 있습니다. 이 울타리는 거룩한 성막과 광야의 모든 세속을 막아주는 기능을 합니다. 이 울타리는 마치 선악나무와도 같다고 할 수 있습니다. 선악나무는 일종의 경계선입니다. 그것만 넘지 않으면 아담과 하와는 에덴동산에서 영원토록 복락을 누렸을 것입니다. 그러니까 선악과는 저주가 아니라 축복이었는데 그것을 범함으로써 에덴에 세상(죄)이 들어오게 되었던 것입니다.

물론 성막 뜰이 선악나무는 아니고 또 백성들이 울타리 밖으로 나가서는 안 되는 그런 것도 전혀 아닙니다만, 하나님의 거룩하심과 죄인 된 인간이 공존할 수 있는 곳이 성막 뜰인 것입니다. 그러므로 성막 뜰의 울타리는 거룩과 세속의 경계선인 것입니다.

오늘날 신약성도들도 각자가 나름대로의 울타리를 가지고 있습니다. 신학과 전통에 따라 얼마든지 다양할 수 있습니다만, 울타리는 일종의 행동규범의 선이라고 할 수 있습니다. 이 울타리가 굉장히 좁을 수도 있고 다소 넓어서 헐거운 것 같은 경우도 있습니다. 자기 신앙의 울타리를 어떻게 치는가에 따라 여러 가지 신앙의 모델이 나올 것입니다. 예를 들어 음주나 흡연을 어떻게 할 것인가, 오락이나 취미는 어디까지 해야 할 것인가, 주식이나 투자를 해도 되는가 등도 이 울타리에 해당될 수 있습니다. 중요한 것은 그런 울타리들이 하나님과의 관계와 이웃과의 관계에 얼마나 어떻게 영향을 줄 것인가 하는 것입니다. 거룩한 삶에 훼방이 된다면 그 울타리를 좁게 만들어야 할 것이고, 그럼에도 불구하고 세상과 구별된 삶을 살고 영향력을 끼치는 데 지장이 없다면 다소 넓은 울타리를 치고도 오히려 그리스도는 더 많이 전파될 수 있을 것입니다.

> "그러므로 만일 음식이 내 형제를 실족하게 한다면 나는 영원히 고기를 먹지 아니하여 내 형제를 실족하지 않게 하리라"(고전 8:13)

적용하기 : 신앙생활에 있어서 당신의 울타리는 어디까지입니까? 하나님과의 관계와 세상과의 관계에 훼방이 되지 않을 정도입니까?

하나님의 마음

하나님은 백성들과의 사이에 죄가 끼어들기를 원하지 않으십니다. 하나님과의 사이에 거리낌이 생길 수 있는 문제가 있습니까? 어떻게 해소하겠습니까?

오늘 받은 은혜

전체적으로 당신이 받은 은혜와 느낌을 기록해보십시오.

실천을 위한 도전 (기도하여 성령님의 인도하심을 받으십시오.)

당신과 하나님 사이에 막힌 것이 있다면 이야기해보고 그것을 깨기 위한 한 가지 실천방안을 연구해보십시오.

30
제사장의 옷
출애굽기 28:1~43

본문 개론

예배를 드릴 장소와 기물들에 대한 명령 다음에는 이스라엘의 하나님을 섬길 종으로서 성소에서 일해야 하는 제사장들에 대한 이야기가 계속됩니다. 하나님께서 제사장으로 일할 종들을 선택하시고 그들이 입을 예복을 정해주시는 것입니다. 그들이 하는 일이 거룩하므로 의복도 거룩해야 합니다. 대제사장이 입을 에봇과 띠, 판결흉패 및 그 속에 넣을 우림과 둠밈, 에봇 받침 겉옷, 대제사장의 관과 띠에 대해 기술하고 마지막으로 일반 제사장이 입을 의복까지 지정해주십니다. 가장 중요한 옷은 에봇과 판결흉패인데 그것은 항상 하나님의 뜻을 확인하는 일과 연관되어 있기 때문입니다. 한편 호마노 두 개에 이스라엘 열두 지파의 이름을 새기고 어깨받이에 붙이는 일(9~11)과 판결흉패에 열두 보석을 다는데 역시 열두 지파의 이름을 새겨 넣는 것(17~21)은 열두 지파 모두를 하나님 앞에 상징적으로 서게 함으로써 대제사장의 중보적이고 대표적인 기능을 나타내게 하신 것입니다.

본문 구성

아론과 아들들의 의복에 관한 명령   (1~4)

에봇에 관한 하나님의 명령   (5~14)

흉패에 관한 하나님의 명령   (15~30)

겉옷과 패와 관과 속옷에 관한 명령   (31~39)

아론과 아들들의 속옷 등에 관한 명령   (40~43)

본문 적용

전체적으로 대제사장에게만 적용되는 옷은 에봇과 판결흉패와 방울이 달린 긴 옷과 이마에 다는 금패입니다. 대제사장과 일반 제사장들에게 공히 적용되는 것은 속옷과 띠와 관과 속바지였습니다. 제사장들에게 이처럼 구별된 특별한 옷을 입히는 이유는 직무의 위엄을 갖추고 예의를 다하도록 하기 위함이었고, 사역자들이 거룩하게 보임으로써 백성들도 하나님께 대하여 거룩한 경외감에 사로잡히도록 하기 위함이며, 오늘날에는 성도들이 그리스도의 상징이 되게 하기 위함입니다. 신약성도들은 무엇으로 옷을 입어야 하겠습니까? 겉모습의 위엄을 드러내는 옷이 아닙니다. 금이나 진주나 값비싼 옷이 아니라 복음으로 인한 빛의 옷과 구원과 의로 옷 입어야 할 것입니다.

❶ 영화롭고 아름답게

핵심구절 : "네 형 아론을 위하여 거룩한 옷을 지어 영화롭고 아름답게 할지니

너는 무릇 마음에 지혜 있는 모든 자 곧 내가 지혜로운 영으로 채운 자들에게 말하여 아론의 옷을 지어 그를 거룩하게 하여 내게 제사장 직분을 행하게 하라"(출 28:2~3)

모든 것이 상징입니다. 상징은 의미이고 가치입니다. 상징은 허상이 아니고 하나님의 마음이자 통치원리입니다. 그 상징들을 보면서 백성들은 하나님을 떠올려야 하고 하나님의 뜻을 생각해야 합니다. 그런 의미에서 제사장의 의복은 하나님의 뜻이 그대로 반영된 결과물이고 백성들은 그것을 보면서 거룩하시고 지엄하시고 영화로우신 하나님의 대리자로 인정하고 그가 집전하는 제사에 진심으로 동참하게 되는 것입니다. 하나님은 제사장들의 의복을 영화롭고 아름답게 지으라고 명하셨습니다. 앞에서 돌로 제단을 쌓을 때에는 다듬지 않은 자연석 그대로 하라고 하셨고(20:25), 증거궤는 그 크기를 1.3m 정도의 작은 크기로 만들라고 명하셨지만(25:10), 이번에는 가능한 한 영화롭고 아름답게 만들라고 하셨습니다. 그것은 겉으로 보이는 종교적 상징물은 부풀려서 과대하게 만들지 말라고 하심과 동시에 백성들과 하나님을 중재하는 내면에는 가능한 한 하나님과의 친밀한 관계를 확대하라는 말씀인 것입니다.

하나님은 원래 영화롭고 아름다운 분이십니다. 온 우주 만물과 자연세계를 보면 아름다움의 극치를 이루고 있습니다. 산과 숲, 들판과 호수, 바다와 강물, 시시각각 변화하는 아름다운 하늘, 그런 자연 속에 사는 온갖 동식물들, 너무나도 아름답고 신비한 조류의 세계, 곤충과 작은 생물들 속에는 감탄할 수밖에 없는 아름다움으로 가득 채워져 있습니다. 하나님은 아름다움을 창조하신 분이십니다. 신비로 가득한 영화로움이 충만한 분이십니다. 겉으로 드러나는 인위적인 꾸밈이나 규모의 부풀림은 싫어하시지만 하나님의 성품을 알고 그분의 아름다움과 거룩하심을 드러내려는 모든 시도에는 하나님께서 기뻐하실 것입니다. 제사장의 의복은 영화롭고 아름답게 만들라고 하셨는데 그 속에는 그리스도의 상징들로 채워져 있습니다. 우리 삶에도 오직 하나님을 영화롭게 하고 아름답게 하는 의미로 가득 채워져 있으면 좋겠습니다.

"그 날에 여호와의 싹이 아름답고 영화로울 것이요 그 땅의 소산은 이스라엘의 피난한 자를 위하여 영화롭고 아름다울 것이며"(사 4:2)

적용하기 : 당신은 하나님을 의식하는 편입니까, 사람을 의식하는 편입니까? 하나님을 위하여 영화롭고 아름답게 하려면 어떻게 하면 되겠습니까?

❷ 방울소리를 울리는가?

핵심구절 : "너는 에봇 받침 겉옷을 전부 청색으로 하되 두 어깨 사이에 머리 들어갈 구멍을 내고 그 주위에 갑옷 깃 같이 깃을 짜서 찢어지지 않게 하고 그 옷 가장자리로 돌아가며 청색 자색 홍색 실로 석류를 수놓고 금방울을 간격을 두어 달되 그 옷 가장자리로 돌아가며 한 금방울, 한 석류, 한 금방울, 한 석류가 있게 하라 아론이 입고 여호와를 섬기러 성소에 들어갈 때와 성소에서 나올 때에 그 소리가 들릴 것이라 그리하면 그가 죽지 아니하리라"(출 28:31~35)

제사장이 정해진 의복을 입고 성소에 들어가고 나올 때에는 반드시 방울소리가 바깥으로 들려옵니다. 성소에 들어갈 수 없는 백성들은 그 방울소리를 듣고 제사장이 자신들을 위하여 하나님께 제사를 드리고 있음을 알고 살아계신 하나님의 존재를 더욱 깊이 느끼게 되는 것입니다. 오늘날에는 만인제사장론이라는 신학이 있어서 그리스도인들이 모두가 이 제사장의 역할을 하는 것이라고 설명하고 있지만, 제사장은 오늘날 목사도 아니고 선교사도 아니고 어떤 직분자도 아닙니다. 모든 그리스도인들이 하나님과 하나님을 모르는 사람들 사이에서 영적 제사를 드리는 일을 감당하는 사람들입니다. 물론 우리에게 제사장의 직분이 주어졌다든가 불신자를 대신해 제사를 드린다는 말이 아닙니다. 하지만 사람들은 우리의 삶을 통하여 하나님의 존재를 조금씩이라도 경험하게 되는데 그것이 마치 제사장들이 성소에서 방울소리를 울리면서 제사를 지내는 것과 같다는 것입니다.

본문에 의하면 방울소리가 들리지 않으면 그 사람은 죽은 것이라고 볼 수 있습니다. 방울소리는 하나님을 섬기고 있다는 일종의 표지와 같은 것입니다. 하나님을 믿는다면서 무색무취의 모습으로 아무런 표지 없이 살아간다면 그것은 방울소리가 들리지 않는 것입니다. 제사장들이 성소에서 구체적으로 무엇을 하고 있는지 백성들은 알 길이 없습니다. 다만 하나님과 함께하고 있다는 사실만 짐작할 뿐입니다. 그러나 백성들은 그 사실을 믿고 있습니다. 우리도 제사장처럼 방울이 여러 개 달려있는 옷을 입고 살아가는 사람들입니다. 우리가 그리스도를 따라 살아가면 자연스럽게 방울소리가 울리게 되어 있습니다. 사람들이 들으라고 일부러 소리를 요란하게 흔들거나 큰 소리가 들리게 하기 위해 방울을 크게 만들면 안

되지만, 우리가 하나님의 일을 한다고 하는데 아무런 소리도 들리지 않는다면 우리 자신의 내면과 삶의 모습을 되돌아보아야 할 것입니다.

> "모든 성도 중에 지극히 작은 자보다 더 작은 나에게 이 은혜를 주신 것은 측량할 수 없는 그리스도의 풍성함을 이방인에게 전하게 하시고 영원부터 만물을 창조하신 하나님 속에 감추어졌던 비밀의 경륜이 어떠한 것을 드러내게 하려 하심이라"(엡 3:8~9)

적용하기 : 당신의 삶의 어떤 부분이 방울소리로 들린다고 생각합니까? 어떤 부분이 방울소리가 되어야 한다고 생각합니까?

하나님의 마음

하나님은 제사장을 통하여 하나님의 마음을 드러내려고 하십니다. 당신은 영적 제사장으로서 얼마만큼이나 하나님의 마음을 드러내고 있습니까?

오늘 받은 은혜

전체적으로 당신이 받은 은혜와 느낌을 기록해보십시오.

실천을 위한 도전 (기도하여 성령님의 인도하심을 받으십시오.)

오늘날 제사장의 의복은 우리 그리스도인들의 삶의 모습으로 드러나야 합니다. 당신이 그 의복 중에서 가장 강조하고 싶은 부분을 생각하고 행해보십시오.

본문 개론

제사장으로 위임할 때 우선 그들을 물로 씻겼으며 제사장 의복을 입히는 예식을 행했고 대제사장에게는 거룩한 관유를 부었습니다. 그리고 나서 차례차례 제사를 드렸는데, 가장 먼저 속죄제를 드렸습니다. 속죄하지 않고는 하나님의 거룩한 예식에 임할 수가 없었습니다. 그 다음에 번제를 드려야 했는데 번제란 제물을 전부 불태워 드리는 것으로서 하나님의 거룩한 일을 하는 사람은 자신의 전체를 하나님께 드리라는 뜻입니다. 이때 짐승의 머리에 안수하는데 그것은 제사를 드리는 제사장들과 제물로 드려지는 짐승이 하나임을 상징하는 것입니다. 그 후에 화목제를 드리는데 제물의 일부를 하나님 앞에서 먹는 것으로서 하나님과 화목하고 하나님께서 제사를 받으셨음을 의미하는 것입니다. 이런 제사는 7일 동안 반복되었고 제단도 성별하여 거룩하게 하는 일을 해야만 했습니다. 한편 그렇게 제사장으로 위임을 받으면 매일 아침과 저녁에 어린양 한 마리씩과 소제물로 번제를 드리는 일이 가장 핵심적인 일이었습니다. 이 일은 다른 제사가 행해지더라도 변함없이 항상 드리는 제사였습니다.

본문 구성

본문 적용

제사장 위임식의 규례는 인간의 의지를 따라 할 수 없고 하나님의 계획과 부르심에 의해서만 가능한 것입니다. 구약에서는 모든 백성들이 각자의 제물을 가지고 와서 언제라도 직접 제사를 드리게 하지 않으시고 소수의 제사장들을 통해서만 드리도록 하셨습니다. 제사를 위해 하나님께서 특별히 위임하신 사람에게 죄인과 하나님 사이의 중재역할을 맡겨 신성한 제사가 유지되도록 하신 것입니다. 오늘날 우리 신약교회 성도들에게는 누가 이 일을 하셨습니까? 우리의 영원하신 대제사장 그리스도께서 십자가에서 단번에 제물로 드려진 바가 되었습니다. 그래서 우리에게는 따로 제사장이 필요하지 않고 언제라도 하나님께 다가갈 수 있게 된 것입니다. 하지만 그리스도의 중보사역이 마무리된 것은 아닙니다. 따라서 우리의 영원한 중보자이신 예수님을 전적으로 의지하는 일이 남아 있습니다. 그것이 마치 매일 드려지는 상번제처럼 우리에게 남겨진 삶인 것입니다.

❶ 우리가 죽어야 했다.

핵심구절 : "너는 수송아지를 회막 앞으로 끌어오고 아론과 그의 아들들은 그 송아지 머리에 안수할지며 … 너는 또 숫양 한 마리를 끌어오고 아론과 그의 아들들은 그 숫양의 머리 위에 안수할지며 … 너는 다른 숫양을 택하고 아론과 그 아들들은 그 숫양의 머리 위에 안수할지며"(출 29:10, 15, 19)

예수님은 십자가에 못 박히시고 6시간 동안 사람이 겪을 수 있는 모든 고통과 수치를 다 당하시고 "다 이루었다." 하시고 숨을 거두셨습니다. 그 자리에 누가 달려야 했던 것일까요? 바로 우리 자신이 그 십자가를 지고 못 박히고 고통과 수치를 다 당하고 죽어야만 했던 것입니다. 제사장으로 세워질 때 수송아지와 숫양에게 먼저 안수하고 회막 문 앞 곧 여호와 앞에서 도살합니다. 혹시 모를 제사장들의 죄를 먼저 속하여 거룩한 상태에서 신성한 위임식을 진행하게 하셨습니다. 하나님께서는 제사장들과 제물들을 동일하게 인정하시는 것입니다. 원래는 어떤 사람이라도 공의로우신 하나님 앞에 설 수 없는 존재들입니다. 다만 그 죄를 짐승에게 덮어씌움으로써 겨우 하나님 앞에 설 수 있다는 말입니다.

그렇다면 소와 양이 죽임을 당하고 피를 다 쏟고 각이 뜨이고 내장과 기름이 불에 태워지고 고기와 가죽도 다 태워지는 것은 곧 누가 그런 죽임을 당해야 한다는 말입니까? 우리 자신이 그런 취급을 당해도 전혀 할 말이 없다는 것입니다. 너무 추상적이고 관념적으로 들릴 것입니다. 그러나 전쟁터에서 죽어가는 수많은 군인들을 생각해보십시오. 폭탄이 터져서 내장이 파열되고 팔다리가 떨어져나가는 현장이 오늘날에도 그대로 존재합니다. 죄로 따지면 우리가 바로 그렇게 죽어야 하는 사람들이라는 말입니다. 그런데 우리 대신 죽어야 했던 소와 양은 곧 예수님입니다. 제사장 대신 그렇게 제물로 죽은 짐승들처럼 예수님께서 우리 대신 모든 고통과 수치를 당하셨던 것입니다. 우리가 감사하지 못할 이유가 없고 항상 하나님 앞에서 살지 못할 이유가 없습니다. 용서하지 못할 이유가 없고 이웃을 사랑하지 못할 이유가 없는 것입니다.

"그가 모든 사람을 대신하여 죽으심은 살아 있는 자들로 하여금 다시는 그들 자신을 위하여 살지 않고 오직 그들을 대신하여 죽었다가 다시 살아나신 이를 위하여 살게 하려 함이라"(고후 5:15)

적용하기 : 당신은 당신 대신 모든 고통을 당하시고 돌아가신 예수님을 얼마나 의식하면서 살고 있습니까? 감사나 헌신이나 사랑이 부족한 것은 무엇 때문이라고 생각합니까?

❷ 우리 중에 거하시려고

핵심구절 : "내가 거기서 이스라엘 자손을 만나리니 내 영광으로 말미암아 회막이 거룩하게 될지라 내가 그 회막과 제단을 거룩하게 하며 아론과 그의 아들들도 거룩하게 하여 내게 제사장 직분을 행하게 하며 내가 이스라엘 자손 중에 거하여 그들의 하나님이 되리니 그들은 내가 그들의 하나님 여호와로서 그들 중에 거하려고 그들을 애굽 땅에서 인도하여 낸 줄을 알리라 나는 그들의 하나님 여호와니라"(출 29:43~46)

우리는 하나님의 마음을 너무나도 모를 때가 아주 많습니다. 아론과 그 아들들이 제사장으로 위임되는 모든 과정을 보면서 단지 예식으로만 생각하거나 그런 과정들을 따라가기 바쁘다면 하나님의 마음을 몰라도 너무 모르는 것입니다. 하나님께서 왜 이렇게 복잡하게 짐승들을 잔인하게 잡아서 제사를 드리라고 하실까 의아하게 생각될 수도 있습니다. 한번 상상해보십시오. 지금 제사장 위임식의 현장은 온통 피비린내가 진동할 것입니다. 고기가 타는 냄새도 온 천지를 뒤덮을 것입니다. 여기에 무슨 사랑이 있고 거룩이 있고 영광이 있겠습니까? 아름다움이 어디에 있겠습니까? 겉으로는 전부 그렇게 보일 뿐입니다. 그런데 이렇게 하셔야만 하는 하나님은 우리에게서 무엇을 원하고 계실까요? 그것은 우리 중에 거하시는 것입니다. 타락한 인간의 하루하루는 이와 같은 처절한 몸부림을 거치지 않으면 하나님과 동행하기 어렵다는 말입니다. 죄와 싸우고 욕심과 싸우는 데 이런 과정이 필요 없겠습니까? 그만큼 우리의 죄는 아주 뿌리가 깊고 끈질긴 것입니다. 거룩하신 하나님과 함께하기 위해서는 이런 싸움을 통해야 비로소 가능해진다는 말입니다. 그러니까 우리가 날마다 영적 싸움을 펼치지 않을 수가 없습니다.

하나님의 소원은 자녀들과 항상 함께하시는 것입니다. 하나님은 함께하시기 위해 모든 일을 진행하셨습니다. 제사장에게 왜 이런 일을 시키실까요? 함께하시기 위해서입니다. 제사장과 함께하시는 것이 아니라 이런 제사들을 통하여 백성들과 함께하시기 위해서입니다. 제사가 중요합니다만, 목적은 우리와 함께하시는 것입니다. 왜 목회를 하게 하시나요? 우리와 함께하시기 위해서입니다. 일이 중요한 것이 아닙니다. 비전은 아무 것도 아닙니다. 하나님께서 함께 하시지 않으면 그런 것은 그냥 인간의 욕심일 뿐입니다. 우리 그리스도인들은 모든 일을 하나님과 동행하기 위해서 해야 합니다. 수시로 하나님께서 나와 우리 가운데 거하시는지를 살펴야 하겠습니다.

> "아버지여, 아버지께서 내 안에, 내가 아버지 안에 있는 것 같이 그들도 다 하나가 되어 우리 안에 있게 하사 세상으로 아버지께서 나를 보내신 것을 믿게 하옵소서"(요 17:21)

적용하기 : 당신은 하나님과의 친밀함보다는 일과 그 결과에 더 집중하지는 않았습니까? 어떻게 하나님과 더 가까워지겠습니까?

하나님의 마음

우리는 하나님을 내 편으로 만들고 싶지만 하나님은 먼저 우리를 하나님의 편으로 만들기를 원하십니다. 당신은 어떻게 먼저 하나님의 편이 되겠습니까?

오늘 받은 은혜

전체적으로 당신이 받은 은혜와 느낌을 기록해보십시오.

실천을 위한 도전 (기도하여 성령님의 인도하심을 받으십시오.)

하나님과 더 가까이 하려면 무엇인가 우리가 집착하고 있는 것을 버려야 합니다. 당신이 우선적으로 버릴 것은 무엇입니까?

32
제사장의 업무들
출애굽기 30:1~38

본문 개론

제사장이 주로 사용할 기구들에 관한 설명인데 분향단은 놋단과 구별하기 위해 금향단이라고도 불리었으며 성소 안의 진설병상과 등잔대 사이에 위치했을 것입니다. 제사장은 하루에 두 번씩 성소 안에서 등불을 관리할 때 분향단에 향을 사르도록 했습니다. 속전이란 일종의 종교적 인두세인데 부자나 가난한 자나 똑같이 드리는 것이 특징이며 이 돈은 성전을 유지하기 위해 사용되었습니다. 물두명은 성막 뜰에 위치해있으면서 제사장들이 제사 드리기 전에 몸을 씻는 의식에 사용했으므로 그렇게 크지는 않았을 것입니다. 기름을 붓거나 바르는 것은 사명이나 직분을 수여할 때와 병을 치유하는 일과 연관되어 있었는데 성막에서 쓰는 향기름은 거룩한 향과 함께 일반인의 생활에서는 쓸 수 없었고 오직 하나님만을 위해서 사용해야 했습니다.

본문 구성

성소 안 분향단에 관한 명령 (1~10)
회막 봉사에 쓰는 생명의 속전에 관하여 (11~16)

놋 물두멍에 관한 명령 (17~21)
거룩한 향기름에 관한 명령 (22~33)
거룩한 향에 관한 명령 (34~38)

본문 적용

본장의 내용은 제사장들의 기본적인 업무와 관련된 물품에 대한 설명입니다. 분향단에 향을 사르는 것은 기도를 상징하는데 하나님의 임재를 상징하는 지성소와 가장 가까운 곳에 설치함으로써 하나님과의 관계가 더욱 깊어지는 것을 뜻합니다. 매일 두 번씩 사르는 향처럼 기도생활도 규칙적으로 할 것을 권유하는 것과 같습니다. 한편 물두멍은 놋으로 만든 대야인데 중근동지역에는 먼지가 많으므로 손발을 씻지 않고는 성막 안으로 들어갈 수 없었습니다. 매일같이 향을 사르는 것처럼 매일같이 손과 발을 씻어야 합니다. 우리도 마찬가지입니다. 매일매일 우리의 마음과 영혼을 회개하여 깨끗하게 유지할 수 있어야 합니다. 제사장들의 일과는 우리 그리스도인의 영적 관리에 상당히 중요한 역할을 하는 것입니다. 우리 심령 가운데 거하시는 성령님과의 교통을 활발하게 하는 기도와 회개는 늘 반복되어야 하는 것입니다.

❶ 온전히 따르는 자

핵심구절 : "네가 이스라엘 자손의 수효를 조사할 때에 조사 받은 각 사람은 그들을 계수할 때에 자기의 생명의 속전을 여호와께 드릴지니 이는 그들을 계수할 때에 그들 중에 질병이 없게 하려 함이라 무릇 계수 중에 드는 자마다 성소

의 세겔로 반 세겔을 낼지니 한 세겔은 이십 게라라 그 반 세겔을 여호와께 드릴지며 계수 중에 드는 모든 자 곧 스무 살 이상 된 자가 여호와께 드리되 너희의 생명을 대속하기 위하여 여호와께 드릴 때에 부자라고 반 세겔에서 더 내지 말고 가난한 자라고 덜 내지 말지며"(출 30:12~15)

하나님은 모세에게 명하시기를 스무 살 이상의 백성들은 회막 봉사에 사용할 속전을 내게 하셨는데 이것은 생명의 속전이라고 하셨습니다. 곧 생명을 대속하기 위하여 여호와께 드리는 돈으로, 각 사람 당 반 세겔씩 내도록 하셨고 이것을 냄으로써 질병이 없게 하려 함이라고 말씀하셨습니다. 이것은 이스라엘 백성이라면 누구도 예외가 없이 적용되는 것이어야 했습니다. 그런데 사실 이것은 하나님께 드리는 최소한의 필요조건이었습니다. 이것을 행치 않으면 벌을 받게 되지만 그렇다고 이것만 행하면 모든 것이 잘되고 생명이 길어지는 것은 아니라는 말입니다. 이 생명의 속전을 하나님께 마음을 다해 준비해서 또는 가난해서 어려움에도 최선을 다해서 드린 것으로 하나님께서 기뻐하시지만 그 속에 하나님을 사랑하고 감사하는 진정한 마음이 들어있지 못하면 결코 그것으로 충분할 수는 없다는 말입니다. 오늘날과 똑같습니다.

하나님은 가나안 땅을 목전에 두었을 때 출애굽 당시 이십 세 이상 되었던 자들은 하나님의 약속의 땅으로 결코 들어가지 못할 것을 말씀하셨습니다. 여호수아와 갈렙 두 사람만 예외였는데 나머지는 전부 광야에서 죽었습니다. 이십 세 이상으로 생명의 속전을 바치지 않은 사람은 없었을 텐데 왜 그런 일이 일어났겠습니까? 하나님은 그들이 온전히 하나님을 따르지 않았기 때문이라고 말씀하십니다(민 32:11). 오늘날 우리도 교회전통을 잘 지키고 예배를 열심히 드렸다고 해서 모두가 예수님의 제자가 되는 것은 아닌 것과 같은 이치입니다. 먼저 마음을 다해 하나님을 사랑해야 합니다. 그 후에 생명의 속전을 바치면 하나님은 끝까지 책임지실 것입니다.

> "애굽에서 나온 자들이 이십 세 이상으로는 한 사람도 내가 아브라함과 이삭과 야곱에게 맹세한 땅을 결코 보지 못하리니 이는 그들이 나를 온전히 따르지 아니하였음이니라"(민 32:11)

적용하기 : 당신은 마음을 다해 하나님을 사랑하기 위하여 어디에 집중하고 있습니까? 삶속에서의 거룩함을 소홀히 하고 있습니까?

❷ 끊어지지 않도록

핵심구절 : "너는 이스라엘 자손에게서 속전을 취하여 회막 봉사에 쓰라 이것이 여호와 앞에서 이스라엘 자손의 기념이 되어서 너희의 생명을 대속하리라 … 이와 같이 그들이 그 수족을 씻어 죽기를 면할지니 이는 그와 그의 자손이 대대로 영원히 지킬 규례니라 … 이와 같은 것을 만드는 모든 자와 이것을 타인에게 붓는 모든 자는 그 백성 중에서 끊어지리라 하라 … 냄새를 맡으려고 이같은 것을 만드는 모든 자는 그 백성 중에서 끊어지리라"(출 30:16, 21, 33, 38)

하나님은 제사장에 관한 규례에서 몇 가지 사항을 침범하면 백성 중에서 끊어질 것이라고 경고하셨습니다. 속전을 바치지 않은 경우, 제사장에 한해서이지만 회막에 들어갈 때 물두멍에서 손과 발을 씻지 않은 경우, 거룩한 향기름을 제사 목적이 아닌 다른 목적으로 성막에 사용하는 것과 같은 방법으로 만들거나 다른 사람의 몸에 이것을 붓는 경우, 그리고 냄새를 맡기 위해 거룩한 향을 만드는 것과 같은 방법으로 향을 제작하는 경우가 그것입니다. 하나님께 제사 드리는 목적 이외에 다른 인간적인 목적을 위해 같은 방법으로 무엇인가 제작하거나 정해진 명령 이외에 자신의 편리를 위해 무엇인가를 하거나 하지 않는 것은 하나님을 가볍게 여기는 것이며, 하나님의 거룩함과는 거리가 먼 행위이기 때문에 그것으로 이스라엘 백성이 아닌 것입니다.

우리는 성경 속의 하나님의 말씀을 너무 경홀히 여기는 경향이 있습니다. 물론 구약에서처럼 즉각적인 심판이 있는 것은 아닙니다. 보이지 않는 영적 생명으로 바뀌었기 때문입니다. 예수님께서 오셔서 모든 것을 완성하셨습니다. 사실은 눈으로 보이는 외적인 심판보다 더 무서운 것이 영적인 심판입니다. 구약에서처럼 교회에 다니기만 하면 하나님의 백성인 것은 아니라는 말입니다. 하나님의 일을 하면서 자기 목적을 위하는 사람들이 참 많습니다. 그들은 하나님과 하나님의 일을 이용하는 사람들입니다. 또는 다른 사람들에게 잘 보이고 인정받으려는 욕심 때문에 교회에 다니는 사람일 수도 있습니다. 구약 시대에는 차라리 눈으로 볼 수 있으니까 경계심을 가지기가 더 쉽습니다. 우리는 항상 우리의 모습을 점검해야 합니다. 기도이든 말씀이든 우리 심령의 거울로 삼아야 하는 것입니다.

"누구든지 말씀을 듣고 행하지 아니하면 그는 거울로 자기의 생긴 얼굴을 보는 사람과 같아서 제 자신을 보고 가서 그 모습이 어떠했는지를 곧 잊어 버리거니와 자유롭게 하는 온전한 율법을 들여다보고 있는 자는 듣고 잊

어버리는 자가 아니요 실천하는 자니 이 사람은 그 행하는 일에 복을 받으리라"(약 1:23~25)

적용하기 : 당신은 주로 무엇으로 당신의 신앙의 현주소를 점검합니까? 그럴 때 얼마나 깊은 진단이 가능합니까?

하나님의 마음

하나님의 심판은 하나님의 공의대로 이루어지는 것이기 때문에 백성이 온전히 따르지 못하면 자기가 스스로 받게 됩니다. 당신은 하나님의 장중에 들어갈 수 있겠습니까?

오늘 받은 은혜

전체적으로 당신이 받은 은혜와 느낌을 기록해보십시오.

실천을 위한 도전 (기도하여 성령님의 인도하심을 받으십시오.)

하나님 앞에서는 누구라도 어느 부분인가는 부족한 부분이 있습니다. 당신의 부족함은 무엇이고 그것을 회복할 한 가지 실천사항을 발견하고 보완해보십시오.

본문 개론

하나님은 모세와 함께하시며 말씀하셨던 40일간의 모든 과정을 마무리하십니다. 가장 핵심적인 일일 것입니다. 하나님의 지시에 따라 완벽하게 작업하고 지도할 사람과 가장 중요한 핵심인 안식일 준수와 십계명을 직접 새기신 돌판이 그것입니다. 브살렐과 오홀리압을 통하여 일하시는 하나님은 성막 제작에 필요한 광범위한 기술들을 각 사람에게 주셨으며 사람은 하나님께서 주신 다양한 기능을 가지고 하나님의 일에 동참하는 것입니다. 이것은 마치 그리스도를 머리로 하는 신약교회의 하나 되는 모습과 일치합니다. 한편 안식일은 하나님을 계속하여 섬긴다는 의미를 담고 있으며 안식일을 어떻게 보내는가를 보면 그 사람의 영적 상태를 잴 수 있습니다. 안식일은 한 주간 전체가 하나님의 것이라는 고백인 것입니다.

본문 구성

브살렐에게 정교한 일을 맡기시다.　　　　　(1~5)
오홀리압에게 기구와 의복을 맡기시다.　　　(6~11)

하나님께서 안식일을 명하시다.   (12~17)
여호와께서 모세에게 증거판을 주시다.   (18)

본문 적용

　하나님과의 언약관계와 하나님께서 주인 되심을 항상 기억하게 하기 위해 성막의 건립을 명하셨으며, 이제 건축자들을 부르셔서 그들에게 지혜로운 마음을 주시고 일을 감당할 수 있는 능력을 허락하십니다. 하나님의 일은 재능이 있다고 해서 감당할 수 있는 것이 아니고 재능 위에 하나님을 영화롭게 하려는 마음가짐이 필수적입니다. 각종 능력을 앞세우면 하나님은 뒤로 사라질 수밖에 없다는 사실을 명심해야 하겠습니다. 안식일은 하나님의 거룩한 성막 건립을 하는 동안에도 틀림없이 지켜져야 합니다. 하나님의 일을 핑계로 안식일을 거부하거나 모호하게 하는 일은 있을 수가 없습니다. 우리에게도 마찬가지입니다. 하나님은 아무리 주의 일을 열심히 감당한다 하더라도 하나님의 사랑과 은혜를 기억하기 위한 안식일을 꼭 지켜서 육체적인 노동과 쉼의 적절한 조화를 이룰 수 있어야 합니다.

❶ 능력인가, 영성인가?

핵심구절 : "내가 유다 지파 훌의 손자요 우리의 아들인 브살렐을 지명하여 부르고 하나님의 영을 그에게 충만하게 하여 지혜와 총명과 지식과 여러 가지 재주로 정교한 일을 연구하여 금과 은과 놋으로 만들게 하며 보석을 깎아 물리며 여러 가지 기술로 나무를 새겨 만들게 하리라 내가 또 단 지파 아히사

막의 아들 오홀리압을 세워 그와 함께 하게 하며 지혜로운 마음이 있는 모든 자에게 내가 지혜를 주어 그들이 내가 네게 명령한 것을 다 만들게 할지니" (출 31:2~6)

성막과 기구와 제사장의 의복을 제작하는 일에는 특별히 재능 있는 사람이 필요합니다. 이 세상의 모든 일들이 다 그렇지만 영성만 가지고도 안 되고 기술이나 능력만 가지고도 안 되는 것이 하나님의 일입니다. 모세가 아무리 하나님과 친구처럼 대화하는 사람이고 아론이 아무리 이스라엘의 첫 번째 대제사장이라고 하더라도 그것만 가지고 모든 기구와 의복을 만들 수는 없습니다. 그래서 하나님은 백성들 중에서 특별한 재능을 가지고 있는 브살렐과 오홀리압을 부르신 것입니다. 아름답고 정교한 성물을 제작하기 위해서는 그런 일을 해왔었고 다양한 경험을 가진 사람이 필요했던 것입니다. 그런데 하나님은 그런 브살렐을 부르셔서 하나님의 영을 그에게 충만하게 하셨습니다. 이미 기술로는 조금도 부족함이 없을 정도로 충분했습니다. 거기에 부족할 수도 있는 것이 바로 영성입니다.

하나님은 그들이 가지고 있는 기술만 필요한 것이 아닙니다. 하나님은 오히려 그 기술로 하나님께 영광을 돌려드릴 믿음이 더 필요한 것입니다. 믿음만으로 모든 것이 가능한 것은 아니지만 그렇다고 기술만 가지고 하나님의 일을 잘 감당할 수는 없습니다. 우리의 현실을 가지고 이야기하자면, 이 기술이라는 것은 개인의 능력, 재능, 기질과 성품 등 하나님의 일을 하는 데 사용되는 모든 종류의 기능을 말하는 것입니다. 예를 들어 돈을 잘 버는 능력이 있습니다. 머리가 좋아서 학문을 깊이 연구하는 능력이 있습니다. 사람들을 잘 리드해서 목회를 크게 하는 능력도 있습니다. 그런데 이런 능력에 앞서서 하나님의 마음을 알고 사랑하며 하나님의 뜻을 이웃들에게 펼쳐 보이는 영성이 먼저입니다. 하나님은 그래서 브살렐에게 하나님의 영을 충만하게 하셨던 것입니다.

> "그런즉 너희는 먼저 그의 나라와 그의 의를 구하라 그리하면 이 모든 것을 너희에게 더하시리라"(마 6:33)

적용하기 : 당신은 자신의 능력을 어느 정도나 의지하고 있습니까? 모든 것이 하나님께로부터 왔음을 실제로 인정합니까?

❷ 안식일에 살리는가, 죽이는가?

핵심구절 : "너희는 안식일을 지킬지니 이는 너희에게 거룩한 날이 됨이니라 그 날을 더럽히는 자는 모두 죽일지며 그 날에 일하는 자는 모두 그 백성 중에서 그 생명이 끊어지리라 엿새 동안은 일할 것이나 일곱째 날은 큰 안식일이니 여호와께 거룩한 것이라 안식일에 일하는 자는 누구든지 반드시 죽일지니라"(출 31:14~15)

오늘날 안식일에 대한 하나님의 이 무서운 명령은 어떻게 해석하고 적용해야 하겠습니까? 우선 십계명은 하나님께서 직접 다스리시던 광야교회에서 주어진 엄격한 명령이라는 사실을 이해해야 합니다. 광야에서는 하나님의 모든 명령이 직접 모세에게 전달되었고 모세는 하나님의 말씀대로 그대로 백성들을 다스릴 수 있었습니다. 그렇다고 광야교회에만 적용된다는 뜻은 전혀 아닙니다. 아무튼 하나님은 모든 성막의 기구와 의복을 하나님의 영감을 받아 열심히 만들더라도 안식일에는 완전히 중단하고 쉬라고 하셨습니다. 안식의 개념이 어떻게 적용되든지 하루를 충실하게, 6일을 완전하게 일한 이후에 안식을 통하여 쉼과 회복을 얻는 것은 물론이고 자신을 돌아보고 자기 일을 점검해보는 시간을 가지게 하는 것은 굉장히 중요합니다. 그런데 이 안식일에 일을 하면 반드시 죽이도록 율법으로 명시해놓게 하셨습니다. 왜 그러셨을까요? 안식일은 여호와께 거룩한 날이며 큰 날이라고 하셨습니다. 안식일을 제대로 지키지 않는 것은 하나님의 창조를 부정하는 것이며 하나님을 하나님으로 인정하지 않는 것과 마찬가지이기 때문입니다. 이런 명령을 알면서도 안식일을 지키지 않는다면 그는 하나님의 백성 중에 속할 수가 없고 따라서 죽음을 맞을 수밖에 없는 것입니다.

그런데 예수님은 안식일에 제자들이 밀 이삭을 자르는 것을 바리새인들이 책망하자 안식일은 사람을 위하여 있는 것이라고 하셨습니다. 물론 안식일은 하나님의 거룩한 날이지만 하나님은 사람을 위하여 안식일을 제정해주신 것입니다. 오늘날 전통교회에서는 안식일 개념을 적용하지 않고 있는 경우가 대부분입니다. 물론 지금도 진정한 안식의 개념으로 모든 일을 완성한 이후의 안식을 누릴 것을 성경이 가르치고 있기 때문에 안식일 자체가 사라진 것은 아닙니다. 비록 구약의 안식일처럼 기계적으로 안식일을 범하지 못하도록 강제하는 것은 아닙니다만, 우리가 참다운 안식을 누리지 못하면 영적으로 침체되거나 세상으로 치우칠 가능성이 커지는 것입니다. 구약만큼은 아니라도 오늘 당장 죽어도 후회가 없을 만큼의 삶 이후에 얻어지는 것과 같은 안식을 누릴 수 있어야 하겠습니다.

"예수께서 그들에게 이르시되 내가 너희에게 묻노니 안식일에 선을 행하는 것과 악을 행하는 것, 생명을 구하는 것과 죽이는 것, 어느 것이 옳으냐 하시며 무리를 둘러보시고 그 사람에게 이르시되 네 손을 내밀라 하시니 그가 그리하매 그 손이 회복된지라"(눅 6:9~10)

적용하기 : 안식일은 사람을 살리는 날입니까 죽이는 날입니까? 율법적으로 가두어지지 말고 생명을 살리는 안식이 되어야 하겠습니다. 당신은 안식을 누리고 있습니까?

하나님의 마음

하나님은 백성들이 충실한 헌신과 적절한 쉼을 통하여 온전하고 건강한 관계
가 지속되기를 바라십니다. 당신은 얼마나 균형 잡힌 삶을 살고 있습니까?

오늘 받은 은혜

전체적으로 당신이 받은 은혜와 느낌을 기록해보십시오.

실천을 위한 도전 (기도하여 성령님의 인도하심을 받으십시오.)

이제까지 해오던 방식 중에서 안식의 개념에 합당하지 못한 부분이 있습니까?
그것을 발견하고 개선하기 위해서는 어떻게 하면 되겠습니까?

금송아지 숭배사건

출애굽기 32:1~35

본문 개론

본장의 기록은 엄청난 단절로서, 비유로 말한다면 이제 막 하나님과 백성들 사이의 아름다운 결혼식이 장엄하게 거행되어야 하는 순간에 백성들이 간음을 함으로써 모든 행복과 축복이 산산조각 나 버리는 모습입니다. 하나님은 매우 큰 사랑과 은혜를 부어주셨고 백성들도 순종할 것 같았습니다. 모세가 40일의 생활을 거의 마무리하려는 순간, 지어질 성막을 생각하면서 기뻐할 그때에 하나님은 백성들의 배반을 알려주시고 내려가라고 말씀하십니다. 그리고 백성을 전부 진멸해버리고 모세로 인하여 더욱 큰 민족으로 다시 만들겠다고 하십니다. 백성들이 하나님의 은총의 통로를 아예 차단해버렸기 때문입니다. 하지만 모세는 그 말씀을 거두어주시기를 간구했고 하나님은 그 요청을 받아들여주십니다. 모세는 산을 내려오다가 분노하여 십계명 돌판을 산 아래로 던져 깨뜨려버리고 죄를 추궁합니다. 그리고 우상숭배자들 삼천 명을 죽이고 하나님으로부터 심판을 유예 받습니다.

본문 구성

금송아지 우상을 만들어서 숭배하다.　　　　(1~6)

여호와께서 진멸하겠다고 말씀하시다.　　　(7~10)

모세의 기도로 진멸하지 않기로 하시다.　　(11~14)

모세가 십계명 돌판을 깨뜨려버리다.　　　(15~20)

레위 자손이 주동자 3,000명을 처단하다.　(21~29)

모세가 목숨을 걸고 간절하게 탄원하다.　　(30~35)

본문 적용

성경 속에서 가장 기가 막힌 장면일 것입니다. 저들은 마치 사람이 아닌 것처럼 보입니다. 인간은 아무리 하나님의 사랑과 은혜와 기적을 몽땅 체험하고 종교적인 훈련을 충분히 받았더라도 하나님과의 인격적이고 영적인 교제를 통하여 늘 동행하지 않으면 죄악의 본성을 숨기기 어려울 것입니다. 또한 인간의 행위로는 거룩한 하나님께 나아갈 수 없다는 사실을 보여주고 있습니다. 우상숭배를 행하는 사람들은 모든 것이 현실의 기준으로 보일 것입니다. 그렇다면 오늘날 우리도 지나치게 현실에 파묻혀서 하나님을 잰다면 우상숭배자들과 거의 비슷한 결론에 도달하기 쉽습니다. 물질이든 명예이든 인기이든 모든 것이 우상이 될 가능성이 충분하다는 사실을 알아야 하겠습니다. 그런데 그런 가운데에서도 모세의 중보기도를 본받아야 합니다. 그것은 마치 예수 그리스도의 기도와도 유사합니다. 우상숭배로 하나님을 그 앞에서 배신한 사람들도 있지만 그 죄를 가로막고 하나님께 간구하는 사람도 있습니다. 그리스도인은 어디에 속한 사람이겠습니까?

❶ 금송아지 앞에서의 번제와 화목제

핵심구절 : "아론이 보고 그 앞에 제단을 쌓고 이에 아론이 공포하여 이르되 내일은 여호와의 절일이니라 하니 이튿날에 그들이 일찍이 일어나 번제를 드리며 화목제를 드리고 백성이 앉아서 먹고 마시며 일어나서 뛰놀더라"
(출 32:5~6)

자기들이 어디에서 뛰노는 것인지도 모르는 채 여호와의 절일에 금송아지 앞에 번제와 화목제를 드리는 사람들은 누구입니까? 오늘날에는 누구입니까? 다 자기가 가장 잘 난 줄 알고 있고 자기 주장만 내세우며 자기들의 목적에 맞는 이야기들에만 잔뜩 관심을 가지고 있는 사람들은 또 누구입니까? 만약에 자기들의 모습을 영적인 CCTV로 본다면 스스로도 얼마나 어이없어 하겠습니까? 물론 이 백성들이 그렇게 하듯이 오늘날 눈에 보이는 우상 앞에서 절기를 지키는 것은 아닐 것입니다. 그러나 눈에 보이지 않으시는 그 하나님이라고 설정하고 관념적, 추상적으로 자기들이 원하는 그것을 만들어놓고 거기에서 예배드리고 하나님의 영광을 위하여 찬양을 드리고 성공과 번영을 위하여 비는 모습은 금송아지 앞에서 춤추며 뛰놀던 그 백성들이 아니라고 자신 있게 말할 수 있겠습니까?

하나님은 멀리 계시고 돈과 인기와 권력은 가까이 있습니다. 때로 하나님은 우리를 위하여 아무것도 못해주실 것만 같습니다. 자신들을 성공시켜줄 돈, 권력, 인기, 능력, 숫자, 규모 이런 것들만을 따라가는 모습이 바로 오늘 우리의 모습입니다. 이스라엘 백성들은 눈에 보이는 금송아지를 쫓아갔지만 우리는 눈에 보이지 않는 다른 금송아지를 따라가고 있는 것 같습니다. 물론 그들처럼 아예 여호와 하나님과 모세를 외면한 것과 같은 것은 아니지만 우리는 순간순간 또는 어렵거나 힘들 때마다 또는 다른 사람이 아주 잘되는 것을 볼 때마다 금송아지를 우리 마음 가운데에서 꺼내는 것은 아닙니까? 하나님께서 얼마나 화가 나셨으면 아브라함과 이삭과 야곱에게 약속하신 것을 파기하시고 백성들을 전부 죽이려고까지 하셨겠습니까? 정도의 차이는 있겠으나 우리가 바로 금송아지 백성들이라는 자각이 있어야 하겠습니다. 금송아지를 버리십시오.

> "이 세상이나 세상에 있는 것들을 사랑하지 말라 누구든지 세상을 사랑하면 아버지의 사랑이 그 안에 있지 아니하니 이는 세상에 있는 모든 것이 육신의 정욕과 안목의 정욕과 이생의 자랑이니 다 아버지께로부터 온 것이 아니요 세상으로부터 온 것이라"(요일 2:15~16)

적용하기 : 당신이 하나님 안에서 이루려고 하는 것 중에 하나님과 아무 관계없는 금송아지와 같은 것이 들어있지 않습니까?

❷ 십계명 돌판을 깨뜨려도 되나?

핵심구절 : "모세가 돌이켜 산에서 내려오는데 두 증거판이 그의 손에 있고 그 판의 양면 이쪽 저쪽에 글자가 있으니 그 판은 하나님이 만드신 것이요 글자는 하나님이 쓰셔서 판에 새기신 것이더라 … 진에 가까이 이르러 그 송아지와 그 춤추는 것들을 보고 크게 노하여 손에서 그 판들을 산 아래로 던져 깨뜨리니라"(출 32:15~16, 19)

얼핏 이해하기 어려운 사건이 바로 모세가 하나님께서 직접 만들어주신 십계명 돌판을 산 아래로 던져 깨뜨려버린 것입니다. 물론 모세가 시내산에 올라가 있는 40일 동안 끝까지 기다린 것이 아니라 마지막에 금송아지를 만들어 그것을 여호와 하나님이라고 하면서 번제와 화목제를 드리고 춤추는 모습을 본다면 화를 내지 않을 사람이 어디에 있겠습니까? 돌판이 아니라 자기 몸이라도 절벽 아래로 던져버리고 싶었을 것입니다. 그렇게 본다면 모세의 행동은 지극히 자연스러운 일이었습니다. 우리가 모세의 그 심정은 충분히 이해하지만, 그렇지만 어떻게 하나님께서 직접 글자를 새겨주신 돌판을 던져버릴 수 있단 말입니까? 이것도 우상숭배만큼은 아니어도 하나님 앞에 거역한 것이 아니겠습니까? 그런데 그런 불경한 일을 벌인 모세에 대하여 하나님은 한마디도 하지 않으십니다. 모세가 지상에서 가장 온유한 사람이라고 하는데(민 12:3), 그것도 헛말이라는 것입니까?

물론 우리는 여기에 대해 정확한 해석을 하기가 어렵습니다. 다만, 기록되지는 않았지만 모세가 이미 하나님의 승인을 받은 것이 아닐까 하는 생각이 들 수 있습니다. 곧 하나님께서 이 백성들의 엄청난 배반에 대한 진노의 심판을 내리시겠다고 하셨을 때 모세가 간곡하게 아뢰어서 마지막 심판을 면했을 때 이미 하나님의 허락을 받은 것이 아닐까 하는 생각입니다. 다른 시각에서 우리가 생각할 수 있는 것은 모세의 진노가 하나님의 진노와 똑같은 것이라는 사실에서 모세가 돌판을 깨뜨린 것은 하나님의 심판 대신 그것으로 마무리하려는 의도가 아니었을까 하는 생각입니다. 아무튼 이 사건에서 우리가 가장 중요하게 생각해야 할 것은 하나님과 똑같은 이유로 화를 내거나 세상에 항거하거나 또는 똑같은 이유로 사람들을 용서하고 사랑한다면 하나님은 그것을 기뻐하신다는 것입니다. 물론 모세가 십계명 돌판을 깨뜨려서 하나님께서 기뻐하셨다는 기록은 나오지 않지만, 거기에 대한 언급은 일언반구도 없는 것으로 보아서 하나님은 내심 만족하신 것이 아니었을까 생각해보는 것입니다.

> "그가 모든 사람을 대신하여 죽으심은 살아 있는 자들로 하여금 다시는 그들 자신을 위하여 살지 않고 오직 그들을 대신하여 죽었다가 다시 살아나신 이를 위하여 살게 하려 함이라"(고후 5:15)

적용하기 : 당신은 어떨 때 화를 내고 또 어떨 때 불쌍히 여깁니까? 그것은 하나님의 말씀과 얼마나 일치합니까?

❸ 여호와께 헌신

핵심구절 : "모세가 그들에게 이르되 이스라엘의 하나님 여호와께서 이렇게 말씀하시기를 너희는 각각 허리에 칼을 차고 진 이 문에서 저 문까지 왕래하며 각 사람이 그 형제를, 각 사람이 자기의 친구를, 각 사람이 자기의 이웃을 죽이라 하셨느니라 레위 자손이 모세의 말대로 행하매 이 날에 백성 중에 삼천 명 가량이 죽임을 당하니라 모세가 이르되 각 사람이 자기의 아들과 자기의 형제를 쳤으니 오늘 여호와께 헌신하게 되었느니라 그가 오늘 너희에게 복을 내리시리라"(출 32:27~29)

또 하나의 이해하기 어려운 기사가 본문에 있습니다. 금송아지에게 절하고 제사를 지낸 이스라엘 백성들을 레위인들을 동원하여 칼로 죽이게 했는데 무려 삼천 명이나 되었다는 것입니다. 제물로 바쳐질 소나 양의 피보다 훨씬 더 끔찍했을 것입니다. 모든 백성들 사이에 피비린내가 진동하고 그 가족들에게는 비명과 울음소리가 난무했을 것이고 이리저리 도망치고 숨고 피하는 사람들로 어지러웠을 것입니다. 한마디로 형제와 이웃을 도살했습니다. 단 하루에 벌어진 일입니다. 백성들에게 금송아지의 금가루를 물에 타서 먹였으면(32:20) 자기들의 죄를 회개하고 결단하고 서약하게 하면 좋지 않았을까요? 그런데 더 기가 막힌 것은 그렇게 형제를 죽인 일이 여호와께 헌신하는 일이고 복을 받을 것이라는 모세의 말입니다. 물론 오늘날과의 비교는 불가능하지만 더 깊은 의미를 찾기 위하여 좀 더 깊게 짚어보는 것입니다.

사실 이 사건에서 우리가 반드시 기억해야 할 것은 죄의 뿌리가 얼마나 깊은 것인가 하는 점과 그 죄의 뿌리를 도려내기 위해서는 비록 형제와 친구이지만, 그리고 삼천 명이나 되는 많은 사람들이지만, 완전하게 제거할 수 있어야 하겠다는 점입니다. 죄와 싸워 이기기 위해서는 자기 살을 도려내는 아픔을 참지 않고는 불가능하다는 말입니다. 우리의 죄가 얼마나 뿌리가 깊습니까? 지금도 우리는 우리 속에 들어있는 죄와 날마다 싸우고 있습니다. 그리고 그 싸움에서 승리하게 만들기 위해 하나님은 예수님을 세상에 보내셔서 희생당하게 하지 않으셨습니까? 형제를 삼천 명이나 죽인 의미는 확실하게 알기 어렵지만, 세상에서 성공하기 위한 우상숭배의 죄가 얼마나 끔찍한 죄인가를 이 사건을 보면서 깨달아야 하겠습니다. 예수님도 아주 강하게 경고하셨습니다.

"만일 네 손이나 네 발이 너를 범죄하게 하거든 찍어 내버리라 장애인이나 다리 저는 자로 영생에 들어가는 것이 두 손과 두 발을 가지고 영원한 불에 던져지는 것보다 나으니라 만일 네 눈이 너를 범죄하게 하거든 빼어 내버리라 한 눈으로 영생에 들어가는 것이 두 눈을 가지고 지옥 불에 던져지는 것보다 나으니라"(마 18:8~9)

적용하기 : 당신은 죄의 속성과 약점을 이기는 헌신에 대해서 얼마나 인식하고 있습니까? 모세와 같은 헌신을 행하고 있습니까?

하나님의 마음

우리는 하나님의 진노에 함께 진노가 일어나야 합니다. 당신은 얼마나 하나님과 마음을 함께하고 있습니까?

오늘 받은 은혜

전체적으로 당신이 받은 은혜와 느낌을 기록해보십시오.

실천을 위한 도전 (기도하여 성령님의 인도하심을 받으십시오.)

십계명 돌판을 깨뜨리고 금송아지 가루를 마시우고 우상 숭배한 형제를 칼로 죽인 일을 당신에게 어떻게 적용하겠습니까?

35
언약의 회복
출애굽기 33:1~23

본문 개론

금송아지 사건으로 인하여 하나님은 백성들과 동행하지 않겠다고 선포하십니다. 백성들의 죄에 대한 분노로 진멸할지도 모른다는 것이 이유였습니다. 그러나 모세는 하나님의 사랑을 믿고 진 바깥에 회막을 따로 치고 하나님께 끈질기게 간구합니다. 백성들도 장신구를 떼어냄으로써 참여합니다. 이 중보기도로 인하여 하나님은 다시 언약을 회복해 주십니다. 그리고 모세는 언약회복의 증거로 하나님의 영광을 보여 달라고 기도합니다. 하나님은 하나님께서 사람에게 하실 수 있는 가장 큰 은혜를 베풀어주시는데 여호와의 등을 보게 하신 것입니다. 하나님은 백성들을 영원히 포기하시려는 것이 아니었습니다. 사실상 하나님은 이스라엘을 멸망시킬 계획이 없으셨습니다. 마치 선악과를 먹으면 반드시 죽을 것이라고 하셨지만 여전히 사람을 구원할 계획을 가지고 계셨던 것과 같습니다. 결국 하나님의 언약회복은 하나님과의 동행약속으로 마무리되었고, 후에 그리스도의 출현으로 성취될 것입니다.

본문 구성

본문 적용

간절한 중보기도도 하나님을 향한 굳은 믿음이 없다면 끝까지 행할 수 없습니다. 자식 이기는 부모 없다는 말처럼 하나님의 사랑과 은혜를 굳게 믿고 있기 때문에 모세는 그렇게 간구할 수 있었던 것입니다. 하나님은 끝까지 기다리십니다. 그들이 아무리 허물과 죄로 무너졌다고 할지라도 하나님은 끝까지 기다리십니다. 모세는 이것을 알고 있었습니다. 모세의 기도에는 중요한 단서가 있는데 그것은 하나님의 말씀을 붙잡고 기도했다는 점입니다. 그는 "주께서 전에 말씀하시기를"(12)이라는 말을 붙임으로써 주의 약속을 언급했습니다. 모세는 이 중보기도를 통하여 그의 기도가 하나님의 약속에 대한 신앙고백이며 확신의 표시를 보여드린 것이었습니다. 하나님은 여전히 백성들을 사랑하고 계심을 확신하는 기도이기도 했습니다. 모세와 하나님의 관계는 더욱 성숙하고 깊은 경지에 다가갔습니다.

❶ 믿음의 조건 : 하나님의 동행

핵심구절 : "내가 사자를 너보다 앞서 보내어 가나안 사람과 아모리 사람과 헷 사람과 브리스 사람과 히위 사람과 여부스 사람을 쫓아내고 너희를 젖과 꿀 이 흐르는 땅에 이르게 하려니와 나는 너희와 함께 올라가지 아니하리니 너희 는 목이 곧은 백성인즉 내가 길에서 너희를 진멸할까 염려함이니라 하시니" (출 33:2~3)

하나님은 이스라엘 백성들이 가나안 땅에 들어가서 원주민들을 몰아내도록 하시겠다고 말씀하셨지만 함께 가지는 않겠다고 선포 하셨습니다. 가나안 땅에 들어가는 것을 최종목표로 삼고 수백 년 동안을 그런 신앙으로 살아오고 있었는데 이제 와서 함께 하지 않 으시겠다는 것입니다. 마치 이삭만 바라보고 살아왔고 그 이삭이 거의 다 자랐는데 그를 제물로 바치라고 아브라함에게 명하신 경 우와 유사해 보입니다. 물론 그것과는 상황이 다릅니다만, 백성들 은 스스로 잘못한 것을 인정하면서도 막상 하나님의 말씀을 듣고 나니까 몹시 놀라서 슬퍼하며 아무런 치장도 하지 못했습니다. 치 장할 겨를이 없었습니다. 사실은 백성들은 하나님께서 가나안으로 들어가서 그 땅의 족속들을 쫓아내겠다고 약속은 하시지만 스스로 는 전혀 자신이 없습니다. 이제까지도 전부 하나님의 은혜와 능력 인 것을 잘 알고 있기 때문입니다. 그래서 그들은 죄를 지으면서 도 하나님께서 동행하지 않으시리라고는 꿈에도 생각하지 않았습 니다.

우리의 신앙생활에서도 이런 일이 일어날 수 있을까요? 우리는 하나님의 동행은 당연하다고 생각하고 또 사실이 그렇습니다. 우 리 속에 성령님께서 항상 거하시기 때문입니다. 그러나 우리가 알아야 할 것은 항상 거하시는 성령님이시지만 우리가 먼저 하나님의 동행을 거부할 때가 많다는 사실입니다. 우리의 심령이 다른 목적이나 욕심이나 죄나 번영으로 가는 길로 채워져 있다면 성령님은 우리와 교제하실 수가 없습니다. 그렇게 되면 성령님을 소유하고 있으면서도 성령님과 전혀 동행하지 않는 것과 같이 되는 것입니다. 이스라엘 백성들은 자기들 마음대로 하는 사람들이기 때문에 만약에 또 그런 일이 일어나면 하나님께서 그들을 진멸하실까 그것이 염려가 되어 동행하지 않으시겠다는 말씀이었습니다. 신앙인의 생명은 하나님과의 동행입니다. 일이나 비전은 그 다음입니다.

"너희는 값으로 사신 것이니 사람들의 종이 되지 말라 형제들아 너희는 각각 부르심을 받은 그대로 하나님과 함께 거하라"(고전 7:23~24)

적용하기 : 하나님의 일을 열심히 하려는 사람일수록 하나님보다 빨리 가려고 함으로써 하나님과 동행하지 못하는 사람이 많습니다. 당신은 어떤 편입니까? 앞으로 어떻게 하겠습니까?

❷ 하나님의 뜻을 돌이키는 기도

핵심구절 : "모세가 여호와께 아뢰되 보시옵소서 주께서 내게 이 백성을 인도하여 올라가라 하시면서 나와 함께 보낼 자를 내게 지시하지 아니하시나이다 주께서 전에 말씀하시기를 나는 이름으로도 너를 알고 너도 내 앞에 은총을 입

었다 하셨사온즉 내가 참으로 주의 목전에 은총을 입었사오면 원하건대 주의 길을 내게 보이사 내게 주를 알리시고 나로 주의 목전에 은총을 입게 하시며 이 족속을 주의 백성으로 여기소서 여호와께서 이르시되 내가 친히 가리라 내가 너를 쉬게 하리라"(출 33:12~14)

모세는 참으로 대단한 사람입니다. 그는 하나님의 뜻을 두 번이나 돌이켜서 하나님께서 백성들과 함께 하시도록 만들었습니다. 한 번은 금송아지를 만들어 제사를 지내고 춤을 추는 백성들을 진멸하려고 하셨는데 모세가 자기 생명을 걸고 하나님을 가로막아 심판을 거두어들이게 했습니다(32:13~14). 그리고 본문에 나오는 대로 가나안 땅에 백성들과 함께 가지 않겠다고 하시는 하나님을 설득하여 함께 가시도록 만들었습니다. 모세가 어떤 사람이기에 하나님의 뜻을 돌이키게 할 수 있었을까요? 기도 많이 하는 사람들이 하늘보좌를 움직인다는 말을 하는데 그런 기도가 과연 모세의 기도처럼 하나님께서 응답하실 정도로 타당한 기도일까요? 전체적으로 보아서 성도들이 하늘보좌를 움직인다는 말은 전혀 타당하지 않은 기도입니다.

우선 모세의 기도는 하나님의 나라, 제사장 민족에 대한 기도였습니다. 하나님의 뜻이 이스라엘 민족에게 있었다는 말입니다. 또 모세의 기도는 지속적으로 반복되어 온 하나님의 언약으로 이어지는 기도였습니다. 그리고 무엇보다도 모세는 하나님과 친구처럼 대화할 수 있는 선지자였습니다. 그러므로 모세의 기도를 보고 하늘보좌를 움직이는 기도라느니 하는 말은 타당치 않은 것입니다. 하지만 우리는 오히려 모세의 조건에 조금이라도 다가가려는 자세가 필요합니다. 그것이 가능한 이유는 오늘날에는 누구든지 모세의 기도와 같은 조건이 주어져있기 때문입니다. 우선 우리는 하나님의 나라를 위한 기도에 집중할 수 있습니다. 우리는 누구나 영적 이스라엘입니다. 그리고 우리는 오직 하나님의 약속의 말씀을 믿고 기도해야 합니다. 누구에게나 성경이 주어져 있습니다. 그리고 우리는 모세처럼 하나님과 대화할 수 있습니다. 성령님께서 내주하시기 때문입니다. 다만 우리는 물리적인 나라가 아니라 저 영원한 나라가 이 땅에 이루어지기를 위해 힘쓰고 기도해야 할 것입니다.

"이르시되 내가 진실로 너희에게 이르노니 하나님의 나라를 위하여 집이나 아내나 형제나 부모나 자녀를 버린 자는 현세에 여러 배를 받고 내세에 영생을 받지 못할 자가 없느니라 하시니라"(눅 18:29~30)

적용하기 : 당신은 기도의 양이나 시간이 아니라 기도의 조건을 위해 얼마나 준비하고 있습니까? 조건이 채워지면 응답됩니다.

하나님의 마음

하나님의 마음은 아브라함에게 하신 약속을 그대로 이루어주시는 것입니다. 이스라엘이 받는 복은 자기들 믿음만큼 주어지는 것입니다. 당신의 믿음은 하나님을 기쁘시게 합니까?

오늘 받은 은혜

전체적으로 당신이 받은 은혜와 느낌을 기록해보십시오.

실천을 위한 도전 (기도하여 성령님의 인도하심을 받으십시오.)

하나님과 동행하기 위하여 당신이 할 수 있는 새로운 일이 있으면 한 가지 실행해보십시오.

하나님의 이름

출애굽기 34:1~9

본문 개론

   하나님께서는 처음 십계명을 돌판에 새겨주실 때와 똑같은 분량과 방식으로 회복시켜 주십니다. 두 번 다 무려 40일이 걸렸으며 아무도 산에 오지 못하도록 하셨습니다. 중요한 것은 새 돌판을 들고 산에 올랐을 때 여호와의 이름을 선포하셨다는 점입니다. 이것이 왜 중요하겠습니까? 백성들이 이제까지 하나님에 대해서 잘 모르고 있었기 때문일 수 있습니다. 어쩌면 많은 부분에서 하나님을 오해하거나 그냥 자기 편한 대로 생각할 수도 있는 것입니다. 하나님은 하나님 자신이 어떤 분이신지를 다시 각인시켜 주셔야만 했습니다. 그래서 여호와의 이름에 대해서 다시 정의해주셨던 것입니다. 언약회복을 위해서는 먼저 여호와의 이름을 갱신해야 했던 것입니다.

본문 구성

돌판을 다듬어 가지고 오라고 하시다.　　　　(1~3)

모세에게 하나님의 이름을 선포하시다.　　　　(4~7)

모세가 엎드려 경배하며 기도하다.　　　　(8~9)

본문 적용

하나님은 자비롭고 은혜롭고 노하기를 더디 하시고 인자와 진실이 많은 분이십니다(6). 그리고 인자를 천대까지 베푸시며 악과 실수와 죄를 용서하십니다. 그러나 벌을 면제해주지는 않으시고 삼사 대까지 보응하십니다(7). 우리는 하나님의 이름을 늘 되새겨야 합니다. 그렇지 않고 자기목적이나 세상에 초점을 맞추면 하나님의 이름은 우리에게 흐릿해지기 시작할 것입니다. 우리의 예배는 하나님의 이름을 더욱 뚜렷하게 만들기 위해서 드려집니다. 우리의 기도는 하나님의 이름을 우리 속에 각인하기 위해서 드려집니다. 우리의 이웃사랑은 하나님의 이름을 더욱 많이 전파하기 위한 것입니다.

❶ 하나님의 이름은 사랑

핵심구절 : "모세가 돌판 둘을 처음 것과 같이 깎아 만들고 아침에 일찍이 일어나 그 두 돌판을 손에 들고 여호와의 명령대로 시내산에 올라가니 여호와께서 구름 가운데에 강림하사 그와 함께 거기 서서 여호와의 이름을 선포하실새 여호와께서 그의 앞으로 지나시며 선포하시되 여호와라 여호와라 자비롭고 은혜롭고 노하기를 더디 하고 인자와 진실이 많은 하나님이라"(출 34:4~6)

시내산을 떠나기 전에 하나님은 성막을 지을 것을 명하시지만 그 전에 한 가지 짚고 넘어가셔야 할 것이 있었습니다. 그것은 모세가 산 아래로 던져 깨뜨린 십계명 돌판을 회복하시는 일입니다. 왜냐하면 십계명은 하나님과 백성들 사이를 연결하는 핵심적이고 본질적인 통로이며 하나님께서는 그 돌판에 직접 글씨를 새기셔서 모세에게 주신 것이었기 때문입니다. 아니, 그것은 모세 개인이 아니라 이스라엘 백성들 전체에게 주신 것이었습니다. 그리고 이미 하나님께서는 모세에게 증거궤를 제작하라고 하셨고 그 증거궤 안에 증거판 곧 십계명 돌판을 두라고 명하셨기 때문입니다(25:16). 앞에서 이야기했지만 모세가 돌판을 깨뜨린 것은 어쩌면 하나님께서 묵인하신 것인지도 모릅니다. 그렇다고 하더라도 십계명 돌판 원본을 깨뜨린 것은 있을 수 없는 일이지만 하나님은 침묵하셨습니다.

우리는 하나님의 마음과 뜻을 잘 이해할 수 없을 때가 자주 있습니다. 어떨 때는 굉장히 진노하시고 또 어떤 때는 한없이 참아주시는 것 같습니다. 하나님의 마음을 헤아리려면 상당한 신앙의 과정이 필요합니다. 그러나 우리는 가장 기본적인 하나님의 마음을 확신해야 하는데 그 첫 번째 성품은 바로 하나님은 사랑이라는 것입니다. 진노하실 때도 있지만 그럼에도 불구하고 결코 버리지 않으십니다. 물론 우리가 잘 분별해야 하는 점이 그 속에 들어있습니다. 가능성이 없이 완전히 벗어난 사람에게는 그 어떤 사랑도 없습니다. 또한 진노하시더라도 그 목적은 이스라엘의 회복이라는 사실을 알아야 합니다. 하나님은 자비롭고 은혜롭고 노하기를 더디 하시고 인자와 진실이 많으며 악과 실수와 죄를 용서하십니다.

"사랑은 여기 있으니 우리가 하나님을 사랑한 것이 아니요 하나님이 우리를 사랑하사 우리 죄를 속하기 위하여 화목제물로 그 아들을 보내셨음이라"(요일 4:10)

❷ 하나님의 이름은 공의

핵심구절 : "인자를 천대까지 베풀며 악과 과실과 죄를 용서하리라 그러나 벌을 면제하지는 아니하고 아버지의 악행을 자손 삼사 대까지 보응하리라 모세가 급히 땅에 엎드려 경배하며 이르되 주여 내가 주께 은총을 입었거든 원하건대 주는 우리와 동행하옵소서 이는 목이 뻣뻣한 백성이니이다 우리의 악과 죄를 사하시고 우리를 주의 기업으로 삼으소서"(출 34:7∼9)

하나님은 너무 무자비하시고 잔인하신 것 같습니다. 같은 하나님이시지만 구약에서는 그렇게 백성들에게 진노하시는데 오늘날에는 하나님은 사랑이시고 오래 참으시는 것을 많이 강조합니다. 오늘날의 인권이나 생명이나 공평 등의 차원으로 보면 하나님은 생명을 쉽게 취급하시는 것 같습니다. 더구나 그것이 이방인들이 아니라 함께 출애굽을 하면서 함께 기뻐하고 감사하고 찬양하던 자기 백성들을 향하여 그렇게 하시는 것입니다. 성경에 기록된 모든 내용들을 우리가 다 이해할 수 있는 것은 아니지만, 거꾸로 하나님의 시각으로 바라볼 수 있다면 어느 정도는 수긍할 수 있지 않을까 하는 것입니다. 하나님께서 왜 꼭 그렇게 해야만 하셨을까를 생각한다면, 그것이 바로 하나님의 공의의 성품이라고 할 수 있다는 말입니다.

지금까지는 금송아지를 만든 백성 삼천 명을 죽이게 하신 것밖에는 없지만, 앞으로 더 큰 심판을 내리실 것입니다. 우상 앞에서 춤추고 축제를 벌인 사람들은 죽지 않으면 안 되는 사람들입니다. 하나님은 용서와 사랑의 하나님이시기 때문에 가능하면 멸하지 않으시고 오래 참으십니다. 그러나 회복이 불가능한 사람들은 결코 참지 않으십니다. 특히 이스라엘 안에서의 심판은 내버려두면 이스라엘 전체가 더러워질 것이기 때문에 반드시 그렇게 하셔야만 하는 것입니다. 아버지의 악행을 자손 삼사 대까지 심판하시는 이유는 그것을 버리지 못할 것이기 때문입니다. 사람들은 하나님처럼 그렇게 심각하고 예민하게 느끼지 못할지도 모릅니다. 그래서 하나님은 앞으로 일어날 일들을 염두에 두시고 여기에서 그것을 강조하시는 것입니다. 하나님의 진노는 모든 불의에 대해서 심판하시는 것입니다.

"하나님의 진노가 불의로 진리를 막는 사람들의 모든 경건하지 않음과 불의에 대하여 하늘로부터 나타나나니 이는 하나님을 알 만한 것이 그들 속에 보임이라 하나님께서 이를 그들에게 보이셨느니라"(롬 1:18~19)

적용하기 : 혹시 당신에게는 하나님께서 진노하실 만한 부분들이 없습니까? 하나님 이외에 다른 것을 더 사랑하면 그것은 우상숭배입니다. 우상숭배를 하나님은 가장 싫어하십니다.

하나님의 마음

하나님은 백성들이 아무 탈 없이 바른 신앙을 가지고 가나안 땅에 들어가기를 원하십니다. 천국으로 가는 여정도 마찬가지입니다. 당신은 분명히 천국을 바라보고 있습니까?

오늘 받은 은혜

전체적으로 당신이 받은 은혜와 느낌을 기록해보십시오.

실천을 위한 도전 (기도하여 성령님의 인도하심을 받으십시오.)

모든 신앙생활은 하나님의 이름을 그대로 믿음으로써 성립되는 것입니다. 혹시 하나님의 이름을 욕되게 한 것이 있다면 어떻게 해야 할지 생각해보고 행하십시오.

새 돌판과 새로워진 언약

출애굽기 34:10~35

본문 개론

히나님은 백성들이 우상숭배로 가득한 가나안 땅에 들어갔을 때 그들과 뒤섞일 것을 염려하셨습니다. 충분히 그럴 수 있는 백성들이었습니다. 그래서 여호와의 이름을 분명하게 다시 새기게 하신 것이었습니다. 그러고 나서 하나님께서 직접적으로 가나안 주민들과 섞이지 말 것을 명령하고 계십니다. 우선 하나님께서 크게 도우실 것을 약속하시고(10), 원주민들과는 어떤 교제나 통혼도 하지 말며, 3대 절기를 언급하심으로써 이방인들의 타락한 제사법을 배우지 말고 참되게 하나님을 섬기는 방법을 말씀하신 것이었습니다. 모든 것이 백성들의 금송아지 우상숭배로부터 비롯된 하나님의 재언약이고 재다짐이었습니다. 그렇게 모든 말씀을 주시고 나서 십계명의 내용을 돌판에 새겨주셨습니다. 모세는 돌판을 들고 산 아래로 내려왔는데 얼굴에 광채가 나서 한동안 수건으로 얼굴을 가려야만 했습니다. 그것은 인간의 노력이나 수고가 아니라 단지 하나님의 영광의 광채를 입은 것이었습니다.

본문 구성

가나안에서 언약을 맺지 말라고 하시다.　　(10~17)

절기들과 안식일을 지키라고 명하시다.　　(18~28)

모세가 내려와서 수건으로 얼굴을 가리다.　　(29~35)

본문 적용

　백성들과 하나님의 관계는 우리 자신과 예수님의 관계에 비추어보아야 할 것입니다. 하나님의 언약은 과거에나 지금이나 여전히 영원토록 동일합니다. 그런데 어떤 때는 우리의 눈과 머리에 아주 크게 펼쳐지는가 하면 또 어떤 때는 정말 함께 하고 계시는 것일까 의심이 들 정도로 희미해지기도 합니다. 심지어 세상 사람들과 조금도 다르지 않을 때도 있습니다. 그러나 하나님의 언약은 하나님 편에서는 아무 문제도 없고 이상도 없습니다. 처음 그대로입니다. 다만 우리가 그 언약을 믿는가 믿지 못하는가의 문제만 남아 있을 뿐입니다. 우리가 하나님의 약속의 말씀을 믿고 나가면 그것이 성취될 것이고 믿지 못하고 신뢰하지 못하면 전혀 이루어지지 않을 것입니다.

❶ 복을 주시기 전에

핵심구절 : "너는 스스로 삼가 네가 들어가는 땅의 주민과 언약을 세우지 말라 그것이 너희에게 올무가 될까 하노라 … 너는 다른 신에게 절하지 말라 여호와는 질투라 이름하는 질투의 하나님이니라 … 너는 무교절을 지키되 내가 네

게 명령한 대로 아빕월 그 절기에 이레 동안 무교병을 먹으라 이는 네가 아빕월에 애굽에서 나왔음이니라 … 너는 엿새 동안 일하고 일곱째 날에는 쉴지니 밭 갈 때에나 거둘 때에도 쉴지며 … 여호와께서 모세에게 이르시되 너는 이 말들을 기록하라 내가 이 말들의 뜻대로 너와 이스라엘과 언약을 세웠음이니라 하시니라"(출 34:12, 14, 18, 21, 27)

마치 비 온 뒤에 땅이 굳는 것처럼 하나님은 이제 다시 새롭게 언약을 체결해주십니다. 물론 아직 여러 단계들이 남아있지만 이제는 실제로 가나안에 들어갈 준비를 하게 하시는 것입니다. 하나님께서 미리 왕벌을 보내셔서 히위 족속과 가나안 족속과 헷 족속을 쫓아내시더라도 그런 크신 하나님의 능력과 백성들이 직접 가나안 족속들과 부딪쳤을 때 만나는 문제는 또 다른 차원입니다. 그 이방인들을 정복하더라도 그들의 우상숭배의 문화를 뿌리 뽑으려면 더욱 단단하게 준비를 해야 한다는 것입니다. 그래서 하나님은 가장 먼저 가나안 원주민들과 언약을 세우지 말라고 하시는 것입니다. 문화적인 접촉을 먼저 막고 거기에 대해 대비하라는 말씀인 것입니다. 그들과의 그 어떤 언약으로도, 혼인까지 포함해서, 결국 영적인 혼합주의가 들어올 수밖에 없기 때문입니다. 그래서 그들과는 전혀 다른 문화, 곧 우상에게 절하지 말고 무교절을 지키며 안식일에는 철저하게 쉬어야 한다는 강한 명령을 기록하라고 하셨던 것입니다.

오늘날에는 출애굽 시대보다 훨씬 더 경계가 모호해졌습니다. 더구나 이웃사랑, 곧 섬김이나 나눔을 통하여 오히려 혼합주의가 더 기승을 부립니다. 그래서 교회와 세상의 구분이 모호해졌고 신앙과 종교의 구분도 애매해졌으며 하나님사랑과 이웃사랑의 개념에 대해 아주 혼탁해졌습니다. 그러므로 성경이 말씀하는 진리의 경계를 지키는 일에는 오히려 더 근원적이 되어야 하는 것입니다. 그냥 일반적인 상황에 비추어보더라도 우리 앞에 놓인 하나님의 성취를 앞두고 더욱 더 조심하고 철저하게 준비하지 않으면 그 성공은 오히려 복이 아니라 저주가 될 수도 있는 것입니다.

"그러므로 형제들아 더욱 힘써 너희 부르심과 택하심을 굳게 하라 너희가 이것을 행한즉 언제든지 실족하지 아니하리라"(벧후 1:10)

적용하기 : 당신은 일이 잘 되고 부흥되고 유명해질 때에 어떻게 할 것을 준비하고 있습니까? 대개 성공할 때에 잘못됩니다.

❷ 오직 하나님의 영광만

핵심구절 : "그러나 모세가 여호와 앞에 들어가서 함께 말할 때에는 나오기까지 수건을 벗고 있다가 나와서는 그 명령하신 일을 이스라엘 자손에게 전하며 이스라엘 자손이 모세의 얼굴의 광채를 보므로 모세가 여호와께 말하러 들어가기까지 다시 수건으로 자기 얼굴을 가렸더라"(출 34:34~35)

하나님은 왜 모세의 얼굴에 광채가 나도록 하셨을까요? 어쩌면 누구라도 하나님과 대화하면 얼굴에 광채가 나는 자연적인 현상일 수도 있을 것입니다. 물론 모세처럼 그렇게 하나님과 가까이 대화하는 사람은 없겠습니다만. 다만 모세는 40주야를 음식은커녕 물도 마시지 않았다고 했으니까 그런 과정에 하나님께서 직접 개입하셨으므로 하나님의 특징인 광채가 나는 것은 당연했을 것입니다. 모세가 수건을 쓰지 않으면 백성들이 두려워할 정도로 광채가 나는 것은 모세를 통하여 주시는 하나님의 말씀이 정말로 여호와 하나님께서 직접 주시는 말씀으로 받으라고 하시는 것입니다. 모세의 얼굴에서 광채가 나는 것을 보고 더욱 모세를 존중하고 그 말에 순종하라는 뜻일 것입니다.

여기에서 우리가 조심해야 할 부분이 있는데, 모세의 얼굴의 광채는 물론 백성들이 모세를 높이고 모세의 말을 듣고 순종하라는 뜻으로 받아야 하지만, 그것은 오히려 하나님께서 일하심을 더욱 더 부각시켜야 한나는 뜻이기도 합니다. 얼굴의 광채 때문에 모세에게 권위가 부여되고 백성들이 더 잘 따르게 되는 것은 사실이지만, 만약에 모세가 그것을 구실삼아 자기 영광을 취하려고 들거나 백성들을 마음대로 부려먹게 된다면, 얼굴의 광채이든 손에 광채이든 그것은 전혀 아무 의미도 없을 뿐만 아니라 오히려 하나님의 영광을 가로채는 결과가 되어버릴 것입니다. 물론 모세는 전혀 그런 사람이 아니었고 그 후로도 40여 년 동안 광야생활을 끝까지 잘 인도했습니다. 하지만 보통의 사람들은 조금만 성공하거나 큰일을 이루고 나면 스스로 우쭐해지고 무엇인가 자기주장을 하게 되며 막상 그것을 이루어주신 하나님과는 오히려 점차 멀어져갈 수도 있습니다. 얼마나 많은 사람들이 마치 이스라엘 초대 왕 사울처럼 겸손하고 낮은 자세를 가지고 있다가 높아지거나 성공하게 되면 점차 교만해지고 자기를 높이는 그런 사람이 되어버리는지 모릅니다. 언제 어떤 경우에도 자신을 낮추고 오직 하나님의 영광만을 구해야 하겠습니다.

"하나님이 우리를 구원하사 거룩하신 소명으로 부르심은 우리의 행위대로 하심이 아니요 오직 자기의 뜻과 영원 전부터 그리스도 예수 안에서 우리에게 주신 은혜대로 하심이라"(딤후 1:9)

적용하기 : 오직 하나님의 영광만을 구하겠다고 하지만 실제로는 그렇게 되지 못하는 경우가 더 많습니다. 당신은 하나님의 영광을 구하기 위해서 어떤 결단을 하였습니까?

하나님의 마음

사람들의 실수나 허물조차도 사용하셔서 복을 주시는 하나님이십니다. 당신의
실수에도 불구하고 하나님께서 변함없이 사용해주신 경험이 있습니까?

오늘 받은 은혜

전체적으로 당신이 받은 은혜와 느낌을 기록해보십시오.

실천을 위한 도전 (기도하여 성령님의 인도하심을 받으십시오.)

지금 신앙이 다소 희미해져있다면 하나님과의 새로운 언약을 위한 한 가지 결
단을 실천하시기 바랍니다.

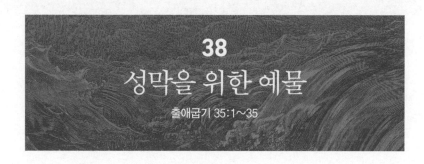

38
성막을 위한 예물
출애굽기 35:1~35

본문 개론

안식일을 거룩하게 지키라는 내용은 이스라엘에 중요한 일이 있을 때마다 반복되는데, 거룩하고 큰 일이 가려져 안식일을 범할 것을 경계하기 위한 말씀입니다. 예물이든 성막재료이든 마음으로 자원하는 사람만이 할 수 있는 것이고, 예물에는 재료로서의 물질뿐 아니라 재능이나 기술도 포함된다는 사실을 알려주고 있습니다. 다만 어느 경우에든지 하나님의 일을 이해하고 모든 것이 하나님께로부터 온 것임을 믿고 하나님을 의지하는 사람이 하나님의 거룩한 일에 필요한 사람입니다. 이들은 마음에 감동된 자와 자원하는 자(21), 마음에 원하는 자(22), 마음에 감동을 받아 슬기로워 손수 실을 뺀 자(25~26)들이 형편에 따라 다함께 한마음으로 성막을 지어야 했습니다. 마지막으로 모세는 브살렐과 오홀리압에게 명하되 그들을 찬양하거나 칭찬하는 것이 아니라 그들에게 하나님의 영을 충만하게 하신 하나님께 영광을 돌립니다.

모세가 안식일 규례를 다시 명하다. (1~3)

성막을 위해 드릴 예물을 정해주다. (4~9)

성막 기술자들에게 제작을 명하다. (10~19)

백성들이 예물을 자원하여 바치다. (20~29)

모세가 브살렐과 오홀리압을 부르다. (30~35)

본문 적용

본장부터 거의 마지막 39장까지의 내용은 사실상 25~31장에 나오는 하나님의 명령을 반복합니다. 다만 주어가 '하나님'이 아니라 모세를 비롯하여 그 작업을 행한 사람들로 바뀔 뿐입니다. 그러니까 앞으로 몇 장은 하나님의 명령을 실행한 이야기인 것입니다. 성경은 왜 이렇게 같은 내용을 반복하는 것일까요? 우리가 성경을 읽을 때 비슷한 내용이 반복되면 그것을 스쳐지나가듯이 읽지 말고 반드시 처음 읽는 부분인 것처럼 꼼꼼하게 읽어야 합니다. 왜냐하면 그것이 이스라엘 백성들에게 하나님의 사랑과 은혜를 각인시키는 방법 중의 하나이기 때문입니다. 또한 그것은 하나님의 지시를 충실하게 수행했다는 기록과 함께 하나님의 신실하심을 드러내는 일이기도 한 것입니다. 반복 기록하도록 하나님께서 허락하셨다는 것은 더욱 하나님을 깊이 사랑하고 이해하고 신뢰하도록 하시는 것입니다.

❶ 성막제작의 조건

핵심구절 : "엿새 동안은 일하고 일곱째 날은 너희를 위한 거룩한 날이니 여호와께 엄숙한 안식일이라 누구든지 이 날에 일하는 자는 죽일지니 안식일에는 너희의 모든 처소에서 불도 피우지 말지니라"(출 35:2~3)

성막을 세우는 일은 앞으로의 광야생활의 핵심이자 중심이 되는 일입니다. 성막이 세워지지 않으면 더 이상 하나님의 인도를 받을 수가 없고 하나님의 말씀을 들을 수도 없으며 가나안 땅까지 갈 수도 없을 것입니다. 그래서 이스라엘 백성들은 성막에 사용할 재료들을 최선을 다해 자원하여 가지고 왔고 만드는 일에도 모든 재능을 다 쏟아 붓고 하나님의 영감을 받아서 제작하려고 하는 것입니다. 말하자면 광야교회의 백성들에게는 이 성막이 곧 생명이라고 할 수 있습니다. 그렇다고 오늘날 교회가 그렇다고 여기지는 마시기 바랍니다. 교회는 단지 성도들이 모임이니까요. 그런데 그 성막을 만드는 일보다 더 우선적인 일이 있습니다. 그것은 안식일을 거룩하게 지키는 일입니다. 안식일이 성막보다 더 우선적이라고요? 아니, 지금 성막 만드는 일에 온 백성들이 모든 것을 걸다시피 하고 있는데, 안식일을 지키는 일이 더 우선이라고요? 우선순위를 말하는 것은 아니지만 안식일을 제대로 지키는 것은 성막제작의 조건이라고 할 수 있다는 말입니다.

물론 성막을 지은 후에도 안식일은 대대로 지켜야 합니다. 다만 성막을 세우는 일이 아무리 중요해도 안식일을 범하면서까지 일을 해서는 절대 안 됩니다. 안식일에 일을 하는 사람은 반드시 죽이라고 명하셨습니다. 이것은 무엇보다도 하나님과의 관계가 무너지면 비록 성막을 짓는 일이라고 할지라도 하나님께서 기뻐하지 않으신다는 뜻입니다. 물론 성막도 하나님과의 관계를 위해 만드는 것이지만 아무리 그래도 성막은 하나님과 교제하는 통로일 뿐입니다. 그런데 정작 본질인 하나님과의 관계가 사라진다면 그 통로는 그냥 껍데기일 뿐입니다. 우리가 혹시 일에 파묻혀서 신앙의 본질을 잃어버리고 비전이니 목적이니 사명이니 부르짖는 것은 아닌가요?

> "내가 너희에게 이르노니 성전보다 더 큰 이가 여기 있느니라 나는 자비를 원하고 제사를 원하지 아니하노라 하신 뜻을 너희가 알았더라면 무죄한 자를 정죄하지 아니하였으리라 인자는 안식일의 주인이니라 하시니라" (마 12:6~8)

적용하기 : 당신은 일에 묻혀 오히려 하나님과의 교제가 소홀해지고 있지는 않습니까? 어떻게 해야 하나님과의 친밀함을 되찾을 수 있겠습니까?

❷ 드림과 만듦 = 나눔과 섬김

핵심구절 : "마음이 감동된 모든 자와 자원하는 모든 자가 와서 회막을 짓기 위하여 그 속에서 쓸 모든 것을 위하여, 거룩한 옷을 위하여 예물을 가져다가 여호와께 드렸으니 … 지혜로운 마음을 그들에게 충만하게 하사 여러 가지 일을 하게 하시되 조각하는 일과 세공하는 일과 청색 자색 홍색 실과 가는 베 실로 수 놓는 일과 짜는 일과 그 외에 여러 가지 일을 하게 하시고 정교한 일을 고안

하게 하셨느니라"(출 35:21, 35)

하나님께 찬양을 올려드리는 방법은 여러 가지입니다. 우선은 노래로 하나님을 찬양할 수 있습니다. 이 찬양을 작곡하거나 가사로도 찬양할 수 있습니다. 그리고 날마다 사용하는 언어로도 하나님을 찬양할 수 있습니다. 더 중요한 것은 현실에서는 여러 가지 행동들과 삶의 방식으로 찬양해야 한다는 것입니다. 왜냐하면 자신의 삶을 통하여 세상의 믿지 않는 사람들이 하나님을 높이게 만든다면 그것은 진짜 찬양이기 때문입니다. 성막을 짓는 일도 하나님을 찬양하는 일입니다. 성막에 사용할 재료를 드리는 것도 하나님을 찬양하는 좋은 방식입니다. 하나님은 마음에 감동을 받아 자원하여 드리는 예물을 아주 기뻐하며 받으십니다. 어느 것이 더 중요하고 덜 중요하고가 없습니다. 하나님께서 자신에게 허락하신 것은 물건이든 재능이든 얼마든지 드릴 수 있습니다. 하나님께서 보시기에는 다 똑같습니다.

이는 마치 자기 자신과 같이 이웃을 사랑한다고 할 때 일반적으로 나눔과 섬김이라는 통로를 사용하는 것과 같은 이치입니다. 물론 나눔과 섬김만으로 모든 이웃사랑이 완결되거나 충분한 것은 아닙니다. 이웃을 위한 간절한 기도가 필요하고 누군가를 위해 희생하거나 양보해야 하는 경우도 겪어야 할 것이며 이웃사랑을 위해 억울한 일도 참고 견디기도 해야 할 것입니다. 다만 그 이웃에게 실제적으로 도움이 되기 위해서는 나눔과 섬김이 반드시 있어야 한다는 말입니다. 나눔만이 더 귀한 것도 아니고 더 빛이 나야 하는 것도 아닙니다. 또 섬김만이 빛이 나고 더 아름다운 것도 아닙니다. 성막을 지을 때에도 마찬가지입니다. 값비싼 금귀고리를 바쳤다고 해서 더 값지고 재능으로 섬겼다고 해서 덜 빛나는 것은 아닙니다. 성막을 지을 때에도 물건과 기술이 중요한 것이 아니라 어떤 마음인지가 훨씬 더 중요한 것입니다.

"또 어떤 가난한 과부가 두 렙돈 넣는 것을 보시고 이르시되 내가 참으로 너희에게 말하노니 이 가난한 과부가 다른 모든 사람보다 많이 넣었도다 저들은 그 풍족한 중에서 헌금을 넣었거니와 이 과부는 그 가난한 중에서 자기가 가지고 있는 생활비 전부를 넣었느니라 하시니라"(눅 21:2~4)

> **적용하기** : 당신이 가장 많이 헌금했을 때는 언제였습니까? 또는 당신이 가장 크게 헌신했을 때는 언제였습니까?

하나님의 마음

예수님은 우리를 위해 목숨을 희생하셨습니다. 그렇다면 우리가 어떻게 하나님을 사랑하기를 원하시겠습니까?

오늘 받은 은혜

전체적으로 당신이 받은 은혜와 느낌을 기록해보십시오.

실천을 위한 도전 (기도하여 성령님의 인도하심을 받으십시오.)

혹시 하나님 나라를 위하여 일하면서 어딘가 부족함을 느낀 적은 없었습니까? 그것을 메울 한 가지 일을 찾아보십시오.

39
성막 짓기
출애굽기 36:1~38

본문 개론

이제 실제로 성막을 제작하는 단계입니다. 백성들이 귀한 물자들을 계속 바치고 만들고 있는데 살펴보니까 이미 필요한 물품이 전부 채워졌습니다. 그래서 물품 바치는 일을 중단시켰습니다. 하나님의 은혜가 넘치는 순간들이었습니다. 이제는 성막의 규격대로 하나하나 완성해 나갑니다. 가장 먼저 성막 자체를 제작합니다. 성막제작에 들어가는 물품들에는 나름대로 의미가 들어있습니다. 하지만 뚜렷하게 통일된 견해는 얻기 어렵습니다. 어떤 사람은 성막이 사람의 구조와 같다고 말하기도 합니다. 지성소는 사람의 영과 같고 성소는 혼과 같으며 성막 뜰은 사람의 몸과 같다는 것입니다. 성막은 하나님의 영화로우심과 장엄하심을 보여주는 것입니다. 성막은 하나님과 사람이 만나는 장소인데 일시적이 아니고 계약적으로 영원히 만나는 곳이기 때문에 증거 장막이라고도 부르는 것입니다.

본문 적용

이스라엘 백성들을 우상숭배에서 구원하시기 위하여 오직 한곳에서 하나님을 섬기도록 하셨습니다. 이렇게 거룩한 성막을 만드는 데에는 진심과 순수함이 있어야 하는데 백성들이 바친 물품이 넘쳐서 더 이상 가지고 오지 못하게 함으로써 그것을 증명했습니다. 그런데 신약 시대에 와서는 모든 곳이 하나님께서 거하시는 곳입니다. 장소가 아니라 우리의 심령 속에 항상 거하십니다. 백성들이 성막을 만들듯이 모든 귀중한 것들과 소용되는 것들을 바쳐야 하는 것은 아니지만 우리가 그리스도를 가장 귀중하게 여기고 구약에서 바치던 예물들을 우리의 이웃에게 전하는 것이 모든 그리스도인의 사명입니다. 그것이 현대에 성막을 짓는 유일한 방식인 것입니다.

❶ 쓰기에 남음이 있나이다.

핵심구절 : "성소의 모든 일을 하는 지혜로운 자들이 각기 하는 일을 중지하고 와서 모세에게 말하여 이르되 백성이 너무 많이 가져오므로 여호와께서 명령하신 일에 쓰기에 남음이 있나이다 모세가 명령을 내리매 그들이 진중에 공포하여 이르되 남녀를 막론하고 성소에 드릴 예물을 다시 만들지 말라 하매 백성이 가져오기를 그치니 있는 재료가 모든 일을 하기에 넉넉하여 남음이 있었더라"(출 36:4~7)

귀한 물품들이 넘쳐났습니다. 더 이상 받지 않습니다. 다른 욕심이나 야망이 전혀 없고 오직 성막을 짓는 데 필요한 분량만을 원했습니다. 이것은 굉장히 중요한 자세입니다. 우리가 사역을 할 때에도 이런 자세가 반드시 필요합니다. 교회가 왜 위기를 당합니까? 주신 범위 내에서 하나님을 섬기고 이웃을 사랑하되 지나친 욕심은 금물입니다. 그런데 끝도 없이 무엇인가를 만들고 쌓으려고 합니다. 많이 주시면 더 받지 못해서 안달인 경우가 많습니다. 교회가 커지면 더 커지려고 합니다. 아닙니다. 멈추어야 합니다. 높은 지위에 오르면 더 높이 가려고 하고 내려올 줄을 모릅니다. 아닙니다. 빨리 내려올수록 하나님은 기뻐하시고 더 요긴하게 사용하십니다. 더 높아지고 더 많아지고 더 쌓으려고 하는 것은 바벨탑입니다.

또 한 가지 생각해볼 것은 준비한 것을 바치기 전에 헌물이 마감되었을 때, 작정했지만 드리지 못한 사람들은 어땠을까 하는 것입니다. 아마도 성막건축에 참여하지 못한 것에 대해서 아쉬워하고 낙심하지 않았을까 합니다. 우리가 주의 이름으로 무엇을 섬길 때에는 먼저 섬김이 있어야 합니다. 그것이 창의성과 직결됩니다. 하나님의 일에는 먼저 동참하는 것이 중요합니다. 본인에게도 그렇고 다른 사람들에게 동기부여를 하는 면에서도 그렇습니다. 그렇다고 나중에 가져오려고 하는 사람들이 잘못이라는 이야기가 아닙니다. 하나님의 일에 헌신할 때의 기본자세 가운데 하나를 말한 것입니다.

"너희가 갇힌 자를 동정하고 너희 소유를 빼앗기는 것도 기쁘게 당한 것은 더 낫고 영구한 소유가 있는 줄 앎이라"(히 10:34)

적용하기 : 당신은 혹시 당신이 누려야 하는 것들 중에서 지나치게 많이 소유했다거나 더 많은 것을 누리고 있지는 않습니까? 기도하면서 냉정하게 분별해보시기 바랍니다.

❷ 전부 한 통으로 하라.

핵심구절 : "그 다섯 폭을 서로 연결하며 또 그 다섯 폭을 서로 연결하고 연결할 끝폭 가에 청색 고를 만들며 다른 연결할 끝폭 가에도 고를 만들되 … 금 갈고리 쉰 개를 만들어 그 갈고리로 두 휘장을 연결하여 한 막을 이루었더라 … 이 꽃받침과 가지들을 줄기와 연결하여 전부를 순금으로 쳐서 만들었으며"
(출 36:10~11, 13, 37:22)

성막의 진행과정을 살펴보면 마치 성막과 기구들을 한 통으로 제작하라고 하시는 것 같은 느낌을 받습니다. 모두 연결하고 순금으로 쳐서 만들고 고리에 채를 꿰라고 하시는 등 성막과 기구와 울타리와 지성소의 언약궤와 등잔대 등을 통으로 만들라고 하시는 것 같습니다. 거룩하신 하나님을 세분화하거나 아니면 하나님의 구조를 물품으로 설명하시는 것과도 같습니다. 아무튼 전부를 한 통으로 짜라고 하시는 것 같은 생각이 떠오르고, 또 백성들도 전부 한 통으로 묶여져 있는 것 같은 생각이 듭니다. 물론 하나님은 온 우주 만물을 지으시고 그것을 아우를 수 있는 분이니까 통으로 한 분이시고 또 백성들도 이 성막을 짓는 동안에는 마치 한 사람처럼 한마음으로 움직일 뿐만 아니라 오히려 더 많은 재료들을 자원하여 가져옴으로써 넘치는 한 통이 되는 모양을 나타냄으로써 하나님의 명령이 정말로 전부 한 통으로 하라는 의미와 같다고 볼 수 있습니다.

교회에서이든 세상에서이든 그리스도인들의 삶의 모습은 하나님 안에서 전부 한 통으로 하시는 것처럼 해야 합니다. 은사가 다양하지만 모든 것을 한 통으로 하지 못한다면 하나님의 나라는 이루어질 수 없습니다. 누가 앞장서고 누가 뒤를 따르든지, 나이와 성별에 따라 각기 자기 일을 어떻게 행하든지 모든 초점은 하나님의 나라입니다. 분야가 차이가 있어도 오직 목적은 하나님입니다. 성막의 제작과정을 보면 이것이 더욱 뚜렷해집니다. 어느 기구나 부속이라도 독립적, 독단적으로 세워지지 않습니다. 오직 하나님과 백성들의 만남의 장소가 바로 성막인 것입니다. 우리는 모두 하나라야 합니다.

"나는 심었고 아볼로는 물을 주었으되 오직 하나님께서 자라나게 하셨나니 그런즉 심는 이나 물주는 이는 아무 것도 아니로되 오직 자라게 하시는 이는 하나님뿐이니라 심는 이와 물주는 이는 한가지이나 각각 자기가 일한 대로 자기의 상을 받으리라 우리는 하나님의 동역자들이요 너희는 하나님의 밭이요 하나님의 집이니라"(고전 3:6~9)

적용하기 : 교회나 단체에서 분쟁이 일어날 때 한 통으로 하기 위해 당신이 할 수 있는 일을 연구해 보십시오.

하나님의 마음

하나님은 우리와 한 몸이 되기를 원하십니다. 반면에 유기적으로 움직이기를 원하십니다. 당신은 어느 쪽이 부족하며 그 점을 어떻게 보완하겠습니까?

오늘 받은 은혜

전체적으로 당신이 받은 은혜와 느낌을 기록해보십시오.

실천을 위한 도전 (기도하여 성령님의 인도하심을 받으십시오.)

당신의 심령 가운데에 보이지 않는 성막을 가지고 있습니까? 그렇다면 그 성막을 거룩하게 만들기 위한 한 가지 실천사항을 연구해보십시오.

40
성소의 부속품 만들기
출애굽기 37:1~29

본문 개론

성막 본체가 완성된 후에 성막에서 가장 큰 비중을 차지하는 성소와 지성소 내의 기물들을 제작하기 시작했습니다. 그런데 성소 내의 기물들을 제작하는 재료는 딱 두 가지인데 그것은 조각목과 정금입니다. 이것으로 속죄소와 언약궤, 열두 덩어리의 떡을 두는 상과 여러 부속품들, 등잔대와 부속 기구들, 그리고 분향단을 각각 완성하였습니다. 속죄소는 시은소라고도 부르는데, 언약궤의 뚜껑에 해당되는 기구입니다. 대제사장이 1년에 한 번씩만 지성소에 들어가서 피 뿌리는 예식을 거행했습니다. 이것은 예수 그리스도께서 영원한 속죄제물이 되심으로써 죄인들이 의롭다 하심을 입고 하나님께 담대하게 나아갈 수 있는 것을 예표하고 있습니다. 우리가 지금은 지성소와 성소에 마음대로 출입할 수 있다는 사실을 생각해야 하겠습니다.

본문 구성

성소 안 등잔대를 만들다.   (17~24)
분향단을 만들다.   (25~29)

본문 적용

지성소는 하나님의 임재하시는 곳이고 성소는 지성소에 들어가서 하나님을 섬기기 위한 준비를 하는 곳입니다. 지성소와 성소는 일반 백성들은 들어가지 못하고 대제사장만 들어갈 수 있는 곳입니다. 성물을 운반할 때에도 사람이 손을 대면 그 자리에서 죽도록 되어 있습니다. 이 지성소의 가림막이 예수님 운명하실 때 위에서 아래로 찢어져 그리스도의 보혈에 힘입어서 백성이 하나님께 직접 아뢸 수 있게 되었습니다. 지성소는 우리의 심령(영)입니다. 성소는 우리의 마음(혼)입니다. 지성소와 성소를 깨끗하고 거룩하게 만드는 것이 우리 그리스도인들이 날마다 힘써야 하는 일입니다. 욕심과 명예와 자존심과 미움과 자랑을 말씀과 기도로 물리쳐야 합니다. 그것이 대제사장이 할 일이었고 오늘날 신약교회 성도들이 매일 할 일입니다.

❶ 조각목과 정금

핵심구절 : "브살렐이 조각목으로 궤를 만들었으니 길이가 두 규빗 반, 너비가 한 규빗 반, 높이가 한 규빗 반이며 순금으로 안팎을 싸고 위쪽 가장자리로 돌아가며 금테를 만들었으며 … 그가 또 조각목으로 상을 만들었으니 길이가 두 규빗, 너비가 한 규빗, 높이가 한 규빗 반이며 순금으로 싸고 위쪽 가장자리로 돌아가며 금 테를 둘렀으며 … 그가 또 조각목으로 분향할 제단을 만들었으니

길이는 한 규빗이요 너비도 한 규빗이라 네모가 반듯하고 높이는 두 규빗이며 그 뿔들이 제단과 연결되었으며 제단 상면과 전후 좌우면과 그 뿔을 순금으로 싸고 주위에 금테를 둘렀고"(출 37:1~2, 10~11, 25~26)

지성소와 성소의 성물들은 조각목과 정금으로만 만들었습니다. 물론 그 휘장에는 청색 자색 홍색 실과 가늘게 꼰 베 실 등이 사용되었고 놋 갈고리와 널판과 은 받침 등이 있었습니다만, 직접 하나님을 섬기는 데 사용되는 재료는 모두 조각목과 정금이었습니다. 등잔대만은 정금으로 만들었는데 주물로 복사가 가능하지 않도록 세밀하게 쳐서 온 세상에서 유일한 성물을 만들었습니다. 아무튼 조각목과 정금은 여러 가지 해석이 가능하지만 일반적으로 조각목은 부족하고 연약한 사람을 상징하고 정금은 거룩하고 영광스러운 하나님을 상징하기도 합니다. 그리스도와 관련해서는 조각목은 그리스도의 인성을 가리키고 정금은 그리스도의 신성을 가리킨다고 합니다. 어떤 해석이든지 간에 우리 인간의 능력으로는 조각목을 넘을 수 없지만 그 하나님의 사랑과 은혜라는 정금이 입혀졌을 때 우리는 그리스도의 보혈로 덧입혀진 것처럼 구원의 반열에 들어갈 수 있는 것입니다.

조각목은 아카시아 나무로 알려져 있지만 그것과는 다르다고 합니다. 성경에서는 싯딤나무라고도 기록되고 있는데 아무튼 여러 조각으로 꿰어 맞추어야 널판으로 쓸 수 있기 때문에 조각목이라고 부르는 것입니다. 정금으로 싼 모습이 원래 우리의 모습이 아니라 그 정금 속에 여러 조각으로 맞추어진 것이 우리의 실체입니다. 정금으로 덮인 거룩한 모습이 우리가 아닙니다. 오직 하나님의 은혜가 아니면 결코 그렇게 될 수 없습니다. 무엇인가 조금 이루었다고 해서 자신을 그럴 듯하게 생각한다면 빨리 깨어나야 합니다. 왜냐하면 하나님과 사람 앞에 교만의 모습으로 다가오기 때문입니다. 누구를 많이 도와주었다고 해서 자랑스러운 마음이 든다면 그 환상을 깨뜨려야 합니다. 우리가 한 것은 전부 하나님으로부터 비롯된 것이고 하나님의 은혜로 이루어진 것인데 그것으로 자신이 의롭다고 생각한다면 정금이 벗겨진 조각목을 생각해야 합니다. 모든 것은 오직 하나님의 은혜요 그리스도의 사랑으로 얻어진 것을 항상 생각해야 합니다.

"만일 누가 아무 것도 되지 못하고 된 줄로 생각하면 스스로 속임이라"
(갈 6:3)

> **적용하기** : 당신이 스스로 무엇인가 된 것처럼 느껴질 때가 있습니까? 언제 어떤 일을 했을 때 그런 느낌을 받았습니까? 그 때 사람들을 대하는 당신의 태도에 어떤 변화가 있었습니까?

❷ 이동하기 좋게 하라.

핵심구절 : "붉은 물 들인 숫양의 가죽으로 막의 덮개를 만들고 해달의 가죽으로 그 윗덮개를 만들었더라 … 그가 또 조각목으로 띠를 만들었으니 곧 성막 이쪽 널판을 위하여 다섯 개요 … 청색 자색 홍색 실과 가늘게 꼰 베 실로 수놓아 장막 문을 위하여 휘장을 만들고 … 그 채를 궤 양쪽 고리에 꿰어 궤를 메게 하였으며 … 그 테 아래 양쪽에 금 고리 둘을 만들었으되 곧 그 양쪽에 만들어 제단을 메는 채를 꿰게 하였으며"(출 36:19, 31, 37, 37:5, 27)

무엇이든지 한 통으로 하는 것은 그리스도인의 모임에서 반드시 필요한 원리입니다. 이것이 빠지면 하나님의 일이 제대로 이루어질 수 없고 이루어진 것 같아도 허물어지게 되어 있습니다. 모두가 하나님 앞에서 하나인 것입니다. 그런데 여기에서 우리가 주의해야 할 것은 그렇다고 한 곳에 멈추어 서서 움직이지 말라는 것은 아니라는 말입니다. 물론 성막은 광야에 세워졌으니 건축물처럼 그렇게 만들 수는 없습니다만, 성막의 제작과정을 보면 모든 것을 정교하게 연결하는 것을 볼 수 있습니다. 언약궤나 등잔이나 상 같은 기구가 아니면 실제로 통으로 만드는 것은 없습니다. 오히려 조립식이라고 하는 것이 맞을 것입니다. 그것은 무슨 뜻이겠습니까? 그것은 이동하기 좋게 하라는 것입니다. 주변 환경이나 하나님의 계획을 따라 언제라도 접어서 옮길 수 있도록 하라는 것입니다.

기독교의 진리는 명확하게 하나입니다. 복음이 여러 개일 수는 없습니다. 그러나 진리와 복음을 받아들이는 사람들은 아주 다양합니다. 그러므로 하나님의 진리를 다양하게 전파할 수 있어야 합니다. 언어와 국가와 지역과 사상과 풍습과 전통이 각각 다른 사람들에게 가장 적절하고 효율적으로 전파되어야 합니다. 하지만 거기에서 더 나아가서 비록 진리라고 할지라도 사람들 속에 계속 머물러만 있으면 진리가 진리 되지 못하고 마치 죽은 진리처럼 될 수도 있습니다. 아무리 맑고 신선한 샘이라도 고인 채 오래 있으면 썩게 되어 있습니다. 진리 가운데 부패한 것이 들어오면 빨리 변화되어야 진리를 사수할 수 있다는 말입니다. 교회는 바로 여기에 빠져들기가 쉽게 되어 있습니다. 그래서 성막이 조립식으로 되어 있는 이유를 거기에서 찾는 것입니다. 진리 속에 거하는 사람들을 변화시키고 세상에 영향력을 극대화시키는 일이 시급합니다. 샘으로 맑은 물이 흘러들어가듯이 진리로 이동하기 좋아야 합니다.

"내가 주는 물을 마시는 자는 영원히 목마르지 아니하리니 내가 주는 물은 그 속에서 영생하도록 솟아나는 샘물이 되리라"(요 4:14)

적용하기 : 당신은 어느새 고인 물처럼 정체되어 변화의 통로를 차단하고 있지는 않습니까? 무엇부터 변화되어야 하겠습니까?

하나님의 마음

하나님은 우리를 거룩하게 만들기를 원하십니다. 왜냐하면 거룩하지 못하면 만나실 수가 없기 때문입니다. 하나님을 만나기 위해서 당신이 거리끼는 것은 무엇입니까?

오늘 받은 은혜

전체적으로 당신이 받은 은혜와 느낌을 기록해보십시오.

실천을 위한 도전 (기도하여 성령님의 인도하심을 받으십시오.)

당신의 심령 속에 하나님의 성소를 채울 요소들을 가지고 있습니까? 언약궤와 상과 등잔대와 분향단 중 어느 것이 모자랍니까? 그것을 어떻게 채우겠습니까?

41
성막 뜰 만들기
출애굽기 38:1~31

본문 개론

이제 성막 뜰과 기물 제작을 마치면 마지막으로 제사장들의 의복을 만들어야 하는데, 본장은 그 직전에 중간결산을 하는 내용입니다. 번제단은 희생제물을 태워 올리는 곳으로, 인간과 하나님의 교제의 장소입니다. 물두멍은 제사장들이 성막에 들어갈 때에나 제사를 집례하기 전에 손발을 씻는 대야와 같은 것입니다. 성막 뜰과 바깥을 가르는 울타리를 설치하게 되는데 크기는 길이(남과 북)가 45m, 너비(동과 서)는 22.5m가량 되는 크기였습니다. 준비를 마치고 중간보고를 드립니다. 물품을 총괄하는 사람은 이다말이었고, 성막건축의 전체적인 지도자는 브살렐이었으며, 건축의 실무자는 오홀리압이었습니다. 성막건축에 들어간 정금이 29달란트 730세겔(약 1톤), 은은 100달란트 1,775세겔(약 3톤), 놋은 70달란트 2,400세겔(약 2톤)이었고, 속전을 드린 사람만 603,550명이었습니다.

번제단과 물두멍을 제작하다.   (1~8)
성막 마당의 울타리를 세우다.   (9~20)
성막건축의 책임자를 소개하다.   (21~23)
성막 건축의 비용을 밝히다.   (24~31)

본문 적용

성막은 여호와의 임재를 뜻하고 백성들과의 교제의 장소를 의미하는데, 성막 뜰은 성소까지 포함하며 그것은 포장으로 두른 정도였지 벽돌이나 대리석으로 굳건하게 만든 것이 아니었습니다. 곧 한 곳에 정착하기 위한 것이 아니었습니다. 그것은 우리 그리스도인들도 이 땅이 나그네가 지나가는 일부로서 생각해야 하고 또 교회도 나그네 의식을 가지고 세상 나그네를 섬기는 것을 생각해야 할 것입니다. 그런 것을 잘 알고 있음에도 그 많은 귀중품과 물자들을 바쳤다는 것은 하나님을 향한 뜨거운 마음과 희생하는 정신이 얼마나 컸는가를 의미한다고 하겠습니다. 그리고 그 물자를 정확하게 기록한 것은 아무리 뜨거운 마음과 사랑과 은혜가 넘친다 할지라도 물질의 취급은 냉정하고 정직하게 해야 함을 말한다고 하겠습니다.

❶ 물두멍을 가지고 있는가?

핵심구절 : "그가 놋으로 물두멍을 만들고 그 받침도 놋으로 하였으니 곧 회막

문에서 수종 드는 여인들의 거울로 만들었더라"(출 38:8)

물두멍은 제사장들이 성막을 출입할 때나 제사를 집행할 때 먼저 손발을 씻는 대야입니다. 이것이 없으면 하나님과 교제할 수가 없습니다. 이것은 마치 사람이 물과 성령으로 거듭나지 못하면 하나님의 일을 제대로 감당할 수도 없거니와 그 자격조차도 주어지지 않는다는 것을 말합니다. 인간은 누구나 죄인이기 때문에 하나님과 직접적으로 교제할 수도 없고 죄 씻음을 받지 못하면 구원의 근처에도 갈 수가 없습니다. 그래서 구원은 예수님께서 마치 번제단에서 모든 피를 뿌리고 육신을 다 불태워버리는 제물이 되심으로써만 가능하게 되는 것입니다. 이런 모든 과정의 전제조건으로 물두멍이 필요한 것입니다. 그러므로 물과 성령으로 거듭난 이후의 그리스도인은 이미 하나님과 교제할 기본적인 조건을 갖추었지만 그러나 인간의 육신의 한계 때문에 어쩔 수 없이 날마다 짓는 죄도 마찬가지로 회개해야 한다는 사실을 알고 있어야 할 것입니다.

그러므로 우리도 나름대로 각 사람의 물두멍을 가지고 있어야 합니다. 왜냐하면 구약의 물두멍처럼 깨끗하게 손과 발을 씻지 않으면 하나님과는 그 어떤 일도 할 수 없기 때문입니다. 우리가 매주 예배를 드리는 목적이 무엇입니까? 물론 하나님을 예배하고 찬양하며 하나님의 음성을 듣기 위해서입니다만, 물두멍에서처럼 깨끗하지 못하면 그런 모든 은혜가 전체적으로 임하기 어려운 것입니다. 기도의 목적이 무엇입니까? 물론 문제를 해결하기 위해서이기도 하지만 더 근본적인 것은 기도를 통하여 물두멍을 통과해야하기 때문인 것입니다. 각 사람마다 자기 물두멍을 마련해야 합니다. 이미 가지고 있을 것입니다. 어떤 사람은 예배가 물두멍이고,

어떤 사람은 기도가, 다른 사람은 말씀이, 또 다른 사람은 찬양이 물두멍일 수 있습니다. 그 물두멍을 통하여 회개와 치유가 이루어져야 합니다.

> "만일 우리가 우리 죄를 자백하면 그는 미쁘시고 의로우사 우리 죄를 사하시며 우리를 모든 불의에서 깨끗하게 하실 것이요"(요일 1:9)

적용하기 : 당신은 힘들고 어려울 때 하나님을 어떻게 만나고 있습니까? 물두멍을 통하여 전부 내려놓지 못하면 하나님과의 온전한 만남은 어려워집니다. 당신의 물두멍은 무엇입니까?

❷ 금과 놋

핵심구절 : "성소 건축 비용으로 들인 금은 성소의 세겔로 스물아홉 달란트와 칠백삼십 세겔이며 … 드린 놋은 칠십 달란트와 이천사백 세겔이라 이것으로 회막 문기둥 받침과 놋 제단과 놋 그물과 제단의 모든 기구를 만들었으며 뜰 주위의 기둥 받침과 그 휘장 문의 기둥 받침이며 성막의 모든 말뚝과 뜰 주위의 모든 말뚝을 만들었더라"(출 38:24, 29~31)

금은 성막 안의 기구를 제작하는 데 사용되었고 놋은 성막 뜰에 필요한 기물들을 만드는 데 사용되었습니다. 성막 전체가 하나님과 사람의 만남을 전제로 제작되지만 특히 성막 안에는 여호와의 거룩함이 들어있어 오직 하나님과 제사장만의 만남이 허락되는 곳입니다. 그래서 금은 성막 안의 기물들을 제작하는 데 사용되는 것입니다. 반면에 놋은 성막 안이 아니라 성막 밖의 뜰과 울타리 제작에 사용되는데, 거기에는 일반 백성들 누구나가 들어가서 제사에 참여할 수 있었습니다. 따라서 금은 하나님과의 만남, 놋은 사람과의 만남에 필요한 물품들을 제작하게 했던 것입니다.

물론 금은 광택 있는 금속이면서 얇게 펴져서 종잇장보다 더 얇은 두께로 만들 수 있고 늘어나는 성질이 금속 중에서 가장 크며 녹슬지 않고 부식되지 않는 성질을 가지고 있기 때문에 변치 말아야 할 하나님과의 관계를 뜻합니다. 무엇보다도 가장 가치 있으면서도 다양하게 이용할 수 있는 금으로 성막 내부를 장식하게 했던 것입니다. 반면에 놋은 금액 면에서도 금과 비교할 수 없지만 금처럼 펴지는 성질은 부족해도 철처럼 쉽게 녹이 슬거나 변치 않는 특징으로 인하여 성막 바깥의 기구를 제작하는 데 주로 사용했던 것입니다. 우리는 하나님과의 관계를 위해서는 우리 자신을 금과 같이 예배하고 찬양해야 하고, 이웃과의 관계를 위해서는 우리를 놋과 같이 사용할 수 있어야 합니다. 자기를 쳐서 복종하는 정금의 신앙과 이웃을 자기 자신처럼 사랑하는 놋의 섬김을 추구해야 하겠습니다.

> "나는 비천에 처할 줄도 알고 풍부에 처할 줄도 알아 모든 일 곧 배부름과 배고픔과 풍부와 궁핍에도 처할 줄 아는 일체의 비결을 배웠노라"
> (빌 4:12)

적용하기 : 사람 앞에 귀하다고 하나님 앞에도 귀한 것은 아닙니다. 그래서 사람 앞에 높임을 받는 것보다 하나님 앞에 낮추어지는 고백이 필요합니다. 당신은 하나님 앞과 사람 앞에 어떻습니까?

하나님의 마음

하나님은 첫째로 깨끗한 심령으로 만나기를 원하시고 둘째로 정금 같은 마음과 놋과 같은 헌신을 기다리십니다. 당신은 여기에 어느 정도 합당하다고 생각합니까?

오늘 받은 은혜

전체적으로 당신이 받은 은혜와 느낌을 기록해보십시오.

실천을 위한 도전 (기도하여 성령님의 인도하심을 받으십시오.)

당신의 심령밭이 이 성막 뜰과 같습니다. 당신의 심령에는 영적인 울타리가 쳐졌고 번제단의 회개와 물두멍의 정결함이 있습니까? 부족한 것은 무엇입니까?

42
제사장 의복 만들기
출애굽기 39:1~43

본문 개론

지금까지 성막에 들어갈 모든 구조와 기구를 완전하게 만들었고 이제 그 성막에서 제사를 집전할 제사장들의 의상을 만듭니다. 먼저 대제사장의 의복 중 에봇과 에봇 견대, 띠를 만듭니다. 그리고 에봇 위에 매는 흉패와 그 위에 열두 보석을 부착하고 흉패를 에봇에 고정시킵니다. 이어서 에봇 밑에 받쳐 입는 긴 옷을 만들고 대제사장과 일반 제사장에게 공통된 복장인 속옷, 두건과 관, 속바지를 만들고 순금 패에 '여호와께 성결'이라고 새기고 그 패를 관 전면에 달게 했습니다. 이렇게 대제사장과 제사장의 복장을 완성했습니다. 모든 성막공사를 다 합해 약 5개월의 기간이 소요되었습니다. 성막의 모든 기구를 모세에게로 가져오게 하여 일일이 확인합니다. 성막제작이 하나님께서 명하신 대로 완결함을 보고 모세가 축복합니다.

본문 구성

대제사장의 에봇을 짜고 보석을 물리다.   (1~7)
대제사장 의복의 흉패를 짜다.   (8~21)

에봇 받침 긴 옷을 짜다.   (22~26)

제사장의 공통의복을 만들다.   (27~31)

성막건축을 마치고 모세가 축복하다.   (32~43)

본문 적용

우리도 기념예배 등 중요한 행사에서는 예배당과 주변을 깨끗하게 청소하고 정리하고 고치고 새로 달고 하는 식으로 완전하게 준비합니다. 그리고 예배드리기 전에 전체를 다시 확인해봅니다. 그리고 목회자는 그때 입을 복장을 점검합니다. 그렇게 모든 준비가 완료된 후에 맨 나중에 그 행사를 집행하기 위한 담당자의 복장을 확인하는 것입니다. 이제 세상에서 최초로 다른 민족들의 그것과는 현격하게 차별되는 하나님의 성막이 완성되고 봉헌식을 앞두고 있습니다. 우리 그리스도인들의 신앙생활이 이와 같아야 합니다. 성막제작의 기본적인 원리와 순서와 마음가짐이 똑같아야 합니다. 영적으로 준비하는 것이지만 이런 요소들은 빠짐이 없어야 할 것입니다.

❶ 섬김의 옷을 입으라.

핵심구절 : "그들은 여호와께서 모세에게 명령하신 대로 청색 자색 홍색 실로 성소에서 섬길 때 입을 정교한 옷을 만들고 또 아론을 위해 거룩한 옷을 만들었더라"(출 39:1)

제사장들의 옷은 단지 여호와의 위엄을 나타내기 위해서나 백성들에게 하나님의 영광을 드러내기 위해서만이 아니라 하나님을 섬기기 위해 만들어진 것입니다. 물론 제사장들의 의복이 일상생활에서 편하게 입거나 집에서 쉴 때 입는 옷은 아닙니다. 그러나 하나님의 일을 위해서는 더러운 일이나 힘든 일도 해야 하는 복장입니다. 예를 들어 일반 제사장들은 성막 뜰에서 제사를 집전할 때 백성들이 가져온 짐승들을 잡아야 합니다. 그러면 피가 튈 것이고 계속하면 옷이 전부 피로 뒤덮이게 될 수 있습니다. 물론 대제사장의 의복은 그것과는 다른 차원이지만 그것도 하나님을 섬기기 위한 복장입니다. 우리도 제사장의 의복을 염두에 두고 거기에 합당한 삶을 살아야 합니다. 왜냐하면 그리스도인들은 영적 제사장들이기 때문입니다. 제사장들처럼 거룩한 영적 의복을 입어야 하는 것입니다.

물론 옷 이야기가 아닙니다. 옷이란 신체를 보호하고 몸을 위험에서 방어하고 사회적 공동체성을 소유하게 하며 그 사람의 신분을 나타내주기도 합니다. 아름다움을 위해서 입기도 하고 더 돋보이기 위해서 입기도 하며 권위를 나타내기 위해 입기도 합니다. 경우에 따라서는 의상으로 자기의 의견을 나타내거나 메시지를 전달하기도 합니다. 그러면 영적 의상은 무엇이겠습니까? 그것은 우리의 그리스도인 됨을 드러내는 삶입니다. 우리는 그리스도인의 삶이라는 의상을 입는 사람들입니다. 그 의상은 생각이고 말이며 행동이고 표정이며 생활원칙이고 생활방식입니다. 삶의 겉모습이 우리의 의상입니다. 특히 우리는 섬김의 옷을 입어야 합니다. 세상 사람들에게 제사장으로서의 의복을 섬김으로 드러내야 하는 것입니다.

"그러므로 너희는 하나님이 택하사 거룩하고 사랑 받는 자처럼 긍휼과 자비와 겸손과 온유와 오래 참음을 옷 입고"(골 3:12)

> **적용하기** : 당신 주변의 사람들은 당신이 어떤 옷을 입고 있다고 생각하고 있을까요? 축복이나 성공이나 번영의 옷을 입고 있는 것으로 보여도 괜찮을까요? 어떤 옷이 당신에게 잘 어울리겠습니까?

❷ 하나님께서 쓰시도록

핵심구절 : "여호와께서 모세에게 명령하신 대로 이스라엘 자손이 모든 역사를 마치매 모세가 그 마친 모든 것을 본즉 여호와께서 명령하신 대로 되었으므로 모세가 그들에게 축복하였더라"(출 39:42~43)

모세는 완성된 성막과 덮개와 증거궤와 상과 등잔대와 뜰의 기구들과 울타리와 제사장의 의복까지 하나님께서 명하신대로 잘 되었는지를 점검했습니다. 그리고 그들에게 축복하였습니다. 우리가 무슨 행사를 계획하고 마지막 점검을 할 때 한두 가지 실수나 누락된 것이 나오게 마련인데 모세가 이끌었던 이 성막제작은 완전하게 마무리되었던 것 같습니다. 이제 무엇이 남았을까요? 하나님께 쓰임 받을 일이 남았습니다. 모든 것이 부족함이나 넘치는 것 없이 온전하게 마무리되었을 때 비로소 모세의 축복을 받고 하나님께서 사용하시기 직전의 상태가 되었던 것입니다. 하나님은 하나님께서 일하실 만한 조건이 될 때까지 기다리십니다. 그것은 일을 말하는 것이 아닙니다. 예배나 기도의 분량도 아닙니다. 그것은 성도들의 마음의 준비를 말하는 것입니다. 성도들이 자기를 버리고 비우고 하나님께서 마음대로 사용하실 심령의 그릇을 말하는 것입니다.

만약에 백성들이 무엇 한 가지 만들 때마다 또는 힘이 들 때마다 이것이 정말 하나님의 뜻이 맞는가 하고 확인하려고 든다면 하나님은 어떻게 생각하시겠습니까? 이스라엘은 모든 마음을 하나로 모으고 모든 금과 놋과 각종 재료들을 다 쏟아 부었습니다. 오히려 넘치고 남을 정도로 가져다 바쳤습니다. 브살렐과 오홀리압을 비롯하여 각종 장인들은 자기 기술을 전부 다 바쳐서 헌신했습니다. 그렇게 하여 마침내 하나님께서 사용하실 단계가 되었던 것입니다. 하나님께서 모세를 통하여 무엇 무엇을 어떻게 하라고 자세하게 지시하셨습니다. 그렇다고는 하지만 그것이 광야의 백성들에게는 너무 벅차고 힘든 과정이었을 것입니다. 그럼에도 그들은 불평 없이 성막을 완성했습니다. 우리도 많은 것을 준비합니다. 중요한 것은 하나님께서 사용하실 때까지는 아직 준비가 안 된 것이라는 점입니다.

"만일 누가 무슨 말을 하거든 주가 쓰시겠다 하라 그리하면 즉시 보내리라 하시니 이는 선지자를 통하여 하신 말씀을 이루려 하심이라 일렀으되 시온 딸에게 이르기를 네 왕이 네게 임하나니 그는 겸손하여 나귀, 곧 멍에 메는 짐승의 새끼를 탔도다 하라 하였느니라"(마 21:3~5)

적용하기 : 당신은 하나님의 일을 준비하면서 왜 하나님께서 시작하지 않으실까 하는 생각에 힘들었던 적이 있었습니까?

하나님의 마음

하나님은 백성들이 최선을 다하여 모든 것을 갖추기를 기다리십니다. 완전만을 말하는 것이 아니라 더 이상 힘쓸 수 없을 때까지를 말하는 것입니다. 당신은 어느 정도입니까?

오늘 받은 은혜

전체적으로 당신이 받은 은혜와 느낌을 기록해보십시오.

실천을 위한 도전 (기도하여 성령님의 인도하심을 받으십시오.)

의복까지 완전하게 갖추어졌을 때 하나님을 섬길 수 있습니다. 하나님을 섬길 때 당신에게 가장 부족하다고 여겨지는 것 한 가지를 보충해보십시오.

성막의 역사를 마치다

출애굽기 40:1~38

본문 개론

본장은 이스라엘 민족의 본격적인 출발을 알리는 출애굽기의 마지막 장입니다. 성막봉헌은 제사제도의 완성을 의미하며 하나님의 인간구원의 통로로서의 출발점을 뜻합니다. 유목민에 불과했고 노예생활을 참아야 했던 이스라엘이 하나님의 선민일 뿐 아니라 하나님과 직접 교제하는 방식까지 소유하게 된 것입니다. 하나님은 종교력을 제정하시고 성막봉헌의 날을 1월 1일로 정하셨습니다. 새해 첫날은 한 해에 대한 설계와 새로운 마음을 표명하는 날입니다. 성막을 조립하고 진행하는데 성막 본체를 세우고 정해진 장소에 기물을 완비하고 무교병을 진설하고 등잔대에 불을 켜고 물두멍에 물을 담고 관유로 바릅니다. 성막 뜰에 비치할 기물들에도 관유를 바릅니다. 그렇게 마쳤을 때 구름이 회막에 덮이고 여호와의 영광이 성막에 충만해집니다. 구름이 성막 위에 떠오르면 백성들은 앞으로 나갔고 멈추어 있으면 움직이는 날까지 그 장소에서 생활했습니다.

본문 구성

불을 켜고 물을 담고 관유를 바르라.   (1~11)

물로 씻기고 옷을 입히고 기름을 부으라.   (12~16)

성막 건축을 완전하게 마무리하다.   (17~33)

여호와의 영광이 성막 위에 임하다.   (34~38)

본문 적용

성막의 봉헌은 성막 중심의 신앙으로 확고하게 변화되는 것을 뜻합니다. 성막을 날마다 눈으로 봄으로써 하나님의 실체와 동행을 확인하는 것입니다. 그것은 그리스도를 우리 심령 속에 모시고 살아가는 신약시대 성도들과 동일합니다. 하나님께 대한 희미한 인상만을 가지고 있던 사람이 그리스도를 주로 영접하는 순간 그의 삶에 성령님이 임재하심으로써 하나님과의 교제를 경험하게 됩니다. 세상에서 이리저리 흔들리던 모습에서 그리스도를 가슴 속에 모심으로써 복음적인 삶을 살게 되는 것입니다. 성막처럼 그리스도를 모시고 살아야 합니다.

❶ 배치를 잘못하면

핵심구절: "모세가 성막을 세우되 그 받침들을 놓고 그 널판들을 세우고 그 띠를 띠우고 그 기둥들을 세우고 또 성막 위에 막을 펴고 그 위에 덮개를 덮으니 여호와께서 모세에게 명령하신 대로 되니라 그는 또 증거판을 궤 속에 넣고 채를 궤에 꿰고 속죄소를 궤 위에 두고 또 그 궤를 성막에 들여놓고 가리개 휘장

을 늘어뜨려 그 증거궤를 가리니 여호와께서 모세에게 명령하신 대로 되니라"

(출 40:18~21)

　이제 각각의 기구들은 자기 자리를 찾아갑니다. 하나님께서 계획하신 그 자리로 차례차례 배치가 됩니다. 성경은 하나하나가 놓일 때마다 "여호와께서 모세에게 명령하신 대로 되니라"를 반복합니다. 정해진 대로 되어 간다는 사실을 하나님께서 인정하신다는 뜻입니다. 여기에서 생각할 것은 어떤 기구라도 모든 것들이 반드시 필요한 것들이라는 사실입니다. 필요하지 않은 것은 하나도 없고 따라서 중요하지 않은 것은 하나도 없습니다. 금이나 은으로 만들었다고 해서 더 중요하고 놋이나 나무로 만들었다고 해서 버려도 되는 것은 결코 아닙니다. 물론 핵심과 본질에 해당되는 기구는 있을 수 있지만 그렇다고 그것만 가지고 되는 것은 전혀 아니라는 말입니다.

　우리는 어려움을 당하거나 일이 잘 안 풀리고 막힐 때 스스로의 존재가치를 부정하기 쉽습니다. 하지만 그런 일은 단지 누구에게나 일어날 수 있는 현상에 불과합니다. 하나님은 여전히 우리를 사랑하시고 우리를 가장 중요한 존재로 보시며 여전히 우리를 사용하고 계십니다. 물론 하나님은 모든 것이 온전하기를 원하십니다. 그런데 하나님께 우리는 여전히 온전한 존재입니다. 그 자리에 있는 것만으로도 충분한 경우가 대부분입니다. 아프거나 상하거나 부족하거나 죄를 지을 때에도 여전히 우리는 하나님의 자녀입니다. 흔히 하는 말로 존재 자체가 너무나도 소중한 것입니다. 다만 우리는 배치를 잘 받아야 합니다. 있어야 할 곳으로 찾아가기만 하면 됩니다.

"예수께서 이르시되 어찌하여 나를 찾으셨나이까 내가 내 아버지 집에 있어야 될 줄을 알지 못하셨나이까 하시니"(눅 2:49)

> **적용하기** : 당신이 지금 있는 곳이 하나님께서 원하시는 위치입니까? 어떻게 알 수 있습니까? 아니라면 어떻게 해야 합니까?

❷ 우리는 너무 조급하다.

핵심구절 : "구름이 성막 위에서 떠오를 때에는 이스라엘 자손이 그 모든 행진하는 길에 앞으로 나아갔고 구름이 떠오르지 않을 때에는 떠오르는 날까지 나아가지 아니하였으며 낮에는 여호와의 구름이 성막 위에 있고 밤에는 불이 그 구름 가운데에 있음을 이스라엘의 온 족속이 그 모든 행진하는 길에서 그들의 눈으로 보았더라"(출 40:36~38)

적어도 광야에서는 백성들이 무엇을 결정해야 하는 것은 아니었습니다. 앞으로 진행하거나 멈추어있거나 있던 곳으로 되돌아가는 일은 백성들이 판단할 문제가 아니었습니다. 구름기둥과 불기둥이 인도하는 대로 따라가기만 하면 되었기 때문입니다. 광야생활에서는 모든 것이 불확실했습니다. 날씨도 지형도 이민족의 훼방도 짐승이나 질병의 위험에도 모두 노출되어 있습니다. 만약에 백성들이 스스로 움직인다고 해도 언제 어디에서 무슨 일을 만날지 모르는, 곧 생명을 운에 내맡기고 나아가는 수밖에는 없습니다. 그런데 하나님께서 하나님의 영광으로 구름기둥과 불기둥을 보여

주시면서 이끌어 가시니 백성들은 안심하고 그 뒤를 따를 수 있는 것입니다.

그런데 출애굽 당시에만 광야생활을 하고 있는 것은 아닙니다. 오늘날에도 우리는 여전히 광야생활을 하고 있습니다. 마지막 하나님의 나라에 들어가기까지는 누구나 다 광야생활을 하고 있는 것입니다. 이스라엘 백성들은 가나안에 들어가서도 여전히 이방민족과 싸워야 하지만, 우리는 이 광야생활을 마치면 영원한 안식에 들어가게 됩니다. 이 세상은 마귀가 지배하는 영적 싸움의 전투장입니다. 사람을 통해서, 환경을 통해서, 일을 통해서, 심지어 성경을 읽거나 예배를 드리면서도 마귀가 우리를 훼방합니다. 광야가 아닐 수가 없는 것입니다. 그러므로 우리도 구름기둥과 불기둥의 인도를 꼭 받아야 합니다. 그것이 무엇입니까? 말씀이며 기도며 예배이며 교제입니다. 하나님은 갖가지 구름기둥으로 우리를 안내하십니다. 때로 우리가 너무 조급한 생각에 사로잡히기도 합니다. 구름기둥과 불기둥은 꼼짝도 하지 않고 있는데 답답한 마음 때문에 불평을 하거나 조급하여 먼저 움직이려고 합니다. 그렇게 할 때 우리는 많은 실패를 맛보았습니다. 우리는 오히려 하나님의 구름기둥을 분별하려고 애를 써야 합니다. 그것이 먼저 와야 확인하고 움직일 수 있습니다.

"사도와 함께 모이사 그들에게 분부하여 이르시되 예루살렘을 떠나지 말고 내게서 들은 바 아버지께서 약속하신 것을 기다리라"(행 1:4)

적용하기 : 당신은 하나님의 일을 하면서 생각대로 응답받지 못한 경험이 있을 것입니다. 그럴 때 어떻게 분별하고 기다립니까?

하나님의 마음

하나님은 성막을 완성하여 세운 백성들의 어떤 점을 기뻐하실까요? 모든 것을 참고 오직 하나님의 지시를 한마음으로 순종한 것입니다. 당신은 일입니까 하나님입니까?

오늘 받은 은혜

전체적으로 당신이 받은 은혜와 느낌을 기록해보십시오.

실천을 위한 도전 (기도하여 성령님의 인도하심을 받으십시오.)

우리의 인생은 지속적으로 성막을 완성하는 과정입니다. 당신이 더욱 온전해지기 위해 지나친 점이 있었습니까? 그것을 어떻게 고쳐서 회복하겠습니까?

도서목록표

제 목	면수	정가	제 목	면수	정가
■ 복음소책자			**■ 하나님과의 관계회복**		
1.당신을향한예수님의사랑	252	12,000원	1.그리스도인의 개혁:출발점	504	22,000원
2.기독교에 대해 궁금해요	276	13,000원	2.그리스도인의 회복:정체성	404	20,000원
3.교회는 왜? 성경은 왜?	256	10,000원	3.그리스도인의성화:두번째만남	376	18,000원
4. 통째로 예수님 읽기	272	10,000원	4.그리스도인의 개혁 워크북	164	8,000원
5. 천국과 지옥 보고서	205	8,000원	5.그리스도인의 회복 워크북	128	6,000원
6. 믿음 이야기	256	10,000원	6.그리스도인의 성화 워크북	136	7,000원
7. 예수님의 행복수업(팔복)	208	9,000원	**■ 이웃과의 관계회복**		
■ 핵심복음제자훈련			1. 보이는 복음, 이웃사랑	504	22,000원
1. 구원의 핵심	104	6,000원	2. 복음의통로, 비움과나눔	486	22,000원
2. 믿음의 핵심	113	6,000원	3. 넘치는복음, 낮춤과섬김	484	22,000원
3. 확신의 핵심	108	6,000원	4. 이웃사랑 워크북	152	8,000원
4. 복음의 핵심	116	6,000원	5. 비움과 나눔 워크북	136	7,000원
5. 소망의 핵심	120	6,000원	6. 낮춤과 섬김 워크북	136	7,000원
6. 말씀의 핵심	108	6,000원	**■ 하나님과의관계 묵상**		
■ 나만의 성경 시리즈			1.당신을깨우는한마디1출발점	254	12,000원
1. 나만의 마태복음	168	6,000원	2.당신을깨우는한마디2정체성	244	12,000원
2. 나만의 마가복음	168	6,000원	3.당신을깨우는한마디 3 성화	240	12,000원
3. 누가복음 새 큐티	240	12,000원	**■ 이웃과의 관계 묵상**		
4. 요한복음 새 큐티	240	12,000원	1.하나님마음에쏙드는이웃사랑	200	11,000원
■ 단행본			2.이웃의문을활짝여는나눔의삶	210	11,000원
만약에(성경 속 들락날락)	208	11,000원	**■ 예수님동행훈련**		
작은 교회에 길을 묻다	408	22,000원	1. 예수님과 노숙하기	184	9,000원
단에서 브엘세바까지	344	17,000원	2. 십자가 지고 골고다로	248	12,000원
천만 번의 발걸음/이성용	348	19,000원	3. 예수님따라 복음서 속으로	186	9,000원
오직 변화를 위하여	276	14,000원	4. 한달월급 아낌없이 나누기	240	12,000원
완전하게 하려 함이라	336	17,000원	내가 세례 요한이다	246	12,000원

도서출판 개혁과회복